머리말

　　JLPT(일본어능력시험)는 일본어를 모국어로 하지 않는 학습자들의 일본어 능력을 측정하고 인정하는 것을 목적으로 하는 시험으로 일본국제교류기금 및 일본국제교육지원협회가 1984년부터 실시하고 있습니다.

　　JLPT는 1984년 총 15개 국가의 21개 도시에서 응모자 7,998명(일본 국내 2,849명, 해외 5,149명)으로 제1회 시험이 개시되어, 2016년에는 866,294명(제1회 389,674명, 제2회 476,620명)이 응시하는 대규모 시험으로 발전하였습니다. 일본 정부가 공인하는 세계 유일의 일본어 시험인 만큼 JLPT는 일본의 대학, 전문학교, 국내 대학교의 일본어과 등의 특기자 전형과 기업 인사 및 공무원 선발에서의 일본어 능력에 대한 평가 자료로도 활용되고 있습니다.

　　2010년부터 실시된 새로운 시험에서는 학습자들의 과제 수행을 위한 커뮤니케이션 능력을 측정하는 것을 목표로 하고 있으며, 기존 4단계에서 5단계로 단계 조정을 하게 되었습니다. 기존의 시험은 위의 급부터 1급-2급-3급-4급 구성이었지만, 새로운 시험에서는 N1-N2-N3-N4-N5로 바뀌었습니다. 여기서 「N」은 「NIHONGO(일본어)」, 「NEW(신)」의 첫 글자인 「N」을 가리킵니다.

　　1990~2017년까지의 일본어 능력시험 문자·어휘의 분석을 토대로 이번에 『JLPT 콕콕 찍어주마 N4·5 문자·어휘』를 개정하여 출간하게 되었습니다.

　　『JLPT 콕콕 찍어주마 N4·5 문자·어휘』의 PartⅠ은 N5 문자·어휘, PartⅡ는 N4 문자·어휘로 시험 문제별로 출제가 예상되는 단어를 품사별로 제시하고, 풍부한 예상 문제를 실었습니다. 그리고 부록으로 학습자의 실력을 점검할 수 있도록 각각 4회분의 「파이널 테스트」를 마련했습니다. 따라서 이 책만 충실히 공부한다면 JLPT N4·5 문자·어휘에 대한 고민은 더 이상 하지 않아도 되리라 확신합니다. 이 책으로 학습한 분들께 좋은 결과가 있기를 진심으로 기원합니다.

　　끝으로 자료 수집과 분석을 도와준 이한나 님, 감수를 해 주신 米倉安生 님, 이 책의 출판에 도움을 주신 (주)다락원의 정규도 사장님, 그리고 일본어 출판부 직원들에게 이 자리를 빌어 감사를 드립니다.

저자 이치우

JLPT 일본어 능력시험에 대하여

1. **목적 및 주최** | JLPT 일본어 능력시험은 원칙적으로 일본 국내외에서 일본어를 모국어로 하지 않는 사람을 대상으로 하며, 일본어를 공부하거나 사용하는 사람들의 일본어 능력을 측정하고 인정하는 것을 목적으로 한다. 일본 정부가 세계적으로 공인하는 유일한 일본어 시험으로 국제교류기금과 재단법인 일본국제교육지원협회가 주최한다.

2. **실시 횟수** | 매년 7월 첫 번째 일요일과 12월 첫 번째 일요일 2회 실시한다. 하지만 주관 부서의 사정에 따라 변경될 수도 있으니 http://www.jlpt.or.kr/ 에서 확인하기 바란다.

3. **레벨** | 시험은 N1, N2, N3, N4, N5로 나뉘어져 있어 수험자가 자신에게 맞는 레벨을 선택하면 된다. 각 레벨에 따라 N1~N2는 언어지식(문자·어휘·문법)·독해, 청해의 두 섹션으로, N3~N5는 언어지식(문자·어휘), 언어지식(문법)·독해, 청해의 세 섹션으로 나뉘어져 있다.

4. **시험결과 통지와 합격 여부** | JLPT 일본어 능력시험은 다음 예와 같이 각 과목의 ①구분 별 득점과 구분 별 득점을 합계한 ②총점을 통지하며, 이 두 가지 기준에 따라 합격 여부를 판정한다. 즉, 총점이 합격점 이상이고, 각 구분별 득점(과목별 점수)이 기준점 이상이어야 합격이 된다.

〈일반 수험자 합격 기준점〉

2017. 7월 시험 기준

레벨	합격점/만점	기준점		
		언어지식	독해	청해
N4	90점 / 180점	38점 /120점		19점 / 60점

레벨	합격점/만점	기준점		
		언어지식	독해	청해
N5	80점 / 180점	38점 /120점		19점 / 60점

* 2017년 7월 N4시험에서는 총점은 90점, 기준점으로는 언어지식+독해가 38점, 청해가 19점이 모두 넘어야 합격이 되었고, N5시험에서는 총점은 80점, 기준점으로는 언어지식+독해가 38점, 청해가 19점이 모두 넘어야 합격이 되었다. 만약 한 과목이라도 기준점을 넘기지 못하면 총점이 충족되더라도 불합격이 된다. 이 점수는 매년 달라진다. 그럼 N4시험을 치른 A씨와 B씨의 성적표를 예로 들어 보자.

* **A 씨의 성적표 (예)**

① 구분 별 득점			② 총점
언어지식	독해	청해	
90 / 120		15 / 60	105 / 180

* 총점은 105점으로 합격점은 충족하지만, 청해가 15점으로 기준점 19점을 넘기지 못했다. 따라서 A씨는 **불합격**이다.

* **B 씨의 성적표 (예)**

① 구분 별 득점			② 총점
언어지식	독해	청해	
70 / 120		35 / 60	105 / 180

* 총점은 105점으로 합격점을 충족하며, 구분별 득점도 모두 기준점을 충족하므로 B씨는 **합격**이다.

5. 시험 내용 | 각 레벨의 인정 기준을 【읽기】,【듣기】라는 언어행동으로 나타낸다. 각 레벨에는 이 언어행동을 실현하기 위한 언어지식이 필요하다.

레벨	구성 (항목 / 시간)		인정 기준
N1	언어지식 (문자·어휘·문법) 독해	110분	폭넓은 장면에서 사용되는 일본어를 이해할 수 있다. 읽기 · 폭넓은 화제에 대해 쓰여진 신문의 논설, 논평 등 논리적으로 약간 복잡한 문장이나 추상도가 높은 문장 등을 읽고, 문장의 구성이나 내용을 이해할 수 있다. · 다양한 화제의 내용에 깊이 있는 내용을 읽고, 이야기의 흐름이나 상세한 표현 의도를 이해할 수 있다. 듣기 · 폭넓은 장면에 있어 자연스러운 속도의 정리된 회화나 뉴스, 강의를 듣고 이야기의 흐름이나 내용, 등장인물의 관계나 내용의 논리 구성 등을 상세하게 이해하거나 요지를 파악할 수 있다.
	청해	60분	
	계	170분	
N2	언어지식 (문자·어휘·문법) 독해	105분	일상적인 장면에서 사용되는 일본어의 이해에 더해, 보다 폭넓은 장면에서 사용되는 일본어를 어느 정도 이해할 수 있다. 읽기 · 폭넓은 화제에 대해 쓰여진 신문이나 잡지의 기사·해설, 평이한 논평 등 요지가 명쾌한 문장을 읽고 문장의 내용을 이해할 수 있다. · 일반적인 화제에 관한 내용을 읽고, 이야기의 흐름이나 표현 의도를 이해할 수 있다. 듣기 · 일상적인 장면에 더해 폭넓은 장면에서, 비교적 자연스러운 속도의 정리된 회화나 뉴스를 듣고 이야기의 흐름이나 내용, 등장인물의 관계를 이해하거나 요지를 파악할 수 있다.
	청해	50분	
	계	155분	
N3	언어지식(문자·어휘)	30분	일상적인 장면에서 사용되는 일본어를 어느 정도 이해할 수 있다. 읽기 · 일상적인 화제에 대해 쓰여진 구체적인 내용을 나타내는 문장을 읽고 이해할 수 있다. · 신문의 표제어 등에서 정보의 개요를 캐치할 수 있다. · 일상적인 장면에서 눈으로 보는 범위의 난이도가 약간 높은 문장은 대체 표현이 주어지면 요지를 이해할 수 있다. 듣기 · 일상적인 장면에서 비교적 자연스러운 속도의 정리된 회화를 듣고 이야기의 구체적인 내용을 등장인물의 관계 등과 맞춰서 거의 이해할 수 있다.
	언어지식(문법)·독해	70분	
	청해	40분	
	계	140분	
N4	언어지식(문자·어휘)	30분	기본적인 일본어를 이해할 수 있다. 읽기 · 기본적인 어휘나 한자로 쓰여진, 일상생활 중에서도 우리 주변의 화제의 문장을 읽고 이해할 수 있다. 듣기 · 일상적인 장면에서 약간 천천히 이야기하는 대화라면 내용을 거의 이해할 수 있다.
	언어지식(문법)·독해	60분	
	청해	35분	
	계	125분	
N5	언어지식(문자·어휘)	25분	기본적인 일본어를 어느 정도 이해할 수 있다. 읽기 · 히라가나나 가타카나, 일상생활에서 사용되는 기본적인 한자로 쓰여진 정형적 어구나 글, 문장을 읽고 이해할 수 있다. 듣기 · 교실이나 신변적인 일상생활 중에서도 자주 접하는 장면으로, 천천히 이야기하는 짧은 대화라면 필요한 정보를 캐치할 수 있다.
	언어지식(문법)·독해	50분	
	청해	30분	
	계	105분	

6. 성적표 교부 | 합격자에 한해 교부되는 급수별 「일본어 능력 인정서」와 함께 응시자 전원에게 합격·불합격의 결과를 알려주는 통지서, 인정 결과 및 성적에 관한 증명서를 교부한다.

이 책의 구성 및 특징

이 책은 JLPT (일본어 능력시험) N4·5 문자·어휘에 완벽하게 대응하도록 분석·정리하여, JLPT의 출제 경향을 한눈에 파악할 수 있도록 한 수험서입니다. 품사별로 출제가 예상되는 단어를 싣고, 예상문제로 실제 시험에 익숙해지도록 하였습니다.

Part Ⅰ N5 문자·어휘

JLPT(일본어 능력시험) N5 문자·어휘는 「1. 문제1·2 한자읽기·표기 출제 예상 단어 265, 2. 문제3 문맥규정 출제 예상 단어 388, 3. 문제4 유의표현 출제 예상 단어 86」으로 구성되어 있으며, 각 문제마다 풍부한 예상 문제를 실어 실전에 대비하도록 하였습니다. 예상 단어 중 2010년 이전 출제 단어에는 연도를, 2010년 이후에 출제된 단어에는 각각 N5를 붙여 제시하였습니다.

Part Ⅱ N4 문자·어휘

JLPT(일본어 능력시험) N4 문자·어휘는 「1. 문제1·2 한자읽기·표기 출제 예상 단어 396, 2. 문제3 문맥규정 출제 예상 단어 501, 3. 문제4 유의표현 출제 예상 단어 155, 4. 문제5 용법 출제 예상 단어 107」로 구성되어 있으며, 각 문제마다 풍부한 예상 문제를 실어 실전에 대비하도록 하였습니다. 예상 단어 중 2010년 이전 출제 단어에는 연도를, 2010년 이후에 출제된 단어에는 각각 N4를 붙여 제시하였습니다.

파이널 테스트

JLPT(일본어 능력시험) N4·5 문자·어휘 시험과 같은 형식의 파이널 테스트를 각각 4회씩 수록하여 마무리 점검을 할 수 있도록 하였습니다. 또한 추가로 각각 4회분의 파이널 테스트를 더 준비하여 실전에 대비하도록 하였습니다. 추가 파이널 테스트의 문제와 해석은 다락원 홈페이지에서 다운로드 받으실 수 있습니다.

일러두기

* 교재에서 사용된 약자는 읽기→한자읽기, 표기→표기, 문규→문맥규정, 유의→유의표현, 용법→용법입니다.
* 교재에서 분류한 품사는 절대적 기준이 아니며, 저자가 임의로 분류한 것입니다.
* 명사와 な형용사 두가지 쓰임의 단어는 시험에 출제된 형태를 따랐습니다.
* 콕콕 예상 문제, 파이널 테스트의 해석은 다락원 홈페이지와 QR코드를 이용하여 다운로드 받으실 수 있습니다.

차례

- 머리말 — 03
- JLPT 일본어 능력시험에 대하여 — 04
- 이 책의 학습 방법 — 08

PART I N5 문자·어휘

N5 문자·어휘 문제 유형 분석 — 10

もんだい ❶ ❷ 한자읽기·표기
- 출제 예상 단어 265 — 14
- 콕콕 예상 문제 01~20 — 29

もんだい ❸ 문맥규정
- 출제 예상 단어 388 — 50
- 콕콕 예상 문제 01~25 — 84

もんだい ❹ 유의표현
- 출제 예상 단어 86 — 110
- 콕콕 예상 문제 01~10 — 119

PART II N4 문자·어휘

N4 문자·어휘 문제 유형 분석 — 130

もんだい ❶ ❷ 한자읽기·표기
- 출제 예상 단어 396 — 134
- 콕콕 예상 문제 01~31 — 156

もんだい ❸ 문맥규정
- 출제 예상 단어 501 — 188
- 콕콕 예상 문제 01~27 — 232

もんだい ❹ 유의표현
- 출제 예상 단어 155 — 260
- 콕콕 예상 문제 01~09 — 278

もんだい ❺ 용법
- 출제 예상 단어 107 — 288
- 콕콕 예상 문제 01~10 — 298

부록

1. N5 파이널 테스트 1~4회 — 310
2. N4 파이널 테스트 1~4회 — 334
3. 파이널 테스트 정답 — 358

이 책의
학습 방법

1. 한자읽기·표기에서는 품사별로 정리된 출제 예상 단어를 먼저 숙지한다.
2. 문맥규정에서는 예문을 통해 쓰임새를 이해하도록 한다.
3. 유의표현에서는 두 표현을 한 세트로 묶어 외워 두자.
4. 용법에서는 예문을 통해 정확한 의미를 숙지하자.
5. 콕콕 예상 문제를 통해 단어가 숙지되었는지 체크하고 마무리로 파이널 테스트를 풀어보자.

Part I
N5 문자·어휘

N5 문자 · 어휘
문제 유형 분석

JLPT 일본어 능력시험 N5 문자·어휘 문제는 「한자읽기」, 「표기」, 「문맥규정」, 「유의표현」의 4가지 유형으로 35문제가 출제된다.

もんだい 1　한자읽기

밑줄 친 한자를 바르게 읽은 것을 찾는 문제로, 문자·어휘 35문제 중 12문제가 출제된다.

|1| 先週 デパートに かいものに いきました。(2011.7)
　　1 せんしゅ　　2 せんしゅう　　3 ぜんしゅ　　4 ぜんしゅう

|7| えんぴつが 六本 あります。(2011.7)
　　1 ろくぼん　　2 ろくぽん　　3 ろっぼん　　4 ろっぽん

해석
1　지난주 백화점에 쇼핑하러 갔습니다.
7　연필이 6자루 있습니다.

もんだい 2　표기

밑줄 친 단어를 한자나 가타카나로 바르게 표기한 것을 찾는 문제로, 문자·어휘 35문제 중 8문제가 출제된다.

|13| けさ しゃわーを あびました。(2011.7)
　　1 シャワー　　2 シャウー　　3 ツャワー　　4 ツャウー

|17| きのう たなかさんと あいました。(2011.7)
　　1 見いました　　　　　2 書いました
　　3 会いました　　　　　4 話いました

해석
13　오늘 아침 샤워를 했습니다.
17　어제 다나카 씨와 만났습니다.

もんだい3　문맥규정

문맥에 맞는 어휘를 고르는 문제로, 문자·어휘 35문제 중 10문제가 출제된다.

22　けさ そうじを したから へやは （　　　） です。(2011.7)
　　1　きれい　　　2　きたない　　　3　あかるい　　　4　くらい

24　えきから たいしかんまでの （　　　） を かいて ください。(2011.7)
　　1　しゃしん　　2　ちず　　　　　3　てがみ　　　　4　きっぷ

해석
22　오늘 아침 청소를 했기 때문에 방은 깨끗합니다.
24　역에서 대사관까지의 지도를 그려 주세요.

もんだい4　유의표현

밑줄 친 문장과 대체로 의미가 같은 문장을 찾는 문제로, 문자·어휘 35문제 중 5문제가 출제된다.

33　にねんまえに きょうとへ いきました。(2011.7)
　　1　きのう きょうとへ いきました。
　　2　おととい きょうとへ いきました。
　　3　きょねん きょうとへ いきました。
　　4　おととし きょうとへ いきました。

해석
33　2년 전에 교토에 갔습니다.
　　1　어제 교토에 갔습니다.
　　2　그저께 교토에 갔습니다.
　　3　작년에 교토에 갔습니다.
　　4　재작년에 교토에 갔습니다.

もんだい ① ②
한자읽기·표기
출제 예상 단어 265

もんだい 1 (한자읽기)는 문장의 밑줄 친 부분의 한자(漢字)를 바르게 읽을 수 있는지 4개의 선택지에서 고르는 문제로, 12문항이 출제된다. 약 200개 한자 단어에서 반복 출제되고 있는데, 그 중 약 45% 정도가 2자 이상의 단어, 약 35% 정도가 1자 한자의 훈독, 나머지 20%는 동사의 훈독, い형용사의 훈독, 1자 한자의 음독 순으로 출제되고 있다.

もんだい 2 (표기)는 문장의 밑줄 친 부분을 한자나 가타카나로 어떻게 표기하는지 4개의 선택지에서 고르는 문제로, 8문항이 출제된다. 약 160개 한자 단어와 외래어에서 100%에 가깝게 반복 출제되고 있으므로, 기출 단어를 중심으로 학습해 보자. 2010년부터 출제된 단어에는 「N5 읽기」, 「N5 표기」로 표시해 두었다.

① 명사 111

あいさつ 挨拶	인사 N5 읽기	あいだ 間	사이, 동안
あさ 朝	아침 00·95 읽기	あし 足	발, 다리 08·04 쓰기
あじ 味	맛 N5 읽기	あと 後	나중, 후 N5 읽기
あめ 雨	비 00·95·91 읽기 09·06·97·93 쓰기	いえ 家	집 91 읽기
いっしょ 一緒	함께 함, 같이 함 N5 표기	いぬ 犬	개 N5 읽기
いりぐち 入り口	입구 05 읽기	うえ 上	위 09·05·94 읽기 02·99 쓰기
うしろ 後ろ	뒤 94 읽기 99 쓰기 N5 표기	うみ 海	바다 90 쓰기
うわぎ 上着	상의, 겉옷 90 읽기	えいご 英語	영어 04 쓰기 N5 표기
えき 駅	역 09·04·95 읽기	おかあさん お母さん	어머니 01 쓰기

おかね お金	돈 09·07·04·97·92 읽기 N5 읽기

おとうさん お父さん	아버지 99 읽기

おとこ 男	남자 08·98 읽기 04·01 쓰기 N5 표기

おとこのこ 男の子	남자 아이 93·91 읽기

おんな 女	여자 00 쓰기

おんなのこ 女の子	여자 아이 08·05·02·97·90 읽기 N5 읽기

がいこく 外国	외국 07·04·02·98 읽기 94 쓰기 N5 읽기·표기

がいこくご 外国語	외국어 N5 표기

がいこくじん 外国人	외국인 07·04·02·98 읽기 94 쓰기

かいしゃ 会社	회사 02 읽기 09·06 쓰기 N5 읽기

がっこう 学校	학교 09·99·94 읽기 06·02·96·93 쓰기 N5 읽기

かわ 川	강 04·98·95 읽기 07·01 쓰기 N5 읽기

き 木	나무 05·97 읽기

きた 北	북쪽 05·00·92 읽기 96 쓰기

きたがわ 北がわ	북쪽 N5 읽기

ぎんこう 銀行	은행 01·96 읽기

くち 口	입 08 쓰기

くに 国	나라 00·97 읽기 N5 읽기

くるま 車	차 95·91 읽기 08·99 쓰기 N5 읽기·표기

けいたい 携帯	휴대 N5 읽기

こいびと 恋人	연인 N5 표기	ごぜん 午前	오전 N5 읽기·표기
ごご 午後	오후 09·03·00 읽기 05·97 쓰기 N5 표기	ことし 今年	올해, 금년 01 읽기 93 쓰기
こども 子ども	아이 07·99·94 쓰기	こんげつ 今月	이번 달 99·96 읽기 90 쓰기
こんしゅう 今週	이번 주 08·05·91 쓰기 N5 읽기	さいふ 財布	지갑 N5 표기
さかな 魚	생선, 물고기 07·04·02 읽기	じかん 時間	시간 06 읽기 09·00 쓰기
した 下	아래 07·97 읽기 00 쓰기 N5 표기	しゅうまつ 週末	주말 N5 읽기
しゅみ 趣味	취미 N5 읽기	しょくどう 食堂	식당 08 읽기
しんちょう 身長	신장, 키	しんぶん 新聞	신문 95·91 쓰기 N5 읽기·표기
せんげつ 先月	지난달 N5 읽기	せんしゅう 先週	지난주 95 읽기 N5 읽기
せんせい 先生	선생님 05·98·93 읽기 00 쓰기	せんぱい 先輩	선배 N5 표기

そうべつかい 送別会	송별회 N5 읽기	そつぎょうしき 卒業式	졸업식 N5 읽기
そと 外	밖 96·91 읽기 03 쓰기 N5 읽기·표기	そら 空	하늘 08·02·90 읽기 05 쓰기
だいがく 大学	대학(교) 01·95·90 읽기 92 쓰기	ちかく 近く	근처 98 읽기
ちち 父	아버지 09·06·02·97 읽기 93·91 쓰기 N5 읽기	つうきん 通勤	통근 N5 읽기
つごう 都合	형편, 사정 N5 읽기	て 手	손 07·96 읽기 N5 읽기
てがみ 手紙	편지 01·94 읽기	てんき 天気	날씨 08·03·96 읽기 05·01·93 쓰기
でんき 電気	전기 99·92 읽기 95 쓰기 N5 읽기	てんきん 転勤	전근 N5 읽기
でんしゃ 電車	전철 05 읽기 96·92 쓰기 N5 표기	でんわ 電話	전화 09·06·03·01·93 읽기 N5 표기
としょかん 図書館	도서관 92 쓰기	ともだち 友だち	친구 07·04·01·94 읽기 98·90 쓰기 N5 읽기
なか 中	안, 속 00·97·91 읽기 09·06 쓰기 N5 읽기	なつやすみ 夏休み	여름 휴가 90 읽기

| なまえ
名前 | 이름
09·03 쓰기
N5 표기 | にし
西 | 서쪽
02·99·96·90 읽기
07 쓰기
N5 읽기 |

| にしぐち
西口 | 서쪽 출입구
93 읽기 | にほんご
日本語 | 일본어
00 쓰기 |

| にもつ
荷物 | 짐
N5 읽기 | はな
花 | 꽃
03·00 읽기
07 쓰기
N5 표기 |

| はなし
話 | 이야기
96 읽기
N5 읽기 | はなみ
花見 | 꽃구경
92 읽기 |

| はは
母 | 어머니
07·98·95·90 읽기
05·92 쓰기 | はる
春 | 봄
92 읽기 |

| はんぶん
半分 | 절반
09·06·94 읽기
99 쓰기
N5 읽기·표기 | ひがし
東 | 동쪽
05·01·97·94 쓰기
N5 읽기 |

| ひがしがわ
東がわ | 동쪽
N5 읽기 | ひだり
左 | 왼쪽
05·99·96 읽기
02·91 쓰기
N5 읽기 |

| ひと
人 | 사람
05·92 읽기
04 쓰기 | ほん
本 | 책
03·93 읽기
07 쓰기 |

| まいあさ
毎朝 | 매일 아침
07 읽기 | まいしゅう
毎週 | 매주
N5 읽기 |

| まいにち
毎日 | 매일
04·01·95 읽기
98·92 쓰기
N5 읽기 | まえ
前 | 앞
06·00 읽기
97·91 쓰기
N5 읽기 |

| みぎ 右 | 오른쪽
04·01·93 읽기
07·98·95 쓰기
N5 읽기 | みず 水 | 물
09·06·00·97 읽기
03 쓰기
N5 표기 |

| みせ 店 | 가게
08·05 읽기
02 쓰기
N5 읽기 | みち 道 | 길
05·96 읽기
08 쓰기 |

| みなみ 南 | 남쪽
98·95 읽기
08·02·91 쓰기 | みみ 耳 | 귀
09·06·02 읽기
N5 표기 |

| め 目 | 눈
06 읽기
N5 표기 | やすみ 休み | 휴일, 방학
00 읽기
93 쓰기 |

| やま 山 | 산
94·92 읽기
08·05·02·99 쓰기
N5 읽기·표기 | らいげつ 来月 | 다음 달
92 읽기 |

| らいしゅう 来週 | 다음 주
03·93 읽기 | らいねん 来年 | 내년
06·94 쓰기 |

| れんらく 連絡 | 연락
N5 표기 |

② 동사 28

あう 会う	만나다 07·94 읽기 04 쓰기 N5 읽기·표기	あげる 上げる	올리다 96 읽기
あそぶ 遊ぶ	놀다 N5 표기	いう 言う	말하다 08·04 읽기 N5 읽기
いく 行く	가다 06·99·94·91 쓰기	いれる 入れる	넣다 96 쓰기
うまれる 生まれる	태어나다 08·05·02 읽기 96 쓰기	かう 買う	사다 09·06·99·90 읽기 03·95 쓰기 N5 표기
かく 書く	쓰다 01 읽기 09·03·98 쓰기	かんがえる 考える	생각하다 N5 읽기
きく 聞く	듣다 06·97 읽기 04·00·96·92 쓰기 N5 표기	くる 来る	오다 98 읽기 09·01·95·90 쓰기 N5 읽기·표기
さがす 探す	찾다 N5 읽기	しらせる 知らせる	알리다 N5 읽기
だす 出す	꺼내다, 부치다 99·96 읽기	たつ 立つ	서다 06 읽기 09·03 쓰기 N5 읽기
たべる 食べる	먹다 03·91 읽기 99·96·93 쓰기 N5 표기	でかける 出かける	외출하다 92 쓰기

| でる
出る | 나가다
04·93·91 읽기
07 쓰기
N5 읽기 | のむ
飲む | 마시다
07·95 읽기
03 쓰기
N5 표기 |

| のる
乗る | 타다
N5 읽기 | はいる
入る | 들어가다
08·99·95·92 읽기
N5 읽기 |

| はなす
話す | 이야기하다
98 쓰기 | みせる
見せる | 보여주다
04·95 읽기 |

| みる
見る | 보다
09·06·01 읽기
98·93 쓰기 | もつ
持つ | 가지다, 들다
90 쓰기 |

| やすむ
休む | 쉬다
02·95·91 읽기
06·97 쓰기
N5 읽기 | よむ
読む | 읽다
03·00·94 읽기
07·97 쓰기 |

3 い형용사 24

| あおい
青い | 파랗다
90 읽기 | あかい
赤い | 빨갛다
99·90 읽기 |

| あかるい
明るい | 밝다
94 쓰기 | あたらしい
新しい | 새롭다
08 읽기
03·90 쓰기
N5 읽기 |

| あつい
暑い | 덥다
N5 표기 | あつい
熱い | 뜨겁다 |

일본어	뜻	출제	일본어	뜻	출제
うすい 薄い	연하다	N5 읽기	うれしい 嬉しい	기쁘다	N5 읽기
おおい 多い	많다	04 읽기 08·02 쓰기 N5 읽기·표기	おおきい 大きい	크다	98·94 읽기 91 쓰기 N5 읽기
おそい 遅い	늦다	N5 읽기	からい 辛い	맵다	
くろい 黒い	검다		しろい 白い	희다	07·97·94·92 읽기 04 쓰기
すくない 少ない	적다	08 읽기 N5 읽기	すごい 凄い	굉장하다	N5 읽기
せまい 狭い	좁다	N5 표기	たかい 高い	높다, 비싸다	07·99·93 읽기 02·95·90 쓰기 N5 읽기
ちいさい 小さい	작다	01·99·94 읽기 05·98·92 쓰기	ながい 長い	길다	98·93·90 읽기 09·06·01·96 쓰기
ふとい 太い	굵다		ふるい 古い	낡다	09·06·03·93 읽기 N5 읽기
みじかい 短い	짧다		やすい 安い	싸다	08·03 읽기 N5 읽기·표기

④ な형용사 4

| おなじだ
同じだ | 같다
N5 표기 | | げんきだ
元気だ | 건강하다
N5 읽기·표기 |

| じょうずだ
上手だ | 능숙하다
N5 읽기 | | ゆうめいだ
有名だ | 유명하다
05·98 읽기 |

⑤ 부사 4

| かならず
必ず | 반드시
N5 읽기 | | さきに
先に | 먼저
03·91 읽기
N5 읽기 |

| すこし
少し | 조금
03 읽기
95 쓰기 | | ぜったいに
絶対に | 절대로
N5 읽기 |

6 외래어 30

あぱーと **アパート**	아파트 93 쓰기	えれべーたー **エレベーター**	엘리베이터 97 쓰기 N5 표기
かめら **カメラ**	카메라 07・03・95 쓰기	かれんだー **カレンダー**	달력, 캘린더 05・00 쓰기
ぐらむ **グラム**	그램 N5 표기	しゃつ **シャツ**	셔츠 98 쓰기
しゃわー **シャワー**	샤워 N5 표기	すいっち **スイッチ**	스위치 95 쓰기
すかーと **スカート**	치마, 스커트 98 쓰기	すぺいん **スペイン**	스페인 04 쓰기
すぽーつ **スポーツ**	스포츠, 운동 01 쓰기	たくしー **タクシー**	택시 09・02・94 쓰기
てーぶる **テーブル**	테이블, 탁자 99 쓰기	てきすと **テキスト**	텍스트, 교과서
でぱーと **デパート**	백화점 03 쓰기	てれび **テレビ**	텔레비전 N5 표기
どらま **ドラマ**	드라마 N5 표기	ないふ **ナイフ**	나이프, 칼 99 쓰기 N5 표기

| ねくたい
ネクタイ | 넥타이
91 쓰기
N5 표기 | ぱーてぃー
パーティー | 파티
06 쓰기 |

| ばす
バス | 버스
02 쓰기 | ぱそこん
パソコン | 컴퓨터
N5 표기 |

| はんかち
ハンカチ | 손수건
01·96 쓰기 | ぷーる
プール | 수영장
94 쓰기 |

| ぽけっと
ポケット | 포켓
96·92 쓰기 | ほてる
ホテル | 호텔
90 쓰기
N5 표기 |

| らーめん
ラーメン | 라면
N5 표기 | らじお
ラジオ | 라디오
08·00·92 쓰기 |

| れすとらん
レストラン | 레스토랑
97·90 쓰기
N5 표기 | わいしゃつ
ワイシャツ | 와이셔츠
91 쓰기 |

⑦ 기타 64

| あとで
後で | 나중에, 후에
08·96·91 읽기
N5 읽기 | いちにち
一日 | 히루
91 읽기 |

| いちまい
一枚 | 한 장
N5 표기 | いつか
五日 | 5일
96 읽기
N5 표기 |

いっしゅうかん	一週間	1주일 / 02 읽기
いつつ	五つ	5개 / 99 읽기
いっぷん	一分	1분 / 97·91 읽기
おおきな	大きな	큰, 커다란 / 04 읽기 / 07 쓰기
かようび	火よう日	화요일 / 07·98 읽기 / 01·94 쓰기 / N5 읽기·표기
きゅうじゅうにん	九十人	90명 / 08 읽기
きゅうほん	九本	9자루, 9병 / 97 읽기
きんようび	金よう日	금요일 / 03·93 읽기 / 00 쓰기
くがつ	九月	9월 / 94 읽기 / N5 읽기
くじ	九時	9시 / 92 읽기
くじはん	九時半	9시 반 / 04 읽기
ここのつ	九つ	9개 / 00 쓰기
ごぜんちゅう	午前中	오전 중 / 02 읽기
ごまん	5万	5만 / 04 읽기
さんぜんろっぴゃくえん	三千六百円	3,600엔 / 93 읽기
さんまんえん	三万円	3만 엔 / 00·96 읽기
さんぷん	三分	3분 / 03 읽기
さんぼん	三本	3자루, 3병 / 09 읽기 / N5 읽기
しがつ	四月	4월 / 07·03 읽기
しちじ	七時	7시 / 98·95·90 읽기

しちがつ 七月	7월 09·92 읽기	すいようび 水よう日	수요일 96 쓰기
せんえん 千円	천 엔 09·06·02 읽기 98·94 쓰기 N5 표기	とおか 十日	10일 02·98 읽기
どようび 土よう日	토요일 05·00 읽기 08·97 쓰기 N5 읽기	ななせんえん 七千円	7천 엔 N5 표기
なに 何	무엇 94 읽기	なにご 何語	무슨 말, 무슨 언어 97 읽기
なのか 七日	7일 01 읽기	なんにん 何人	몇 명 99·91 읽기
なんの 何の	무슨 06 쓰기	にさつ 二冊	두 권 N5 읽기
にじかん 二時間	2시간 97 쓰기	にじかんはん 二時間半	2시간 반 01 읽기
にじゅうよじかん 二十四時間	24시간 91 읽기	にひゃっかい 二百回	200회 08 읽기
にまんえん 二万円	2만 엔 N5 읽기	はちまんえん 八万円	8만 엔 92 읽기
はつか 二十日	20일 94 읽기	はっぴゃくにん 八百人	8백 명 90 읽기

読み	漢字	意味	備考
ひとつ	一つ	1개	06 읽기
ひゃく	百	백	05 읽기
ひゃっぽん	百本	100송이	00·92 읽기
ふつか	二日	2일	99 읽기
むいか	六日	6일	05·95 쓰기
もくようび	木よう日	목요일	01·92 읽기 / N5 읽기
ようか	八日	8일	02 읽기 / N5 표기
よんキロ	四キロ	4킬로미터	96 읽기
ろくせんえん	六千円	6천 엔	90 읽기
ろくばん	六ばん	6번	N5 표기
ひとり	一人	혼자, 1명	00 읽기
ひゃくえん	百円	백 엔	97 읽기
ふたつ	二つ	2개	04 읽기
みっつめ	三つめ	세 번째	93 읽기
むっつ	六つ	6개	N5 읽기
やっつ	八つ	8개	97 읽기
よにん	四人	4명	93 읽기
よんせんえん	四千円	4천 엔	N5 읽기
ろくねんかん	六年間	6년간	98 읽기
ろっぽん	六本	6자루, 6병	N5 읽기

콕콕 예상 문제 01 한자읽기   / 10

もんだい1　＿＿＿＿の ことばは ひらがなで どう かきますか。
　　　　　1・2・3・4から いちばん いい ものを ひとつ えらんで ください。

1　犬を 2ひき かって います。(N5)
　　1 とり　　　　2 うし　　　　3 いぬ　　　　4 ねこ

2　いすから 立って あいさつを しました。(N5·06)
　　1 たって　　　2 きって　　　3 かって　　　4 しって

3　みちを わたる ときは 車に きを つけましょう。(N5·95·91)
　　1 ぐろま　　　2 くろま　　　3 ぐるま　　　4 くるま

4　この こうえんは きが 多いです。(N5·04)
　　1 おうい　　　2 おおい　　　3 やすい　　　4 やそい

5　もう すこし ゆっくり 言って ください。(N5·08·04)
　　1 きって　　　2 いって　　　3 たって　　　4 かって

6　おわかれの 挨拶を おねがいします。(N5)
　　1 あいさつ　　2 しつれい　　3 きせつ　　　4 じゃま

7　ねこを 探して います。(N5)
　　1 はなして　　2 さがして　　3 かえして　　4 もどして

8　ハムを 薄く きりました。(N5)
　　1 さむく　　　2 あかく　　　3 うすく　　　4 あつく

9　絶対に わすれないで ください。(N5)
　　1 ぜったい　　2 せったい　　3 ぜっだい　　4 せっだい

10　凄い かぜですね。(N5)
　　1 ずこい　　　2 ずごい　　　3 すこい　　　4 すごい

답　1 ③　2 ①　3 ④　4 ②　5 ②　6 ①　7 ②　8 ③　9 ①　10 ④

콕콕 예상 문제 02 한자읽기 　　　　／ 10

もんだい1 　　　　の ことばは ひらがなで どう かきますか。
1・2・3・4から いちばん いい ものを ひとつ えらんで ください。

1 きの 上に さるが います。(09·05·94)
　1 うえ　　　2 うい　　　3 した　　　4 すた

2 やまだ 先生は あした きます。(05·98·93)
　1 せんせい　2 せんせ　　3 せいせい　4 せいせ

3 ゆきが ふって やまが 白く なりました。(07·97·94·92)
　1 ひろく　　2 ひらく　　3 しろく　　4 しらく

4 この 川は あまり ふかく ありません。(N5·04·98·95)
　1 いけ　　　2 かわ　　　3 へん　　　4 むら

5 はこの 中に くだものを いれます。(N5·00·97·91)
　1 ちゅう　　2 なっか　　3 ちゅん　　4 なか

6 きのう ともだちに 母の しゃしんを みせました。(07·98·95·90)
　1 ちち　　　2 はは　　　3 あに　　　4 あね

7 しがつ はつかに 友だちに あいます。(N5·07·04·01·94)
　1 ようだち　2 ゆうだち　3 てもだち　4 ともだち

8 学校は ごぜん くじに はじまります。(N5·09·99·94)
　1 がくこう　2 がくこ　　3 がっこう　4 がっこ

9 きのうの あさは 雨が ふって さむかったです。(00·95·91)
　1 はれ　　　2 あめ　　　3 くも　　　4 ゆき

10 きのう デパートで 小さい ベッドを かいました。(01·99·94)
　1 ちいさい　2 ちっさい　3 しょうさい　4 こさい

답 1① 2① 3③ 4② 5④ 6② 7④ 8③ 9② 10①

콕콕 예상 문제 03 한자읽기 / 10

もんだい1 ＿＿＿の ことばは ひらがなで どう かきますか。
1・2・3・4から いちばん いい ものを ひとつ えらんで ください。

1 わたしは 毎日 テレビを みます。(04·01·95)
　1 まいにち　　2 めいにち　　3 まえにち　　4 めえにち

2 ははは デパートで ながい スカートを 買いました。(N5·09·06·99·90)
　1 すい　　2 かい　　3 いい　　4 あい

3 ふたつめの かどを 右に まがって ください。(N5·04·01·93)
　1 ひだり　　2 みぎ　　3 ひがし　　4 みち

4 つかれたから、すこし 休みましょう。(N5·02·95·91)
　1 やすみ　　2 たのみ　　3 のみ　　4 すみ

5 あの おんなのこは あしが 長いです。(98·93·90)
　1 ちいさい　　2 おおきい　　3 ながい　　4 みじかい

6 うちには 電話が にだい あります。(N5·09·06·03·01·93)
　1 てんき　　2 でんき　　3 てんわ　　4 でんわ

7 へやの なかに 女の子が 3にん います。(08·05·02·97·90)
　1 あなのこ　　2 あんなのこ　　3 おなのこ　　4 おんなのこ

8 毎朝 5じに おきます。(07)
　1 めえあさ　　2 まいあさ　　3 まえあさ　　4 めいあさ

9 まいにち じてんしゃで 大学へ いきます。(01·95·90)
　1 たいかく　　2 たいがく　　3 だいかく　　4 だいがく

10 ちゅうごくは にほんの 西に あります。(N5·02·99·96·90)
　1 みなみ　　2 ひがし　　3 にし　　4 きた

답 1① 2② 3② 4① 5③ 6④ 7④ 8② 9④ 10③

콕콕 예상 문제 04 한자읽기　　　　　　　　　　／10

もんだい1 ＿＿＿＿の ことばは ひらがなで どう かきますか。
　　　　　1・2・3・4から いちばん いい ものを ひとつ えらんで ください。

1 だいがくを でて かいしゃに 入ります。(N5·08·99·95·92)
　　1　はります　　　2　はいります　　　3　あります　　　4　いります

2 わたしは ときどき 電車に のります。(N5·05)
　　1　てんしゃ　　　2　てんじゃ　　　3　でんしゃ　　　4　でんじゃ

3 わたしの あには 銀行に つとめて います。(01·96)
　　1　きんこう　　　2　きんこ　　　3　ぎんこう　　　4　ぎんこ

4 せいとたちは 立って ください。(N5·06)
　　1　のって　　　2　すわって　　　3　とまって　　　4　たって

5 ともだちに いもうとの しゃしんを 見せました。(04·95)
　　1　みせました　　　2　のせました　　　3　させました　　　4　きせました

6 十日の よる しちじに うちへ きて ください。(02·98)
　　1　とっか　　　2　とおか　　　3　じゅっか　　　4　じゅうか

7 わたしは コーヒーを 飲みました。(N5·07·95)
　　1　よみました　　　2　すみました　　　3　やみました　　　4　のみました

8 この がっこうに がくせいが 何人 いますか。(99·91)
　　1　なんじん　　　2　なにじん　　　3　なんにん　　　4　なににん

9 おとこの 人は せんせいと はなして います。(05·92)
　　1　じん　　　2　にん　　　3　かた　　　4　ひと

10 わたしは 電気を けして ねます。(N5·99·92)
　　1　けんき　　　2　げんき　　　3　てんき　　　4　でんき

답 1② 2③ 3③ 4④ 5① 6② 7④ 8③ 9④ 10④

콕콕 예상 문제 05 한자읽기 / 10

もんだい1 ＿＿＿の ことばは ひらがなで どう かきますか。
1・2・3・4から いちばん いい ものを ひとつ えらんで ください。

1 いま ごじ 一分です。(97·91)
　1 いっぷん　　2 いっふん　　3 いちぶん　　4 いちふん

2 いえの うしろに ある 有名な こうえんへ でかけます。(05·98)
　1 ゆうめな　　2 ゆうめいな　　3 ゆめいな　　4 ゆめな

3 車の なかに おんなのこが なんにん いますか。(N5·95·91)
　1 くろま　　2 ちゃ　　3 くるま　　4 しゃ

4 らいしゅうの 金よう日は やまださんの たんじょうびです。(03·93)
　1 きんようび　　2 すいようび　　3 もくようび　　4 げつようび

5 いま お金が ありません。(N5·09·07·04·97·92)
　1 おかぬ　　2 おかね　　3 おがぬ　　4 おがね

6 火よう日に テストが あります。(07·98)
　1 すいようび　　2 もくようび　　3 きんようび　　4 かようび

7 こうえんの ちかくに 大きい かわが あります。(N5·98·94)
　1 おおきい　　2 おきい　　3 おいきい　　4 おんきい

8 きのうの あさは 七時に おきました。(98·95·90)
　1 ひちじ　　2 しちじ　　3 ひっちじ　　4 しっちじ

9 けさから 耳が いたい。(N5 00 00 02)
　1 みみ　　2 くち　　3 からだ　　4 あたま

10 じゅぎょうの 後で、そとで テニスを しましょう。(N5·08·96·91)
　1 ごで　　2 こうで　　3 あとで　　4 うしろで

답 1① 2② 3③ 4① 5② 6④ 7① 8② 9① 10③

콕콕 예상 문제 06 한자읽기   / 10

もんだい1 ＿＿＿の ことばは ひらがなで どう かきますか。
1・2・3・4から いちばん いい ものを ひとつ えらんで ください。

1 ちちは きょう たばこを 九本 すいました。(97)
　1　くほん　　　　2　きゅうほん　　　3　くぼん　　　　4　きゅうぼん

2 一日は にじゅうよじかんです。(91)
　1　ひとひ　　　　2　いちにち　　　　3　ついたち　　　4　いちじつ

3 がくせいは 手を あげて ください。(N5·07·96)
　1　て　　　　　　2　せ　　　　　　　3　け　　　　　　4　め

4 この みちを にしへ 四キロ いって ください。(96)
　1　よっキロ　　　2　よんキロ　　　　3　しいキロ　　　4　しちキロ

5 こんげつの 七日は きんようびです。(01)
　1　ななか　　　　2　しっか　　　　　3　なのか　　　　4　しちか

6 四月は はるです。(07·03)
　1　しげつ　　　　2　しがつ　　　　　3　よんげつ　　　4　よんがつ

7 こんしゅうの どようびに 花見に いきましょう。(92)
　1　はなみ　　　　2　はなけん　　　　3　かみ　　　　　4　かけん

8 おとうとは りんごを 五つ たべました。(99)
　1　やっつ　　　　2　よっつ　　　　　3　ななつ　　　　4　いつつ

9 あなたの くにでは 何語を はなしますか。(97)
　1　なんご　　　　2　なにご　　　　　3　なのご　　　　4　なぬご

10 1年前に かった ズボンが 短く なりました。
　1　ちいさく　　　2　ふるく　　　　　3　みじかく　　　4　あかるく

답 1② 2② 3① 4② 5③ 6② 7① 8④ 9② 10③

콕콕 예상 문제 07 한자읽기　　　　　　　　　　　　　　　　　　/ 10

もんだい1 ＿＿＿＿＿ の ことばは ひらがなで どう かきますか。
　　　　　1・2・3・4から いちばん いい ものを ひとつ えらんで ください。

1　うちの 近くに おおきい かわが あります。(98)
　　1　しがく　　　　2　ちがく　　　　3　しかく　　　　4　ちかく

2　がっこうの まえに 何が ありますか。(94)
　　1　なに　　　　　2　ない　　　　　3　なん　　　　　4　なか

3　こんげつの 五日に やまださんと はなしを しました。(96)
　　1　いっか　　　　2　ごうにち　　　3　いつか　　　　4　ごにち

4　きのう がっこうに 外国人が きました。(90)
　　1　がいこっくにん　2　がいこっじん　3　がいこくにん　4　がいこくじん

5　この ホテルの 入り口は どこですか。(05)
　　1　かえりぐち　　2　おりぐち　　　3　いりぐち　　　4　のりぐち

6　きのうは 二時間半ぐらい テレビを みました。(01)
　　1　にじかんはん　2　にじはんかん　3　にじはんぶん　4　にじぶんはん

7　先週 ともだちと えいがを みました。(N5·95)
　　1　せんしょう　　2　ぜんしょう　　3　せんしゅう　　4　ぜんしゅう

8　この へやは 安くて きれいです。(N5·08·03)
　　1　やすくて　　　2　ひくくて　　　3　せまくて　　　4　ひろくて

9　あの 青い ぼうしは わたしのです。(90)
　　1　あかい　　　　2　あおい　　　　3　くろい　　　　4　しろい

10　六千円で あかい スカートを かいました。(90)
　　1　ろくせんえん　2　ろくぜんえん　3　ろっせんえん　4　ろっぜんえん

답　1④　2①　3③　4④　5③　6①　7③　8①　9②　10①

콕콕 예상 문제 08 한자읽기   / 10

もんだい1 ＿＿＿の ことばは ひらがなで どう かきますか。
1・2・3・4から いちばん いい ものを ひとつ えらんで ください。

1 にしの 空が あかく なって います。 (N5·08·02·90)
　1 そら　　　　2 かわ　　　　3 やま　　　　4 うみ

2 土よう日に ちちと やまへ いきます。 (05·00)
　1 すいようび　2 どようび　　3 かようび　　4 にちようび

3 ほんを まだ 半分しか よんで いません。 (N5·09·06·94)
　1 ほんふん　　2 ほんぶん　　3 はんふん　　4 はんぶん

4 えきの ひがしぐちを 出て ください。 (04·93·91)
　1 だして　　　2 だて　　　　3 でって　　　4 でて

5 この 古い ほんは ひゃくえんです。 (N5·09·06·03·93)
　1 ふるい　　　2 ほそい　　　3 ふとい　　　4 やすい

6 きのうは 一人で かいものに いきました。 (00)
　1 いちじん　　2 いちにん　　3 ひとり　　　4 ふたり

7 ここは あたらしい 食堂です。 (08)
　1 しょうくどう 2 じょくどう　3 じょうくどう 4 しょくどう

8 かれは 一週間 かいしゃを やすんで います。 (02)
　1 いっしゅうかん 2 いっしゅかん 3 いしゅうかん 4 いしゅかん

9 その れいぞうこは 五万えんです。 (04)
　1 ごうまん　　2 ごまん　　　3 ごうせん　　4 ごせん

10 八百人の がくせいが べんきょうして います。 (90)
　1 はっぴゃくじん 2 はちひゃくじん 3 はっぴゃくにん 4 はちひゃくにん

답 1① 2② 3④ 4④ 5① 6③ 7④ 8① 9② 10③

콕콕 예상 문제 09 한자읽기 / 10

もんだい1 ＿＿＿の ことばは ひらがなで どう かきますか。
1・2・3・4から いちばん いい ものを ひとつ えらんで ください。

1　夏休みには、まいあさ はちじに おきました。(90)
　　1　ふゆやすみ　　2　あきやすみ　　3　はるやすみ　　4　なつやすみ

2　これは 一つ 300えんです。(06)
　　1　ふだつ　　　　2　ひだつ　　　　3　ふたつ　　　　4　ひとつ

3　百円の りんごを いつつ かいました。(97)
　　1　ひゃくえん　　2　びゃくえん　　3　しゃくえん　　4　じゃくえん

4　こんげつの 二日に カメラを かいました。(99)
　　1　ににち　　　　2　につか　　　　3　ふにち　　　　4　ふつか

5　えきまで 三分しか かかりません。(03)
　　1　さんぷん　　　2　さんぶん　　　3　さっぷん　　　4　さっぶん

6　きのう ちちに てがみを 書きました。(01)
　　1　いきました　　2　かきました　　3　ききました　　4　おきました

7　かわいい おんなのこが 生まれた。(08・05・02)
　　1　うまれた　　　2　ほまれた　　　3　おまれた　　　4　ふまれた

8　あの 男の せんせいは えいごを おしえて います。(N5・08・98)
　　1　おうな　　　　2　おんな　　　　3　おどこ　　　　4　おとこ

9　外で テニスを しましょう。(N5・90・91)
　　1　うち　　　　　2　そば　　　　　3　よこ　　　　　4　そと

10　今月の はつかが わたしの たんじょうびでした。(99・96)
　　1　こんげつ　　　2　こげつ　　　　3　こんがつ　　　4　こがつ

답　1④　2④　3①　4④　5①　6②　7①　8④　9④　10①

콕콕 예상 문제 10 한자읽기   / 10

もんだい1 ＿＿＿＿の ことばは ひらがなで どう かきますか。
1・2・3・4から いちばん いい ものを ひとつ えらんで ください。

1 来週の 木よう日に にほんへ いきたいです。 (03·93)
　1 らいしゅう　　2 ないしゅう　　3 らいしゅ　　4 ないしゅ

2 ゆうべは 魚りょうりを たべました。 (07·04·02)
　1 やさい　　2 にく　　3 さかな　　4 たまご

3 こんげつの 六日は げつようびです。
　1 ろくか　　2 ろっか　　3 むつか　　4 むいか

4 この かわには さかなが 多い。 (N5·04)
　1 おおい　　2 おおいい　　3 おい　　4 おいい

5 きのう としょかんで 本を かりました。 (03·93)
　1 はん　　2 ばん　　3 ほん　　4 ぼん

6 にちようびの 朝、あめが たくさん ふりました。 (00·95)
　1 よる　　2 あさ　　3 ばん　　4 ひる

7 パーティーが ありますから、花を かいます。 (N5·03·00)
　1 はな　　2 いす　　3 はし　　4 かさ

8 赤い りんごを いつつ かいました。 (99·90)
　1 あおい　　2 あかるい　　3 あまい　　4 あかい

9 この 道を まっすぐ いって ください。 (05·96)
　1 まち　　2 みち　　3 かど　　4 にわ

10 あの 男の子は せいが たかいです。 (93·91)
　1 おんなのこ　　2 おんなのこう　　3 おとこのこ　　4 おとこのこう

답 1① 2③ 3④ 4① 5③ 6② 7① 8④ 9② 10③

콕콕 예상 문제 11 한자읽기   / 10

もんだい1 ＿＿＿の ことばは ひらがなで どう かきますか。
1・2・3・4から いちばん いい ものを ひとつ えらんで ください。

1 <u>駅</u>の ひがしに おおきい かわが あります。(09·04·95)
　　1　いえ　　　　2　えき　　　　3　まち　　　　4　はし

2 きょうの ごご はなを <u>百本</u> かいます。(00·92)
　　1　ひゃっぽん　2　ひょっぽん　3　ひゃっぽん　4　ひょっぽん

3 <u>先</u>に たべて ください。(03·91)
　　1　すぐに　　　2　せんに　　　3　つぎに　　　4　さきに

4 ひまな <u>時間</u>に テレビを みます。(06)
　　1　しかん　　　2　じがん　　　3　しがん　　　4　じかん

5 はこの なかに <u>三万円</u>の とけいが あります。(00·96)
　　1　さんまんねん　2　さんぜんねん　3　さんまんえん　4　さんぜんえん

6 かれは いま <u>会社</u>を やすんで います。(N5·02)
　　1　がいっしゃ　2　かいっしゃ　3　がいしゃ　　4　かいしゃ

7 ゆうべ ともだちに <u>手紙</u>を かきました。(01·94)
　　1　てかみ　　　2　でかみ　　　3　てがみ　　　4　でがみ

8 はこから りんごを いつつ <u>出して</u> ください。(99·96)
　　1　たして　　　2　だして　　　3　てして　　　4　でして

9 <u>木</u>の したで ラジオを ききました。(06·07)
　　1　と　　　　　2　ほん　　　　3　き　　　　　4　まど

10 この ふくは あの <u>店</u>で かいました。(N5·08·05)
　　1　へや　　　　2　えき　　　　3　いえ　　　　4　みせ

답 1② 2① 3④ 4④ 5③ 6④ 7③ 8② 9③ 10④

콕콕 예상 문제 12 한자읽기   / 10

もんだい1 ＿＿＿の ことばは ひらがなで どう かきますか。
1・2・3・4から いちばん いい ものを ひとつ えらんで ください。

1 三つめの かどを みぎに まがって ください。(93)
　1　いくつめ　　2　さんつめ　　3　ふたつめ　　4　みっつめ

2 この とけいは 三千六百円です。(93)
　1　さんせんろっぴゃくえん　　2　さんぜんろっぴゃくえん
　3　さんせんろくひゃくえん　　4　さんぜんろくひゃくえん

3 わたしの たんじょうびは 七月 ふつかです。(09·92)
　1　ひちがつ　　2　なながつ　　3　しちがつ　　4　いちがつ

4 にちようびは 家で ゆっくり やすみます。(91)
　1　へや　　　　2　しつ　　　　3　みせ　　　　4　いえ

5 がくせいは てを 上げて しつもんします。(96)
　1　さげて　　　2　まげて　　　3　あげて　　　4　なげて

6 九月 とおかに せんせいに あいます。(94)
　1　きゅうがつ　2　くうがつ　　3　きゅがつ　　4　くがつ

7 えきの 西口を でて、みぎがわに あります。(93)
　1　きたもん　　2　きたぐち　　3　にしもん　　4　にしぐち

8 この へんは やすい みせが 少ない。(08)
　1　すきない　　2　すくない　　3　すけない　　4　すこない

9 あなたは 外国へ いった ことが ありますか。(N5·07·04·02·98)
　1　がいこく　　2　がいごく　　3　かいこく　　4　かいごく

10 この みずを 三本 かって ください。(09)
　1　さんこ　　　2　さんご　　　3　さんほん　　4　さんぼん

답 1④ 2② 3③ 4④ 5③ 6④ 7④ 8② 9① 10④

콕콕 예상 문제 13 한자읽기   / 10

もんだい 1 ＿＿＿＿の ことばは ひらがなで どう かきますか。
1・2・3・4から いちばん いい ものを ひとつ えらんで ください。

1 午前中から おなかが いたい。(02)
　1　ごぜんじゅう　　2　ごぜんしゅう　　3　ごぜんぢゅう　　4　ごぜんちゅう

2 テーブルの うえに りんごが 八つ あります。(97)
　1　むっつ　　2　よっつ　　3　はっつ　　4　やっつ

3 おおきな こえで 言って ください。(N5・08・04)
　1　まって　　2　いって　　3　とって　　4　すって

4 きのう 四人の ともだちに てがみを かきました。(93)
　1　よにん　　2　ようにん　　3　よんにん　　4　しにん

5 来月の はつかに ともだちが きます。(92)
　1　らいげつ　　2　こんげつ　　3　せんげつ　　4　ぜんげつ

6 えんぴつが 六本 あります。(N5)
　1　ろっほん　　2　ろくぼん　　3　ろっぽん　　4　ろくぽん

7 あの あかい 上着は もりさんのですか。(90)
　1　うわき　　2　うえき　　3　うわぎ　　4　うえぎ

8 おとうとは 目も みみも おおきい。(06)
　1　て　　2　あし　　3　はな　　4　め

9 この だいがくで 六年間 にほんごを おしえて います。(98)
　1　ろっねんかん　　2　ろくねんかん　　3　ろっにんかん　　4　ろくにんかん

10 お父さんは しんぶんを よんで います。(99)
　1　おとうさん　　2　おにいさん　　3　おかあさん　　4　おねえさん

답　1④　2④　3②　4①　5①　6③　7③　8④　9②　10①

콕콕 예상 문제 14 표기   / 10

もんだい2 ＿＿＿の ことばは どう かきますか。
1・2・3・4から いちばん いい ものを ひとつ えらんで ください。

1 こいびとが できました。(N5)
　1 愛入　　　2 愛人　　　3 恋入　　　4 恋人

2 ほてるを でて まちを さんぽしました。(N5·90)
　1 ホテル　　2 ヤテル　　3 タテル　　4 クテル

3 にほんは アメリカより せまい。(N5)
　1 安い　　　2 低い　　　3 汚い　　　4 狭い

4 ごうかくした せんぱいに きいて みました。(N5)
　1 線茶　　　2 紅茶　　　3 先輩　　　4 後輩

5 こうえんで こどもたちが あそんで います。(N5)
　1 遊んで　　2 選んで　　3 呼んで　　4 叫んで

6 うれしい しらせです。(N5)
　1 楽しい　　2 親しい　　3 悲しい　　4 嬉しい

7 なんじが つごうが いいでしょうか。(N5)
　1 試合　　　2 都合　　　3 具合　　　4 場合

8 みちで さいふを ひろいました。(N5)
　1 荷物　　　2 火事　　　3 財布　　　4 買物

9 わたしが おきた とき そとは まだ くらかった。(N5·03)
　1 内　　　　2 外　　　　3 家　　　　4 庭

10 はがきを いちまい ください。(N5)
　1 一羽　　　2 一枚　　　3 一個　　　4 一杯

답 1④ 2① 3④ 4③ 5① 6④ 7② 8③ 9② 10②

콕콕 예상 문제 15 표기   / 10

もんだい2 ＿＿＿＿の ことばは どう かきますか。
1・2・3・4から いちばん いい ものを ひとつ えらんで ください。

1 ひがしの そらが きれいです。(N5·05)
　1 池　　　　　2 空　　　　　3 川　　　　　4 風

2 わたしは ケーキを はんぶん たべました。(N5·99)
　1 平分　　　　2 半分　　　　3 反分　　　　4 牛分

3 バスより でんしゃの ほうが べんりです。(N5·96·92)
　1 雲車　　　　2 雪車　　　　3 電車　　　　4 雷車

4 きのう わたしの いもうとが うまれました。(96)
　1 主まれました　2 住まれました　3 往まれました　4 生まれました

5 へやで てがみを かきました。(09·03·98)
　1 聞きました　2 読みました　3 書きました　4 解きました

6 げつようびは がっこうで おべんとうを たべます。(99·96·93)
　1 食べます　　2 食べます　　3 食べます　　4 食べます

7 あめの ひは、へやで おんがくを ききます。(09·06·97·93)
　1 雨　　　　　2 両　　　　　3 雨　　　　　4 雨

8 この てんきでは あしたは あめでしょう。(05·01·93)
　1 夫気　　　　2 天気　　　　3 大気　　　　4 矢気

9 がっこうは ごご さんじに おわります。(N5·06·02·06·03)
　1 学枚　　　　2 学枚　　　　3 学校　　　　4 学校

10 あの レストランは ねだんが たかいです。(N5·02·95·90)
　1 高い　　　　2 安い　　　　3 低い　　　　4 広い

답 1② 2② 3③ 4④ 5③ 6② 7① 8② 9③ 10①

콕콕 예상 문제 16 표기 / 10

もんだい2 ＿＿＿＿の ことばは どう かきますか。
1・2・3・4から いちばん いい ものを ひとつ えらんで ください。

1 らいげつの とおかに いもうとが きます。(N5·09·01·95·90)
　1　末ます　　　2　木ます　　　3　末ます　　　4　来ます

2 かわの みずが きれいに なりました。(N5·03)
　1　氷　　　　　2　永　　　　　3　水　　　　　4　木

3 らいねんの ふゆは にほんへ いきたいです。(06·94)
　1　米年　　　　2　来年　　　　3　未年　　　　4　末年

4 きのう あたらしい かめらを かいました。(07·03·95)
　1　カメヲ　　　2　カナヲ　　　3　カナラ　　　4　カメラ

5 つめたい みずが のみたい。(N5·03)
　1　飲みたい　　2　飮みたい　　3　飯みたい　　4　餃みたい

6 じゅうがつ むいかに おとうとが きます。(05·95)
　1　八日　　　　2　九日　　　　3　六日　　　　4　三日

7 みせの まえに ひとが たって います。(09·03)
　1　丘って　　　2　立って　　　3　並って　　　4　赤って

8 この へやは ひがしに まどが あります。(05·01·97·94)
　1　東　　　　　2　車　　　　　3　更　　　　　4　果

9 としょかんの まえで バスに のります。(97·91)
　1　先　　　　　2　前　　　　　3　間　　　　　4　後

10 ピアノは へやの なかに あります。(N5·09·06)
　1　内　　　　　2　史　　　　　3　央　　　　　4　中

답 1④ 2③ 3② 4④ 5① 6③ 7② 8① 9② 10④

콕콕 예상 문제 17 표기　　　　　　　　　　　　　　　　　　　　　　/ 10

もんだい2 ＿＿＿の ことばは どう かきますか。
　　　　　1・2・3・4から いちばん いい ものを ひとつ えらんで ください。

1 その みせの かどを みぎに まがって ください。(N5·02)
　1 店　　　　2 床　　　　3 庄　　　　4 店

2 こどもの へやに かれんだーが はって あります。(05·00)
　1 ケレンダー　　2 カレンダー　　3 ケレングー　　4 カレングー

3 ほっかいどうは にほんの いちばん きたに あります。(96)
　1 北　　　　2 比　　　　3 化　　　　4 非

4 らいねんの はるは にほんへ いきたいです。(06·99·94·91)
　1 行きたい　　2 行きたい　　3 行きたい　　4 行きたい

5 あした いもうとと えいがを みに いきます。(98·93)
　1 見に　　　　2 具に　　　　3 貝に　　　　4 自に

6 あの しろい たてものが わたしの かいしゃです。(04)
　1 白い　　　　2 由い　　　　3 田い　　　　4 自い

7 きのうの ごご へやで ほんを よみました。(N5·05·97)
　1 午役　　　　2 午後　　　　3 牛役　　　　4 牛後

8 きょうは いそがしくて しんぶんを よむ じかんが ありません。(09·00)
　1 時間　　　　2 時間　　　　3 時間　　　　4 時間

9 あした えきで あいましょう。(N5·04)
　1 会いましょう　2 今いましょう　3 会ましょう　4 今ましょう

10 わたしは あまり たくしーに のりません。(09·02·94)
　1 タワシー　　2 タワツー　　3 タクシー　　4 タクツー

답 1① 2② 3① 4④ 5① 6① 7② 8② 9① 10③

콕콕 예상 문제 18 표기 / 10

もんだい2 ＿＿＿の ことばは どう かきますか。
1・2・3・4から いちばん いい ものを ひとつ えらんで ください。

1 こんしゅうの どようびに やくそくが あります。(N5·08·05·91)
　1 今週　　　2 今過　　　3 令週　　　4 令過

2 くるまの うしろに こどもが います。(N5·99)
　1 circろ　　　2 係ろ　　　3 系ろ　　　4 後ろ

3 あしたは じしょを もって きて ください。(90)
　1 持って　　　2 待って　　　3 特って　　　4 侍って

4 ともだちの たんじょうびに わいしゃつを あげました。(91)
　1 ウイシュツ　　　2 ウイシャツ　　　3 ワイシュツ　　　4 ワイシャツ

5 ノートに なまえを かいて ください。(N5·09·03)
　1 名前　　　2 名前　　　3 各前　　　4 各前

6 ちちの たんじょうびに ねくたいを あげました。(N5·91)
　1 ネクタイ　　　2 ネタクイ　　　3 スクタイ　　　4 スタクイ

7 がっこうで にほんごを ならって います。(00)
　1 日本話　　　2 日本語　　　3 日本詔　　　4 日本詰

8 わたしは すぽーつが すきです。(01)
　1 スポーツ　　　2 ヌポーツ　　　3 スポーシ　　　4 ヌポーシ

9 いつも ここで しんぶんを かいます。(N5·95·91)
　1 新文　　　2 新分　　　3 新聞　　　4 新本

10 その かばんは すこし たかいです。(95)
　1 示し　　　2 小し　　　3 不し　　　4 少し

답 1① 2④ 3① 4④ 5② 6① 7② 8① 9③ 10④

콕콕 예상 문제 19 표기   / 10

もんだい2 ＿＿＿の ことばは どう かきますか。
1・2・3・4から いちばん いい ものを ひとつ えらんで ください。

1 アメリカで えいごを べんきょうして います。(N5·04)
　1 英詞　　　2 英記　　　3 英語　　　4 英話

2 ドアの みぎに でんきの すいっちが あります。(95)
　1 ヌイッチ　　2 ヌイッテ　　3 スイッチ　　4 スイッテ

3 わたしの かいしゃは しんじゅくに あります。(N5·09·06)
　1 今杜　　　2 会社　　　3 今社　　　4 会杜

4 きんじょに あたらしい アパートが できました。(03·90)
　1 新しい　　2 新い　　　3 新しい　　4 新い

5 とけいの したに カレンダーが はって あります。(00)
　1 木　　　　2 下　　　　3 止　　　　4 上

6 この みせは いつも ひとが おおい。(N5·08·02)
　1 大い　　　2 多い　　　3 太い　　　4 広い

7 へやの なかに こどもが います。(07·99·94)
　1 千ども　　2 予ども　　3 午ども　　4 子ども

8 ことしの ふゆは とても さむいです。(93)
　1 令年　　　2 今年　　　3 含年　　　4 会年

9 わたしの いぬは あしが しろいです。(08·04)
　1 昻　　　　2 是　　　　3 呙　　　　4 足

10 たなかさんと はなしてから、そうじを しました。(98)
　1 詰して　　2 語して　　3 話して　　4 詔して

답　1③　2③　3②　4③　5②　6②　7④　8②　9④　10③

콕콕 예상 문제 20 표기   / 10

もんだい2 ＿＿＿の ことばは どう かきますか。
1・2・3・4から いちばん いい ものを ひとつ えらんで ください。

1 きょうしつで せんせいの はなしを ききます。(N5·04·00·93·92)
　1 耳きます　　2 聞きます　　3 目きます　　4 間きます

2 まいにち ばんごはんの あとで べんきょうを します。(98·92)
　1 毎日　　　 2 毎日　　　　3 毎日　　　　4 毎日

3 ながい じかん バスに のりました。(09·06·01·96)
　1 長い　　　 2 張い　　　　3 表い　　　　4 俵い

4 がっこうの うしろに ちいさい こうえんが あります。(05·98·92)
　1 水さい　　 2 木さい　　　3 小さい　　　4 少さい

5 ちちの たんじょうびに とけいを あげました。(N5·93·91)
　1 兄　　　　 2 姉　　　　　3 父　　　　　4 母

6 きんようびに テストが あります。(00)
　1 全よう日　 2 金よう日　　3 全よう日　　4 金よう日

7 わたしは まいにち くるまに のります。(N5·08·99)
　1 束　　　　 2 東　　　　　3 車　　　　　4 車

8 その おとこの ひとは きのう ここに きました。(04·01)
　1 男　　　　 2 安　　　　　3 女　　　　　4 勇

9 こうえんの うしろに おおきい たてものが あります。(91)
　1 大きい　　 2 高きい　　　3 多きい　　　4 広きい

10 まいにち おなじ みちを とおって がっこうへ いきます。(N5)
　1 司なじ　　 2 同なじ　　　3 司じ　　　　4 同じ

답 1② 2④ 3① 4③ 5③ 6② 7③ 8① 9① 10④

もんだい ③
문맥규정
출제 예상 단어 388

もんだい 3(문맥규정)은 문장의 빈칸에 들어갈 어휘를 4개의 선택지에서 고르는 문제로 10문항이 출제된다. 지난 20년간 もんだい 3에 출제된 171개 어휘를 품사별로 살펴보면 동사가 44문제로 가장 많고, 명사 35문제, い형용사 25문제, 기타 19문제, 외래어 16문제, 부사 13문제, な형용사 11문제, 인사말 8문제 순으로 출제되었다. 2010년부터 실시된 N5 시험은 약 400개 정도 어휘에서 출제되고 있다. 2010년부터 출제된 단어에는 「N5 문규」로 표시하였다.

① 명사 107

예상어휘	뜻	예문	출제 연도
あお	파랑	**あお**いろ。 파란색.	
あか	빨강	**あか**の ネクタイ。 빨간 넥타이.	
あさって	모레	**あさって**、えいがを みに いきませんか。 모레 영화를 보러 가지 않을래요?	N5 문규
あし	발	**あし**が おおきい。 발이 크다.	99
あした	내일	**あした**、えいがを みる。 내일 영화를 본다.	91
あに	오빠, 형	**あに**が ふたり いる。 오빠가(형이) 두 명 있다.	09
あめ	엿	**あめ**を なめる。 엿을 빨다.	
いぬ	개	**いぬ**は どうぶつです。 개는 동물입니다.	94
うえ	위	つくえの **うえ**に あります。 책상 위에 있습니다.	N5 문규
えいがかん	영화관	**えいがかん**へ いく。 영화관에 가다.	
おおぜい	많은 사람, 많이	ひとが **おおぜい** いる。 사람이 많이 있다.	01

예상 어휘	뜻	예문	출제 연도
おかし	과자	おいしい おかし。 맛있는 과자.	
おじいさん	할아버지	おじいさんは げんきだ。 할아버지는 건강하다.	
おじさん	삼촌, 아저씨	おじさんが くる。 삼촌이(아저씨가) 온다.	99
おととし	재작년	おととしの なつ。 재작년 여름.	97
おとな	어른	おとなは 200えんで。 어른은 200엔이고.	03
おばあさん	할머니	げんきな おばあさん。 건강한 할머니.	
おばさん	아주머니	となりの おばさん。 옆집 아주머니.	
おふろ	목욕(물)	おふろが ぬるい。 목욕물이 미지근하다.	
おまわりさん	경찰 아저씨	おまわりさんが くる。 경찰 아저씨가 오다.	
かいだん	계단	かいだんを おりる。 계단을 내려가다.	N5 문규
かいもの	쇼핑, 물건 사기	かいものに いく。 쇼핑하러 가다.	
かお	얼굴	かおを あらう。 얼굴을 씻다(세수하다).	

예상 어휘	뜻	예문	출제 연도
かぜ(風)	바람	かぜが ふく。 바람이 불다.	
かぜ(風邪)	감기	かぜを ひく。 감기에 걸리다.	03
かぞく	가족	わたしの かぞく。 나의 가족.	97
かてい	가정	かていを つくる。 가정을 만들다.	
かど	모퉁이	つぎの かどを まがる。 다음 모퉁이를 돌다.	07
かない	아내	わたしの かない。 내 아내.	
からだ	몸	ほそい からだ。 가는 몸.	
きいろ	노랑	きいろの ほん。 노란 책.	
きって	우표	はがきと きってを かう。 엽서와 우표를 사다.	98
きっぷ	표	ひこうきの きっぷ。 비행기 표.	05
きのう	어제	きのうの ごご。 어제 오후.	
きょうだい	형제	きょうだいは さんにんです。 형제는 3명입니다.	

예상어휘	뜻	예문	출제 연도
くだもの	과일	くだものを かう。 과일을 사다.	
くち	입	くちを おおきく あける。 입을 크게 벌리다.	
くもり	흐림	くもり のち はれ。 흐린 뒤 맑음.	
くろ	검정	くろの スーツ。 검정 양복.	
けいかん	경찰관	けいかんを よぶ。 경찰관을 부르다.	
けっこん	결혼	2000ねんに けっこんしました。 2000년에 결혼했습니다.	05
こうえん	공원	こうえんを さんぽする。 공원을 산책하다.	08
こうさてん	교차로	こうさてんを みぎに まがる。 교차로에서 오른쪽으로 돌다.	
こうちゃ	홍차	すきな のみものは こうちゃです。 좋아하는 음료는 홍차입니다.	04・91
こうばん	파출소	かどに こうばんが ある。 모퉁이에 파출소가 있다.	
さいふ	지갑	さいふを なくす。 지갑을 잃어버리다.	
ざっし	잡지	ざっしを よむ。 잡지를 읽다.	

예상 어휘	뜻	예문	출제 연도
さとう	설탕	コーヒーに さとうを いれる. 커피에 설탕을 넣다.	N5 문규
しごと	일, 작업	しごとを する. 일을 하다.	
じしょ	사전	ともだちに じしょを かりました. 친구에게 사전을 빌렸습니다.	09
しつもん	질문	わたしに しつもんして ください. 나에게 질문해 주세요.	03·01
しゃしん	사진	みんなで しゃしんを とる. 여럿이서 사진을 찍다.	05
しゅくだい	숙제	いえで しゅくだいを しました. 집에서 숙제를 했습니다.	N5 문규
しろ	하양	しろの ドレス. 흰 드레스.	
しんぶん	신문	しんぶんを よむ. 신문을 읽다.	N5 문규
そうじ	청소	へやの そうじを しました. 방 청소를 했습니다.	N5 문규
そば	옆	こうさてんの そばに. 교차로 옆에.	06
そら	하늘	そらの いろは あおい. 하늘의 색은 파랗다.	
たて	세로	カードを たてに ならべる. 카드를 세로로 늘어놓다.	

예상 어휘	뜻	예문	출제 연도
たべもの	음식, 먹을 것	おいしい たべもの。 맛있는 음식.	
ちず	지도	ちずを かきました。 지도를 그렸습니다.	09 N5 문규
つくえ	책상	つくえと いす。 책상과 의자.	
て	손	てを あげる。 손을 들다.	
てがみ	편지	てがみを かく。 편지를 쓰다.	06·92
てんき	날씨	てんきが わるい。 날씨가 나쁘다.	95 N5 문규
でんしゃ	전철	でんしゃを おりる。 전철에서 내리다.	
てんぷら	튀김	すしと てんぷら。 초밥과 튀김.	
でんわ	전화	でんわを かける。 전화를 걸다.	90
とし	나이	としを とる。 나이를 먹다.	
としょかん	도서관	としょかんで ほんを かりる。 도서관에서 책을 빌리다.	00
ねこ	고양이	ねこが ないた。 고양이가 울었다.	

예상 어휘	뜻	예문	출제 연도
のみもの	마실 것, 음료	なにか のみものは ありませんか。 뭔가 마실 것은 없습니까?	00
のりもの	탈 것, 교통수단	ひこうきは そらの のりもの。 비행기는 하늘의 교통수단.	
は	이	はを みがく。 이를 닦다(양치질하다).	90 N5 문규
はし	다리	はしを わたる。 다리를 건너다.	96
はれ	맑음	はれ のち くもり。 맑은 뒤 흐림.	
ひこうき	비행기	ひこうきに のる。 비행기를 타다.	
ひま	시간, 여가	ほんを よむ ひまが ない。 책을 읽을 시간이 없다.	99
びょうき	병, 아픔	びょうきに かかる。 병에 걸리다.	
ふうとう	봉투	てがみを ふうとうに いれる。 편지를 봉투에 넣다.	
ぶんしょう	문장	ぶんしょうを つくる。 문장을 만들다.	
ぼうし	모자	ぼうしを かぶって いる。 모자를 쓰고 있다.	02 N5 문규
ほんとう	정말	ほんとうに あつい。 정말로 덥다.	※ 부사로도 쓰임

예상 어휘	뜻	예문	출제 연도
ほんや	서점	ほんやへ いく。 서점에 가다.	
まいあさ	매일 아침	まいあさ はを みがく。 매일 아침 양치질하다.	
まいしゅう	매주	まいしゅう としょかんへ いく。 매주 도서관에 간다.	93
まいとし	매년	まいとし くにへ かえる。 매년 고향에 간다.	
まいにち	매일	まいにちの しごと。 매일의 업무.	
まいねん	매년	まいねん ほっかいどうへ いく。 매년 홋카이도에 간다.	
まど	창문	まどを あけて ください。 창문을 열어 주세요.	08
みせ	가게	あの みせは たかい。 저 가게는 비싸다.	
みどり	녹색	みどりいろ。 녹색.	
みみ	귀	うさぎは みみが ながい。 토끼는 귀가 길다.	
むら	마을	むらを でる。 마을을 떠나다.	
め	눈	あの こは めが おおきい。 저 아이는 눈이 크다.	

예상 어휘	뜻	예문	출제 연도
もん	문	もんを しめる. 문을 닫다.	
やさい	채소	この やさいは おいしい. 이 채소는 맛있다.	06
やすみ	휴일, 방학	あしたは やすみです. 내일은 휴일입니다.	
やま	산	やまに いく. 산에 가다.	
ゆうはん	저녁밥	ゆうはんを たべる. 저녁밥을 먹다.	
ゆうべ	어젯밤	ゆうべ 11じに ねました. 어젯밤 11시에 잤습니다.	09
ゆき	눈	ゆきが ふって います. 눈이 내리고 있습니다.	N5 문규
らいねん	내년	らいねん がっこうに はいる. 내년에 학교에 들어간다.	
りょうしん	부모님	りょうしんは げんきです. 부모님은 잘 지내십니다.	
りょうり	요리	りょうりして いる. 요리하고 있다.	09
りょこう	여행	にほんを りょこうしたいです. 일본을 여행하고 싶습니다.	09 N5 문규
ろうか	복도	ろうかを はしる. 복도를 달리다.	

② 동사 92

예상어휘	뜻	예문	출제 연도
あく	열리다	とが あく。 문이 열리다.	
あける	열다	まどを あける。 창문을 열다.	N5 문규
あげる	올리다	たなに あげる。 선반에 올리다.	
あそぶ	놀다	にわで あそぶ。 정원에서 놀다.	04
あびる	(샤워를) 하다	シャワーを あびる。 샤워를 하다.	06 N5 문규
あらう	씻다	かおを あらう。 얼굴을 씻다(세수를 하다).	08・97
あるく	걷다	みちを あるく。 길을 걷다.	94
いる	있다	いぬが いる。 개가 있다.	
いる	필요하다	おかねが いる。 돈이 필요하다.	
いれる	넣다	ポケットに てを いれる。 주머니에 손을 넣다.	02 N5 문규
うまれる	태어나다	いもうとが うまれる。 여동생이 태어나다.	95 N5 문규

예상 어휘	뜻	예문	출제 연도
うる	팔다	たかく うる。 비싸게 팔다.	
おきる	일어나다	5じに おきます。 5시에 일어납니다.	05
おく	놓다, 두다	そこに おく。 거기에 두다.	93 N5 문규
おす	누르다	ボタンを おす。 버튼을 누르다.	99
おぼえる	외우다	ひらがなを おぼえる。 히라가나를 외우다.	06·98
およぐ	헤엄치다, 수영하다	かわを およぐ。 강을 헤엄치다.	92 N5 문규
おりる	내리다	でんしゃから おりる。 전철에서 내리다.	00
かう	사다	しんぶんを かう。 신문을 사다.	93
かえす	돌려주다, 반납하다	ほんを かえす。 책을 반납하다.	04
かえる	돌아가다, 돌아오다	いえに かえる。 집에 돌아가다.	
かかる	걸리다	20ぷん かかる。 20분 걸리다.	96 N5 문규
かく	쓰다	てがみを かく。 편지를 쓰다.	

예상 어휘	뜻	예문	출제 연도
かける	걸다, 쓰다	めがねを かける。 안경을 쓰다.	97
かける	(전화를) 걸다	でんわを かける。 전화를 걸다.	
かぶる	쓰다	ぼうしを かぶる。 모자를 쓰다.	07·91 N5 문규
かりる	빌리다	おかねを かりる。 돈을 빌리다.	
きく	듣다	ラジオを きく。 라디오를 듣다.	
きる	입다	セーターを きる。 스웨터를 입다.	
きる	자르다	パンを きる。 빵을 자르다.	08
くる	오다	ともだちが くる。 친구가 오다.	
けす	끄다	でんきを けす。 (전깃)불을 끄다.	07 N5 문규
こたえる	대답하다	ただしく こたえる。 바르게 대답하다.	
こまる	곤란하다	ほんとうに こまります。 정말로 곤란합니다.	N5 문규
さく	피다	さくらの はなが さく。 벚꽃이 피다.	

예상 어휘	뜻	예문	출제 연도
さす	(우산을) 쓰다	かさを さす。 우산을 쓰다.	91
さんぽする	산책하다	こうえんを さんぽする。 공원을 산책하다.	N5 문규
しまる	닫히다	としょかんが 5じに しまります。 도서관이 5시에 (문이) 닫힙니다.	N5 문규
しめる	닫다	まどを しめて ください。 창문을 닫아 주세요.	05
しる	알다	わたしは なにも しらない。 나는 아무것도 모른다.	
すう	피우다	たばこを すわないで ください。 담배를 피우지 말아 주세요.	06
すむ	살다	ソウルに すんで いる。 서울에 살고 있다.	
する	하다, 치다	テニスを する。 테니스를 치다.	
すわる	앉다	いすに すわる。 의자에 앉다.	
せんたくする	세탁하다	シャツを せんたくする。 셔츠를 세탁하다.	
そうじする	청소하다	きれいに そうじする。 깨끗이 청소하다.	
だす	꺼내다	へやの そとに だす。 방 밖으로 꺼내다.	

예상어휘	뜻	예문	출제 연도
たつ	서다	たって ください。 서 주세요.	
たべる	먹다	ごはんを たべる。 밥을 먹다.	
ちがう	다르다	おおきさが ちがう。 크기가 다르다.	
つかう	쓰다, 사용하다	じてんしゃを つかう。 자전거를 쓰다.	
つかれる	지치다, 피로하다	とても つかれました。 매우 피곤합니다.	96 N5 문규
つく	켜지다	でんきが つく。 (전깃)불이 켜지다.	90
つく	도착하다	かいしゃに つく。 회사에 도착하다.	
つける	켜다	ストーブを つける。 난로를 켜다.	
つとめる	근무하다	かいしゃに つとめて いる。 회사에 근무하고 있다.	
でる	나가다	きょうしつを でる。 교실을 나가다.	00
とおる	지나가다	くるまが たくさん とおる。 자동차가 많이 지나가다.	
とぶ	날다	とりが そらを とぶ。 새가 하늘을 날다.	05·00

예상 어휘	뜻	예문	출제 연도
とまる	멈추다	くるまが とまる。 자동차가 멈추다.	97
とる	찍다	しゃしんを とる。 사진을 찍다.	94
とる	집다	おさらを とる。 접시를 집다.	99
なくす	없애다, 잃다	さいふを なくす。 지갑을 분실하다.	
ならう	배우다	にほんごを ならう。 일본어를 배우다.	91 N5 문규
ならぶ	늘어서다, 줄을 서다	よこに ならぶ。 옆으로 줄을 서다.	
ならべる	늘어놓다	ほんを ならべる。 책을 진열하다.	99 N5 문규
なる	되다	せんせいに なる。 선생님이 되다.	
ぬぐ	벗다	くつを ぬぐ。 신발을 벗다.	
のぼる	오르다	やまに のぼる。 산에 오르다.	08·03
のむ	마시다	くすりを のむ。 약을 먹다.	93 N5 문규
のる	타다	でんしゃに のる。 전철을 타다.	92 N5 문규

예상 어휘	뜻	예문	출제 연도
はいる	들어가다	おふろに はいる。 목욕하다.	98
はく	(바지 등을) 입다, (신발 등을) 신다	ズボンを はく。/ くつを はく。 바지를 입다. / 신발을 신다.	92 N5 문규
はじまる	시작되다	しけんが はじまる。 시험이 시작되다.	
はしる	달리다	えきまで はしる。 역까지 달리다.	
はる	붙이다	きってを はる。 우표를 붙이다.	09·01 96
ひく	(감기에) 걸리다	かぜを ひく。 감기에 걸리다.	96
ひく	연주하다, 치다	ギターを ひく。 기타를 치다.	N5 문규
ふく	불다	かぜが ふく。 바람이 불다.	01·93 N5 문규
ふる	(눈·비 등이) 내리다	ゆきが ふる。 눈이 내리다.	N5 문규
べんきょうする	공부하다	にほんごを べんきょうする。 일본어를 공부하다.	
まがる	돌다	かどを みぎに まがる。 모퉁이를 오른쪽으로 돌다.	95
まつ	기다리다	わたしを まって いる。 나를 기다리고 있다.	

예상 어휘	뜻	예문	출제 연도
みがく	닦다	はを みがく。 이를 닦다(양치질하다).	01・94 N5 문규
みせる	보여주다	しゃしんを みせる。 사진을 보여주다.	
やる	하다	ピンポンを やる。 탁구를 하다.	
よぶ	부르다	いしゃを よぶ。 의사를 부르다.	
よむ	읽다	おおきい こえで よむ。 큰 소리로 읽다.	
れんしゅうする	연습하다	ピアノを れんしゅうする。 피아노를 연습하다.	
わすれる	두고 내리다	でんしゃに かさを わすれる。 전철에 우산을 두고 내리다.	03 N5 문규
わたす	주다, 건네다	ほんを たむらさんに わたす。 책을 다무라 씨에게 주다.	98
わたる	건너다	はしを わたる。 다리를 건너다.	99 N5 문규

3 い형용사 47

예상 어휘	뜻	예문	출제 연도
あかい	빨갛다	かおが あかく なる. 얼굴이 빨개지다.	
あたたかい	따뜻하다	へやは あたたかい. 방은 따뜻하다.	00·93
あたらしい	새롭다	じてんしゃは あたらしい. 자전거는 새것이다.	95
あつい	덥다	あつい てんき. 더운 날씨.	
あぶない	위험하다	あ、あぶない! 앗, 위험해!	04
あまい	달다	とても あまい. / あまく する. 매우 달다. / 달게 하다.	09·98·94 N5 문규
いそがしい	바쁘다	そうじや せんたくで いそがしい. 청소랑 빨래로 바쁘다.	93
いたい	아프다	おなかが いたい. 배가 아프다.	97
うすい	얇다	うすくて かるい. 얇고 가볍다.	01
うるさい	시끄럽다	テレビの おとが うるさい. 텔레비전 소리가 시끄럽다.	N5 문규
おいしい	맛있다	レストランの りょうりは おいしい. 레스토랑의 음식은 맛있다.	99

예상 어휘	뜻	예문	출제 연도
おおい	많다	きゃくが おおい。 손님이 많다.	
おおきい	크다	おおきい いえ。 큰 집.	
おそい	늦다, 느리다	あしが おそい。 걸음이 느리다.	
おもい	무겁다	この じしょは おもい。 이 사전은 무겁다.	04
おもしろい	재미있다	おもしろい えいがを みる。 재미있는 영화를 보다.	03
からい	맵다	この りょうりは からい。 이 요리는 맵다.	03 N5 문규
きたない	더럽다	きたない て。 더러운 손.	99
くらい	어둡다	くらくて あぶない。 어두워서 위험하다.	05・97
くろい	검다	くろい ふくを きる。 검은 옷을 입다.	
さむい	춥다	さむい ふゆ。 추운 겨울.	N5 문규
すくない	적다	とりが すくなく なる。 새가 적어지다.	
すずしい	시원하다	すずしい かぜ。 시원한 바람.	

예상 어휘	뜻	예문	출제 연도
せまい	좁다	みちは せまい。 길은 좁다.	92
たかい	높다, (키가) 크다	せ(い)が たかい。 키가 크다.	92 N5 문규
たのしい	즐겁다	とても たのしい。 무척 즐겁다.	07
ちいさい	작다	ちいさい じしょ。 작은 사전.	91
ちかい	가깝다	ホテルまで ちかい。 호텔까지 가깝다.	08
つめたい	차갑다	とても つめたい みず。 매우 차가운 물.	96 N5 문규
つよい	강하다	かぜが つよい。 바람이 강하다.	06 N5 문규
とおい	멀다	えきから とおい。 역에서 멀다.	90 N5 문규
ながい	길다	ながい じかん。 긴 시간.	
はやい	이르다, 빠르다	はやく ねる。 일찍 자다.	94
ひくい	낮다	ひくい こえで はなす。 낮은 소리로 이야기하다.	
	작다	せ(い)が ひくい。 키가 작다.	N5 문규

예상 어휘	뜻	예문	출제 연도
ひろい	넓다	ひろい いえ。 넓은 집.	
ふとい	굵다	せんせいは こえが ふとい。 선생님은 목소리가 굵다.	
ふるい	낡다	この たてものは ふるい。 이 건물은 낡다.	N5 문규
ほしい	갖고 싶다	あたらしい かばんが ほしい。 새 가방을 갖고 싶다.	02
ほそい	가늘다	あの きは ほそい。 저 나무는 가늘다.	90
まずい	맛없다	まずい コーヒー。 맛없는 커피.	
まるい	둥글다	まるい おさらを ください。 둥근 접시를 주세요.	
みじかい	짧다	かみを みじかく きる。 머리를 짧게 자르다.	
ぬるい	미지근하다	ぬるい おちゃ。 미지근한 차.	
よわい	약하다	からだが よわい。 몸이 약하다.	
わかい	젊다	あの わかい ひとは だれですか。 저 젊은 사람은 누구입니까?	06
わるい	나쁘다	あたまが わるい。 머리가 나쁘다.	

4 な형용사 15

예상 어휘	뜻	예문	출제 연도
いろいろだ	여러 가지다	いろいろな くにの ひと. 여러 나라 사람.	02
きれいだ	예쁘다, 깨끗하다	きれいな はな. / きれいな へや. 예쁜 꽃. / 깨끗한 방.	N5 문규
けっこうだ	멋지다, 충분하다	けっこうな うち. 멋진 집.	※ 부사로도 쓰임
げんきだ	건강하다	ちちは げんきです. 아버지는 건강합니다.	91
しずかだ	조용하다	しずかに べんきょうする. 조용히 공부하다.	94
じょうずだ	능숙하다	じょうずじゃ ありません. 능숙하지 않습니다.	08 N5 문규
じょうぶだ	튼튼하다	からだが じょうぶだ. 몸이 튼튼하다.	09・05 00 N5 문규
すきだ	좋아하다	うたが すきです. 노래를 좋아합니다.	03
だいじょうぶだ	괜찮다	はい、だいじょうぶです. 네, 괜찮습니다.	07
たいせつだ	중요하다	たいせつな ほん. 중요한 책.	07・96
たいへんだ	힘들다	それは たいへんでしたね. 그거 힘들었겠네요.	97 ※ 부사로도 쓰임

예상 어휘	뜻	예문	출제 연도
にぎやかだ	번화하다, 북적이다	にぎやかな まち。 번화한 거리.	
へただ	서툴다	へたな えいごで はなす。 서투른 영어로 이야기하다.	
べんりだ	편리하다	とても べんりです。 매우 편리합니다.	95
りっぱだ	훌륭하다	りっぱな いしゃ。 훌륭한 의사.	98

5 부사 24

예상 어휘	뜻	예문	출제 연도
いかが	어떻게	いかがですか。 어떻습니까?	
いちばん	가장, 제일	いちばん すきな もの。 가장 좋아하는 것.	
いつも	늘, 항상	いつも きものを きる。 늘 기모노를 입는다.	
すぐに	바로	すぐに ねる。 바로 자다.	02·91
すこし	조금	さとうを すこし いれる。 설탕을 조금 넣다.	N5 문규
たいてい	대개	たいてい 7じに おきる。 대개 7시에 일어난다.	94

예상 어휘	뜻	예문	출제 연도
だいぶ	꽤, 상당히	だいぶ じかんが ある。 상당히 시간이 있다.	
たくさん	많이	たくさん ならぶ。 많이 줄을 서다.	95
たぶん	아마	たぶん こないでしょう。 아마 오지 않을 것입니다.	96
だんだん	점점	だんだん むずかしく なる。 점점 어려워지다.	04·97 N5 문규
ちょうど	마침, 꼭	ちょうど さんじに おわる。 정각 3시에 끝나다.	93 N5 문규
ちょっと	잠깐	ちょっと まって。 잠깐 기다려 (줘요).	
ときどき	가끔, 때때로	ときどき バスで いく。 가끔 버스로 간다.	01
とても	매우, 무척	とても いい。 매우 좋다.	
はじめて	처음으로	はじめて えいがを みる。 처음으로 영화를 보다.	99·92
はじめに	처음에	はじめに なまえを かく。 처음에 이름을 쓰다.	00
また	또	また あした。 내일 또 (봐요).	05
まだ	아직	まだ かえって きません。 아직 돌아오지 않습니다.	

예상 어휘	뜻	예문	출제 연도
まっすぐ	곧장	まっすぐ いって ください。 곧장 가 주세요.	03 N5 문규
もう	이미, 벌써	もう 10ねんに なる。 벌써 10년이 된다.	
もちろん	물론	もちろん いい。 물론 좋다.	
もっと	더	もっと たべて ください。 더 드세요.	04·98
ゆっくり	천천히	ゆっくり はなして ください。 천천히 얘기해 주세요.	07
よく	종종	よく どうぶつえんに いきます。 종종 동물원에 갑니다.	

⑥ 외래어 39

예상 어휘	뜻	예문	출제 연도
アパート	아파트	わたしの アパートは ひろい。 우리 아파트는 넓다.	04 N5 문규
エアコン	에어컨	エアコンを つける。 에어컨을 켜다.	
エレベーター	엘리베이터	エレベーターで いきます。 엘리베이터로 갑니다.	07

예상 어휘	뜻	예문	출제 연도
オートバイ	오토바이	オートバイに のる。 오토바이를 타다.	
カップ	컵	カップに みずを いれる。 컵에 물을 넣다.	
カレー	카레	ひるごはんは カレーりょうりです。 점심은 카레 요리입니다.	
ギター	기타	ギターを ひく。 기타를 치다.	93
キロ	킬로미터	ここから 2キロです。 여기서부터 2킬로미터입니다.	05
グラム	그램	ぎゅうにくを 500グラム ください。 소고기를 500그램 주세요.	
コート	코트	コートを きる。 코트를 입다.	N5 문규
コーヒー	커피	コーヒーを のむ。 커피를 마시다.	
コピー	복사	コピーを とる。 복사를 하다.	
シャツ	셔츠	シャツを せんたくする。 셔츠를 세탁하다.	
シャワー	샤워	シャワーを あびる。 샤워를 하다.	
スカート	치마	あかい スカートをはく。 빨간 치마를 입다.	09

예상 어휘	뜻	예문	출제 연도
スキー	스키	すきな スポーツは スキーです。 좋아하는 운동은 스키입니다.	92
スケート	스케이트	すきな スポーツは スケートです。 좋아하는 운동은 스케이트입니다.	N5 문규
ストーブ	난로	ストーブを つける。 난로를 켜다.	96
ズボン	바지	ズボンを はく。 바지를 입다.	
スマートフォン	스마트폰	スマートフォンを かう。 스마트폰을 사다.	
スリッパ	슬리퍼	スリッパを はく。 슬리퍼를 신다.	
センチ(メートル)	센티(미터)	せ(い)は 170センチです。 키는 170센티입니다.	
テープ	테이프	テープを きく。 테이프를 듣다.	
テーブル	테이블	テーブルを かう。 테이블을 사다.	
セーター	스웨터	セーターを きる。 스웨터를 입다.	90
デパート	백화점	きのう デパートへ いきました。 어제 백화점에 갔습니다.	08
テレビ	텔레비전	テレビを みる。 텔레비전을 보다.	

예상 어휘	뜻	예문	출제 연도
ドア	문	ドアを あけて ください。 문을 열어 주세요.	N5 문규
ナイフ	나이프, 칼	ナイフで パンを きる。 나이프로 빵을 자르다.	03
ネクタイ	넥타이	ネクタイを しめる。 넥타이를 매다.	95
パーティー	파티	たんじょうびの パーティー。 생일 파티.	97
ハンカチ	손수건	ハンカチで あせを ふく。 손수건으로 땀을 닦다.	
ピアノ	피아노	ピアノを ひく。 피아노를 치다.	90
プール	수영장	プールへ およぎに いく。 수영장에 수영하러 가다.	98
ページ	페이지	ざっしを 10ページ よむ。 잡지를 10페이지 읽다.	02 N5 문규
ペット	애완동물	ペットを かって いる。 애완동물을 기르고 있다.	
ポスト	우체통	てがみを ポストに いれる。 편지를 우체통에 넣다.	
メートル	미터	500メートル およぎました。 500미터 헤엄쳤습니다.	N5 문규
ラジオ	라디오	ラジオを きく。 라디오를 듣다.	91

7　인사말 16

예상 어휘	뜻	예문	출제 연도
ありがとう ございます	고맙습니다	ありがとうございます。 고맙습니다.	
いただきます	잘 먹겠습니다	いただきます。 잘 먹겠습니다.	
おげんきで	건강하시기를	おげんきで。 건강하시기를.	
おねがいします	부탁합니다	ええ、おねがいします。 네, 부탁합니다.	02 N5 문규
おやすみなさい	안녕히 주무세요	おやすみなさい。 안녕히 주무세요.	
けっこうです	괜찮습니다	けっこうです。 괜찮습니다.	04
ごちそうさま (でした)	잘 먹었습니다	「ごちそうさま。」と いいます。 '잘 먹었습니다.'라고 말합니다.	00
こちらこそ	저야말로	こちらこそ どうぞ よろしく。 저야말로 잘 부탁해요.	98·94
ごめんなさい	죄송해요	ごめんなさい。 죄송해요.	
こんにちは	안녕하세요 (점심인사)	こんにちは。 안녕하세요.	
さようなら	안녕히 가십시오	さようなら。 안녕히 가십시오.	

078

예상 어휘	뜻	예문	출제 연도
しつれいします	실례하겠습니다	そろそろ しつれいします。 슬슬 실례하겠습니다.	95
すみません	미안합니다	すみません。 미안합니다.	
ちがいます	틀립니다	いいえ、ちがいます。 아니요, 틀립니다.	02
どういたしまして	천만의 말씀입니다	いいえ、どういたしまして。 아니요, 천만의 말씀입니다.	07·96
どうぞ よろしく	잘 부탁합니다	はじめまして。どうぞ よろしく。 처음 뵙겠습니다. 잘 부탁합니다.	06·01

⑧ 기타 48

예상 어휘	뜻	예문	출제 연도
あっち	저쪽	あっちを みる。 저쪽을 보다.	
いくつ	몇 개, 몇 살	いくつぐらい。/ おいくつですか。 몇 개 전도. / 몇 살입니까?	
いくら	얼마	この おさらは いくらですか。 이 접시는 얼마입니까?	07
いちど	한 번	もう いちど。 다시 한 번.	01

예상 어휘	뜻	예문	출제 연도
いっしょに	함께, 같이	ともだちと いっしょに。 친구와 함께.	
いつつ	다섯 개	いつつ ある。 다섯 개 있다.	01 N5 문규
～えん	～엔	おかしは はちじゅうえんです。 과자는 80엔입니다.	93
おおきな	커다란	おおきな かばん。 커다란 가방.	
～かい	～회	さんかい テニスを する。 테니스를 3회 치다.	95
～かい	～층	きょうしつは にかいに ある。 교실은 2층에 있다.	90
こちら	이분	こちらは スミスさんです。 이분은 스미스 씨입니다.	02
こっち	이쪽	こっちの ひと。 이쪽 사람.	
～さつ	～권	ほんを さんさつ よむ。 책을 세 권 읽다.	08·98
じしょを ひく	사전을 찾다	えいごの じしょを ひく。 영어 사전을 찾다.	
したい	하고 싶다	べんきょうが したい。 공부를 하고 싶다.	90
～じゅう	～내내, ～종일	いちにちじゅう。 하루 종일.	

예상 어휘	뜻	예문	출제 연도
しんぶんを よむ	신문을 보다	しんぶんを よんで しった. 신문을 보고 알았다.	95
そっち	그쪽	そっちを みる. 그쪽을 보다.	
それでは	그럼	それでは テストを はじめます. 그럼 테스트를 시작하겠습니다.	02
~だい	~대	くるまが いちだい とまって いる. 차가 한 대 세워져 있다.	04·91
~だけ	~만	ひらがなだけ. 히라가나만.	
だれか	누군가	だれかに たのむ. 누군가에게 부탁하다.	
ちいさな	작은	ちいさな おさら. 작은 접시.	
ついたち	1일	くがつ ついたち. 9월 1일.	
でも	하지만	でも、とても きれいです. 하지만, 무척 깨끗합니다.	09
どうして	어째서	どうして がっこうを やすみましたか. 어째서 학교를 쉬었습니까?	N5 문규
とおか	10일	とおか かかる. 10일 걸리다.	
~とき	~때	うちを でる とき. 집을 나설 때.	

예상 어휘	뜻	예문	출제 연도
どっち	어느 쪽	えきは どっちですか。 역은 어느 쪽입니까?	
~と~と、どちらが	~와 ~중 어느 쪽이	コーヒーと こうちゃと、どちらが すきですか。 커피와 홍차 중 어느 쪽을 좋아합니까?	08
~ながら	~하면서	しんぶんを よみながら いう。 신문을 보면서 말하다.	
なぜ	왜	なぜですか。 왜입니까?	N5 유의
なん~	무슨~	なんようびですか。 무슨 요일입니까?	
なんこ	몇 개	たまごは なんこ いりますか。 계란은 몇 개 필요합니까?	06
~はい	~잔	にはい のむ。 두 잔 마시다.	
はたち	스무살	ことし はたちです。 올해 스무살입니다.	90
はつか	20일	こんげつ はつかに いく。 이달 20일에 간다.	
~ばん	~번	もんだいの さんばん。 문제 3번.	
~ひき	~마리	ねこが にひき いる。 고양이가 두 마리 있다.	92 N5 문규
ふたつ	두 개	りんごを ふたつ かう。 사과를 두 개 사다.	

예상 어휘	뜻	예문	출제 연도
ふたり	두 명	ふたり きょうだい。 두 형제.	
ふつか	2일	きょうは ふつかです。 오늘은 2일입니다.	00
~まい	~매, ~장	きって いちまい。 우표 한 장.	N5 문규
みっつ	세 개	りんご みっつ。 사과 세 개.	
むいか	6일	しちがつ むいか。 7월 6일.	
やっつ	여덟 개	やっつずつ いれる。 여덟 개씩 넣다.	
ようか	8일	なのかの つぎは ようかです。 7일 다음은 8일입니다.	92
よっか	4일	きょうは しがつ よっかです。 오늘은 4월 4일입니다.	

콕콕 예상 문제 01 문맥규정 / 10

もんだい3 （　　）に なにを いれますか。
1・2・3・4から いちばん いい ものを ひとつ えらんで ください。

1　父は まいあさ （　　）を よんで います。(N5)
　　1　しんぶん　　2　れんらく　　3　きょうみ　　4　しゅみ

2　けっこんして 1ねんめに おんなの こが （　　）。(N5·95)
　　1　はなしました　　2　あけました　　3　あそびました　　4　うまれました

3　がっこうから いえへ （　　） かえります。(N5·03)
　　1　ちょうど　　2　まっすぐ　　3　ずいぶん　　4　しかし

4　かいしゃまで でんしゃで 30ぷん （　　）。(N5·96)
　　1　とめます　　2　しめます　　3　かかります　　4　あびます

5　なつやすみの （　　） は もう おわりましたか。(N5)
　　1　しゅくだい　　2　しゅみ　　3　けいたい　　4　きょうみ

6　（　　） ものを たべすぎると はが わるく なります。(N5·09·98·94)
　　1　さむい　　2　かるい　　3　あまい　　4　おもい

7　ちいさい ころは びょうきを して よく がっこうを やすみましたが、いまは とても
　　（　　） に なりました。(N5·09·05·00)
　　1　にぎやか　　2　じょうぶ　　3　ひま　　4　さかん

8　もう おそいから テレビを （　　） ねましょう。(N5·07)
　　1　あけて　　2　かぶって　　3　しめて　　4　けして

9　おふろが （　　） あつく なりました。(N5·04·97)
　　1　おととし　　2　もしもし　　3　いろいろ　　4　だんだん

10　25 （　　） までは 82えんの きってを はります。
　　1　グラム　　2　メートル　　3　センチ　　4　ページ

답　1①　2④　3②　4③　5①　6③　7②　8④　9④　10①

콕콕 예상 문제 02 문맥규정   / 10

もんだい3 （　　）に なにを いれますか。
1・2・3・4から いちばん いい ものを ひとつ えらんで ください。

1 雨が はいるので、（　　）を しめて ください。(08)
　1 みず　　　　2 でんき　　　　3 まど　　　　4 てんき

2 でんしゃの えきまでは すこし（　　）です。(N5·90)
　1 すくない　　2 すごい　　　　3 たかい　　　4 とおい

3 この へんで やすい（　　）を さがして います。(N5·04)
　1 アパート　　2 パーティー　　3 スケジュール　4 スポーツ

4 ははは まいあさ いえの なかを（　　）します。(N5)
　1 せんたく　　2 ようじ　　　　3 そうじ　　　　4 そつぎょう

5 かぜを ひいたので くすりを（　　）。(N5·93)
　1 のりました　2 のみました　　3 はいりました　4 つきました

6 こうえんを さんぽした あとは シャワーを（　　）。(N5·06)
　1 はいります　2 あびます　　　3 かかります　　4 かぶります

7 きを つけて みちを（　　）。(N5·99)
　1 のりましょう　2 いれましょう　3 およぎましょう　4 わたりましょう

8 きょうは（　　）が ふいて います。
　1 はれ　　　　2 くもり　　　　3 かぜ　　　　　4 あめ

9 （　　）ものが たべたいですね。(N5·03)
　1 さむい　　　2 からい　　　　3 あおい　　　　4 わかい

10 しんちょうは なん（　　）ぐらいですか。
　1 センチ　　　2 ページ　　　　3 グラム　　　　4 キロ

답 1③ 2④ 3① 4③ 5② 6② 7④ 8③ 9② 10①

콕콕 예상 문제 03 문맥규정　　　　　　　　／10

もんだい3 (　　) に なにを いれますか。
1・2・3・4から いちばん いい ものを ひとつ えらんで ください。

1 あら、(　　)。だれも いないと おもって あけて しまって。
　1　おねがいします　　　　　2　どういたしまして
　3　ごめんなさい　　　　　　4　ごちそうさまでした

2 きのう、(　　) えいがを みました。(03)
　1　おいしい　　2　おもしろい　　3　すずしい　　4　いそがしい

3 わたしは あさ シャワーを (　　)。(N5·06)
　1　なきます　　2　とります　　3　あびます　　4　ぬぎます

4 きのう としょかんに ほんを (　　)。(04)
　1　かえしました　　2　かけました　　3　かちました　　4　かえりました

5 (　　) を ひいて、なにも たべたく ありません。(03)
　1　くち　　2　かぜ　　3　おなか　　4　びょうき

6 わたしは まいにち (　　) を のみます。(04·91)
　1　おべんとう　　2　ちゃわん　　3　テーブル　　4　こうちゃ

7 あの ひとは せんせいに よく (　　) します。(03·01)
　1　れんしゅう　　2　じゅぎょう　　3　べんきょう　　4　しつもん

8 9じに なりました。(　　) テストを はじめます。(02)
　1　でも　　2　それでは　　3　しかし　　4　どうも

9 たまごは (　　) かいましたか。(06)
　1　なんこ　　2　なんさつ　　3　なんだい　　4　なんまい

10 ゆうべは ざっしを 10 (　　) よみました。(N5·02)
　1　キロ　　2　ページ　　3　メートル　　4　グラム

답　1③　2②　3③　4①　5②　6④　7④　8②　9①　10②

콕콕 예상 문제 04 문맥규정

/ 10

もんだい3 (　　) に なにを いれますか。
1・2・3・4から いちばん いい ものを ひとつ えらんで ください。

1 あたらしい えいごの ことばを (　　)。 (06·98)
　1 もちます　　2 おぼえます　　3 なります　　4 つとめます

2 こうばんの まえに じてんしゃが (　　) とまって います。 (04·91)
　1 いちだい　　2 いっぴき　　3 いっさつ　　4 いちまい

3 この りょうりは とても (　　)。 (N5·03)
　1 さむい　　2 くらい　　3 からい　　4 みじかい

4 (　　) ですから、でんきを つけましょうか。 (05·97)
　1 うすい　　2 くらい　　3 しろい　　4 あかるい

5 5ねんまえに (　　) しました。いま こどもは ふたりです。 (05)
　1 けっこん　　2 さんぽ　　3 しつもん　　4 けんか

6 きょうしつの まどを (　　) ください。 (05)
　1 けして　　2 おして　　3 きって　　4 しめて

7 にほんごで みじかい (　　) を かきました。 (06·92)
　1 いろ　　2 にもつ　　3 てがみ　　4 え

8 とりが そらを (　　) います。 (05·00)
　1 あげて　　2 とんで　　3 あって　　4 さして

9 (　　) を かぶって いる ひとが すずきさんです。 (N5·02)
　1 ぼうし　　2 めがね　　3 とけい　　4 くつした

10 ホテルの まえに (　　) ひとが たくさん あつまって います。 (06)
　1 うすい　　2 あさい　　3 わかい　　4 からい

답 1② 2① 3③ 4② 5① 6④ 7③ 8② 9① 10③

콕콕 예상 문제 05 문맥규정

もんだい3 (　　) に なにを いれますか。
　　　　1・2・3・4から いちばん いい ものを ひとつ えらんで ください。

1　A「きのうは どうも ありがとうございました。」(07·96)
　　B「いいえ、(　　)。」
　　1　しつれいします　2　いらっしゃい　3　どういたしまして　4　いただきます

2　こどもは テレビで えいがを (　　) います。
　　1　きいて　　　　2　みて　　　　　3　よんで　　　　　4　みがいて

3　「かじだ！」と、ひとを (　　) こえが します。
　　1　よぶ　　　　　2　しる　　　　　3　ちがう　　　　　4　おぼえる

4　(　　) は とても あつかったです。(09)
　　1　あさって　　　2　らいしゅう　　3　ゆうべ　　　　　4　あした

5　やまもとさんは からだが (　　) です。
　　1　みじかい　　　2　よわい　　　　3　ぬるい　　　　　4　まずい

6　ほんだなに ほんを (　　)。(N5·99)
　　1　ならいました　2　ならべました　3　ならしました　　4　ならびました

7　かぜを (　　)、がっこうを やすみました。(96)
　　1　やって　　　　2　ふいて　　　　3　なって　　　　　4　ひいて

8　かんじは はじめには やさしいですが、(　　) むずかしく なります。(N5·04·97)
　　1　よく　　　　　2　まだ　　　　　3　ちょうど　　　　4　だんだん

9　ごはんを たべた あとは「(　　)。」と いいます。(00)
　　1　いただきます　2　ごちそうさま　3　しつれいします　4　おねがいします

10　きのう こうえんで ともだちと しゃしんを (　　)。(94)
　　1　つくりました　2　とりました　　3　かきました　　　4　しました

답　1③　2②　3①　4③　5②　6②　7④　8④　9②　10②

콕콕 예상 문제 06 문맥규정   / 10

もんだい3 (　　) に なにを いれますか。
1・2・3・4から いちばん いい ものを ひとつ えらんで ください。

1 まいあさ なんじに いえを (　　) か。
 1 すわります　　2 だします　　3 でます　　4 よびます

2 この ナイフで りんごを (　　) ください。
 1 きて　　2 きえて　　3 きいて　　4 きって

3 としょかんの でんきが (　　) います。
 1 あいて　　2 さいて　　3 ふいて　　4 ついて

4 わたしの うちに ねこが (　　) います。
 1 にひき　　2 ふたつ　　3 にだい　　4 ふたり

5 おとうとは まいばん、おそくまで にほんごを (　　)。
 1 ならびます　　2 ひきます　　3 べんきょうします　　4 つくります

6 おじさんから てがみが (　　) いますよ。
 1 かけて　　2 はいて　　3 かぶって　　4 きて

7 みっかの つぎは (　　) です。
 1 ようか　　2 むいか　　3 よっか　　4 とおか

8 としょかんまで (　　) 5ふんです。
 1 およいで　　2 とんで　　3 まわって　　4 はしって

9 わたしは ひとの はなしを (　　) のが だいすきです。
 1 きく　　2 みる　　3 よむ　　4 みがく

10 あついですから (　　) を つけて ください。
 1 アパート　　2 エアコン　　3 プール　　4 エレベーター

답 1③ 2④ 3④ 4① 5③ 6④ 7③ 8④ 9① 10②

콕콕 예상 문제 07 문맥규정   / 10

もんだい3　(　　) に なにを いれますか。
　　　　　1・2・3・4から いちばん いい ものを ひとつ えらんで ください。

1　この えいがは こどもに (　　)。
　　1　おいしい　　　2　わるい　　　3　きたない　　　4　わかい

2　なつやすみに ともだちと ふじさんに (　　) つもりです。(08·03)
　　1　のぼる　　　2　とまる　　　3　まがる　　　4　わたる

3　ねだんは おなじでも、おおきさが (　　)。
　　1　おぼえます　　　2　しります　　　3　よびます　　　4　ちがいます

4　あねは ぎんこうに (　　) います。
　　1　つとめて　　　2　つくって　　　3　つかれて　　　4　つかって

5　りょこうするので おかねが (　　)。
　　1　いります　　　2　います　　　3　かけます　　　4　つけます

6　こどもたちの うたを (　　) に とりました。
　　1　アパート　　　2　テープ　　　3　パーティー　　　4　ペット

7　あめが ふって いるのを (　　)。
　　1　よばなかった　　　2　おぼえなかった　　　3　ちがわなかった　　　4　しらなかった

8　こうえんに (　　) の がくせいが あつまりました。(01)
　　1　はじめて　　　2　おおぜい　　　3　たいへん　　　4　だいぶ

9　くるまは ひだりがわを (　　) ください。
　　1　ふいて　　　2　ついて　　　3　とおって　　　4　あびて

10　あたらしい きってを かう ひとが (　　) いました。
　　1　ならべて　　　2　ならって　　　3　なって　　　4　ならんで

답 1② 2① 3④ 4① 5① 6② 7④ 8② 9③ 10④

콕콕 예상 문제 08 문맥규정   / 10

もんだい3 （　　）に なにを いれますか。
1・2・3・4から いちばん いい ものを ひとつ えらんで ください。

1 きょうは（　　）つかれました。
　1　おおきく　　2　おおぜい　　3　とても　　4　ゆっくり

2 A「いま なんじですか。」
　B「（　　）3じです。」
　1　まだ　　2　だんだん　　3　だいぶ　　4　よく

3 あなたも わたしと ピンポンを（　　）か。
　1　なりません　　2　やりません　　3　ふきません　　4　ひきません

4 おとうとは（　　）へやで べんきょうして います。
　1　ひくい　　2　さむい　　3　うすい　　4　あまい

5 やまの かぜは（　　）きもちが いいです。
　1　すずしくて　　2　さむくて　　3　ひくくて　　4　ぬるくて

6 もっと おおきく（　　）とおくからも よめます。
　1　おけば　　2　みせれば　　3　はれば　　4　かけば

7 しけんの ときは（　　）を みない ことに して います。
　1　パーティー　　2　テレビ　　3　シャワー　　4　ラジオ

8 わたしは（　　）えいがを みに いきます。
　1　とても　　2　よく　　3　もっと　　4　もう

9 くつを ぬいで、（　　）を はいて ください。
　1　スリッパ　　2　ストーブ　　3　テレビ　　4　コート

10 たなかさんは しろい ふくを（　　）いました。
　1　かけて　　2　きて　　3　かぶって　　4　はいて

답　1③　2①　3②　4②　5①　6④　7②　8②　9①　10②

콕콕 예상 문제 09 문맥규정   / 10

もんだい3 (   ) に なにを いれますか。
1・2・3・4から いちばん いい ものを ひとつ えらんで ください。

1 コーヒーを のんでから (   ) を さんぽしましょう。(08)
　1 きっさてん　　2 こうえん　　3 おてあらい　　4 ぎんこう

2 いもうとは いま かさを (   ) います。(91)
　1 つけて　　2 わたって　　3 さして　　4 あけて

3 おとうとは いっしゅうかんに (   ) すいえいを します。(95)
　1 さんばん　　2 さんがい　　3 さんぼん　　4 さんかい

4 A「てんぷらは おすきですか。」
　B「(   ) ですよ。」
　1 ときどき　　2 もちろん　　3 ちょっと　　4 はじめて

5 さかなが かわを (   ) います。(N5-92)
　1 とんで　　2 あるいて　　3 はしって　　4 およいで

6 らいげつ (   ) の きっぷが ありますか。
　1 いちど　　2 なんばい　　3 ついたち　　4 はたち

7 かぎは (   ) の ひきだしに しまって あります。
　1 ひま　　2 やすみ　　3 しごと　　4 つくえ

8 ちかくの スーパーへ (   ) に いきました。
　1 かいもの　　2 きょうしつ　　3 びょういん　　4 りょこう

9 ともだちが (   ) から べんきょうしました。
　1 しつもんして　　2 れんしゅうして　　3 かえって　　4 こたえて

10 (   ) に おかねを いれます。
　1 こうばん　　2 さいふ　　3 ちず　　4 きょうだい

답 1② 2③ 3④ 4② 5④ 6③ 7④ 8① 9③ 10②

콕콕 예상 문제 10 문맥규정　　　　　　　　　　　　　　/ 10

もんだい3　（　　）に なにを いれますか。
　　　　　　1・2・3・4から いちばん いい ものを ひとつ えらんで ください。

① かのじょは（　　）で さるを かって います。
　　1　ポスト　　　　2　シャツ　　　　3　ペット　　　　4　ギター

② わたしは（　　）に のぼるのが すきです。
　　1　やま　　　　　2　はし　　　　　3　もん　　　　　4　まど

③ かぜが ないので（　　）ねむれません。
　　1　あまくて　　　2　からくて　　　3　あつくて　　　4　つよくて

④ ここから ホテルまで（　　）ですから、あるいて いきましょう。 (08)
　　1　ちかい　　　　2　ながい　　　　3　とおい　　　　4　みじかい

⑤ きょうの しんぶんは（　　）ところが すくない。
　　1　みがく　　　　2　きく　　　　　3　よむ　　　　　4　みる

⑥ つぎの えきで でんしゃを（　　）ましょう。 (00)
　　1　おり　　　　　2　つき　　　　　3　おき　　　　　4　とまり

⑦ おとうとは おかしを（　　）いきました。 (93)
　　1　ぬぎに　　　　2　かいに　　　　3　よびに　　　　4　ききに

⑧ 「そろそろ（　　）。」と いって せんせいの へやを でました。 (95)
　　1　しつれいします　　　　　　　2　しつれいしません
　　3　しつれいしました　　　　　　4　しつれいして います

⑨ おとうさんの おとこの きょうだいは（　　）です。 (99)
　　1　おばあさん　　2　おじいさん　　3　おばさん　　　4　おじさん

⑩ たなかさんは へやで（　　）を ひいて います。 (90)
　　1　レコード　　　2　テレビ　　　　3　ピアノ　　　　4　ラジオ

답　1③　2①　3③　4①　5③　6①　7②　8①　9④　10③

콕콕 예상 문제 11 문맥규정   /10

もんだい3 （　　） に なにを いれますか。
1・2・3・4から いちばん いい ものを ひとつ えらんで ください。

1　あの つくえを へやの そとに （　　） ください。
　　1　とんで　　　　2　あるいて　　　　3　だして　　　　4　およいで

2　りょこうの かいしゃに ひこうきの （　　） を たのみました。
　　1　きっぷ　　　　2　ろうか　　　　3　がいこく　　　　4　くうこう

3　（　　） びょういんに でんわして ください。(02·91)
　　1　ちょうど　　　　2　まだ　　　　3　だんだん　　　　4　すぐに

4　この みちは （　　） です。(92)
　　1　せまい　　　　2　うすい　　　　3　おもい　　　　4　ふかい

5　それは とても （　　） もんだいです。(07·96)
　　1　いろいろな　　　　2　たいせつな　　　　3　じょうぶな　　　　4　にぎやかな

6　わたしは （　　） あさ 7じに おきます。(94)
　　1　たいへん　　　　2　だいぶ　　　　3　たいてい　　　　4　だんだん

7　おなかが （　　） あさから なにも たべて いません。(97)
　　1　はやくて　　　　2　たかくて　　　　3　おもくて　　　　4　いたくて

8　（　　） の かおを おぼえて いますか。
　　1　おととい　　　　2　としょかん　　　　3　おばあさん　　　　4　くだもの

9　テーブルの うえに りんごが （　　） あります。
　　1　ふたつ　　　　2　はつか　　　　3　ふたり　　　　4　はたち

10　この はこを （　　） ぬって ください。
　　1　あたたかく　　　　2　あかく　　　　3　すずしく　　　　4　さむく

답　1③　2①　3④　4①　5②　6③　7④　8③　9①　10②

콕콕 예상 문제 12 문맥규정

もんだい 3 （　　）に なにを いれますか。
1・2・3・4から いちばん いい ものを ひとつ えらんで ください。

1　ふうとうに 82えんの（　　）を はって ください。 (98)
　1　きっぷ　　　　2　ざっし　　　　3　しんぶん　　　　4　きって

2　（　　）に なまえと じゅうしょを かいて ください。
　1　きっぷ　　　　2　でんわ　　　　3　でんしゃ　　　　4　ふうとう

3　この へやは あまり（　　）ありません。
　1　まるく　　　　2　ひろく　　　　3　はやく　　　　　4　くろく

4　そんな ものを たべると（　　）に なりますよ。
　1　びょうき　　　2　いたく　　　　3　しずか　　　　　4　はやく

5　やまださんは（　　）くにへ かえります。
　1　きょねん　　　2　らいねん　　　3　おととし　　　　4　ゆうべ

6　あなたの（　　）は おいくつですか。
　1　かばん　　　　2　かぞく　　　　3　こうばん　　　　4　おじいさん

7　（　　）なるから さきに いって ください。
　1　おそく　　　　2　とおく　　　　3　おおく　　　　　4　せまく

8　（　　）、かいものに いきませんか。 (91)
　1　ゆうべ　　　　2　あした　　　　3　きのう　　　　　4　おととい

9　この ふくは うすいので、あまり（　　）ないです。 (00·93)
　1　さむく　　　　2　すずしく　　　3　あたたかく　　　4　あかく

10　わたしの いもうとは（　　）を きいて います。 (91)
　1　ペン　　　　　2　ラジオ　　　　3　テーブル　　　　4　ストーブ

답　1 ④　2 ④　3 ②　4 ①　5 ②　6 ④　7 ①　8 ②　9 ③　10 ②

콕콕 예상 문제 13 문맥규정　　　　　　　　　　　　　　　　/ 10

もんだい３ （　　　）に なにを いれますか。
　　　　　１・２・３・４から いちばん いい ものを ひとつ えらんで ください。

1 きのう わたしは （　　　）で およぎました。(98)
　１　プール　　　　２　えき　　　　３　テーブル　　　　４　みせ

2 この ほんは （　　　）かるいです。(01)
　１　ほそくて　　　２　ふとくて　　　３　うすくて　　　４　おもくて

3 かばんの なかに （　　　）じしょが はいって います。(91)
　１　ちいさい　　　２　ほそい　　　３　まるい　　　４　みじかい

4 こどもたちは （　　　）べんきょうを して います。(94)
　１　べんりに　　　２　しずかに　　　３　にぎやかに　　　４　かんたんに

5 わたしは もっと うたの べんきょうが （　　　）です。(90)
　１　けっこう　　　２　よてい　　　３　したい　　　４　つもり

6 えきの そばに （　　　）が ありますから、そこで きいて ください。
　１　こうばん　　　２　こうちょう　　　３　けいかん　　　４　おまわりさん

7 せんせいの しつもんに ただしく （　　　）ください。
　１　かえって　　　２　れんしゅうして　　　３　みがいて　　　４　こたえて

8 これは にわに （　　　）はなです。
　１　さいた　　　２　ついた　　　３　あいた　　　４　ふいた

9 くつしたを （　　　）あしを あらいました。
　１　よんで　　　２　きいて　　　３　かって　　　４　ぬいで

10 その ニュースは きのうの （　　　）で よみました。(N5)
　１　きって　　　２　しんぶん　　　３　てがみ　　　４　ほん

답　1①　2③　3①　4②　5③　6①　7④　8①　9④　10②

콕콕 예상 문제 14 문맥규정   / 10

もんだい3 （　　）に なにを いれますか。
1・2・3・4から いちばん いい ものを ひとつ えらんで ください。

1 いもうとは いすに（　　）います。
　　1 のって　　　　2 おいて　　　　3 すわって　　　　4 とまって

2 あの みせでは（　　）を やすく うって います。
　　1 おまわりさん　2 きょうだい　　3 くだもの　　　　4 こうばん

3 （　　）を おおきく あけて みせて ください。
　　1 は　　　　　　2 かお　　　　　3 て　　　　　　　4 くち

4 そうしきには（　　）ふくを きます。
　　1 まるい　　　　2 くろい　　　　3 ひろい　　　　　4 せまい

5 この へやで（　　）です。
　　1 かんたん　　　2 にぎやか　　　3 けっこう　　　　4 げんき

6 ちちは しんぶんを よむ とき、めがねを（　　）。(97)
　　1 きます　　　　2 はきます　　　3 かぶります　　　4 かけます

7 わたしの（　　）は ちちと あねと わたしの さんにんです。(97)
　　1 かぞく　　　　2 かない　　　　3 きょうだい　　　4 りょうしん

8 たなかさんは あかい ぼうしを（　　）います。(N5·07·91)
　　1 きて　　　　　2 かぶって　　　3 しめて　　　　　4 はいて

9 A「とうきょうまでの きっぷは いくらですか。」(03)
　　B「（　　）は 200えんで、こどもは 100えんです。」
　　1 おとこ　　　　2 おとな　　　　3 おんな　　　　　4 おとうと

10 すみません。あの コップを（　　）ください。(99·94)
　　1 しめて　　　　2 まって　　　　3 とって　　　　　4 すんで

답 1③ 2③ 3④ 4② 5③ 6④ 7① 8② 9② 10③

콕콕 예상 문제 15 문맥규정　　　　　　　　　　　　/ 10

もんだい 3 (　　　) に なにを いれますか。
　　　　1・2・3・4から いちばん いい ものを ひとつ えらんで ください。

1　ゆうがたまで おとうとと いっしょに こうえんで (　　　)。 (04)
　　1　あそびました　　2　あびました　　3　つくりました　　4　つとめました

2　この へんは しゅうまつは (　　　) です。
　　1　おいしい　　　2　にぎやか　　　3　へた　　　　4　じょうず

3　かれは (　　　) の 3がつに くにへ かえります。
　　1　らいねん　　　2　せんしゅう　　3　おととし　　4　おととい

4　かいじょうは 13かいですから、(　　　) で いきます。
　　1　ノート　　　　2　エレベーター　3　ストーブ　　4　フォーク

5　わたしの おばより あなたの (　　　) の ほうが わかいですね。
　　1　おばさん　　　2　たてもの　　　3　でんわ　　　4　くだもの

6　げんかんの まえで、「(　　　)。」と いって、ともだちと わかれた。
　　1　ごめんください　2　こちらこそ　　3　おかえりなさい　4　さようなら

7　あついから まどを (　　　) ください。 (N5)
　　1　あけて　　　　2　あげて　　　　3　さして　　　4　つけて

8　あめが (　　　) いるので みちが ぬれて います。 (N5)
　　1　はいて　　　　2　ふって　　　　3　ひいて　　　4　ふいて

9　ともだちに でんわを (　　　)。
　　1　かけます　　　2　いいます　　　3　よびます　　4　だします

10　A「(　　　) にほんへ きたのですか。」(99·92)
　　B「いいえ、3かいめです。」
　　1　はじめ　　　　2　はじまり　　　3　はじめて　　4　はじまって

답 1① 2② 3① 4② 5① 6④ 7① 8② 9① 10③

콕콕 예상 문제 16 문맥규정　　　　　　　　　　　　　　　　/ 10

もんだい3　（　　）に なにを いれますか。
1・2・3・4から いちばん いい ものを ひとつ えらんで ください。

[1] これは どこの みせで（　　）いますか。
　1　はって　　　2　うって　　　3　かりて　　　4　とって

[2] わたしは えいごの ほんを（　　）もって います。(N5)
　1　すぐに　　　2　まっすぐ　　3　だんだん　　4　すこし

[3] わたしは ごにん（　　）の いちばん したです。
　1　きょうだい　2　かてい　　　3　りょうしん　4　かない

[4] せんせいに おちゃと（　　）を だして ください。
　1　ねこ　　　　2　げんき　　　3　おかし　　　4　いぬ

[5] A「この おさらは（　　）ですか。」(07)
　B「2,000えんです。」
　1　いくら　　　2　いくつ　　　3　どうして　　4　どなた

[6] にほんに（　　）てがみを ください。
　1　おいたら　　2　はじまったら　3　うまれたら　4　ついたら

[7] やまださんは スカートを すこし（　　）しました。
　1　とおく　　　2　ながく　　　3　たかく　　　4　おもく

[8] ご（　　）は おげんきで いらっしゃいますか。
　1　かない　　　2　かてい　　　3　りょこう　　4　りょうしん

[9] いもうとは まいにち ピアノを（　　）います。
　1　れんしゅうして　2　かえって　　3　しつもんして　4　こたえて

[10] すずきさんは（　　）かんがえてから こたえました。
　1　ちょうど　　2　だぶん　　　3　ちょっと　　4　いちばん

답　1② 2④ 3① 4③ 5① 6④ 7② 8④ 9① 10③

콕콕 예상 문제 17 문맥규정   / 10

もんだい3 （　　）に なにを いれますか。
1・2・3・4から いちばん いい ものを ひとつ えらんで ください。

1　わたしの（　　）は ひろくて えきに ちかいです。(N5·04)
　　1　テレビ　　　　2　ポケット　　　　3　ベッド　　　　4　アパート

2　こうさてんの（　　）に こうばんが あります。(06)
　　1　にわ　　　　　2　たて　　　　　　3　そば　　　　　4　はこ

3　いえから としょかんまで 2（　　）です。(05)
　　1　カップ　　　　2　キロ　　　　　　3　はい　　　　　4　ひき

4　えいごの じしょは あつくて（　　）です。(04)
　　1　からい　　　　2　おもい　　　　　3　すくない　　　4　すずしい

5　わたしは（　　）で パンを はんぶんに きりました。(03)
　　1　スプーン　　　2　フォーク　　　　3　ナイフ　　　　4　カップ

6　ながい じかん（　　）に のりました。
　　1　でんき　　　　2　でんしゃ　　　　3　でんわ　　　　4　でんとう

7　わかれる ときに（　　）を ふります。
　　1　テニス　　　　2　ギター　　　　　3　ハンカチ　　　4　レコード

8　とうきょうに きてから、（　　）10ねんに なります。
　　1　よく　　　　　2　もっと　　　　　3　もう　　　　　4　とても

9　あの みせは げつようびが（　　）です。
　　1　しごと　　　　2　つくえ　　　　　3　しつれい　　　4　やすみ

10　わからない ことばは（　　）ください。
　　1　じしょを ひいて　　　　　　　　　2　ちずを みて
　　3　きっぷを かって　　　　　　　　　4　しんぶんを よんで

답　1④　2③　3②　4②　5③　6②　7③　8③　9④　10①

콕콕 예상 문제 18 문맥규정   / 10

もんだい 3 （　　）に なにを いれますか。
1・2・3・4から いちばん いい ものを ひとつ えらんで ください。

1 あさごはんは パンを （　　） います。
　1 して　　　2 たべて　　　3 あらって　　　4 のんで

2 あの おくさんは りょうりが （　　） です。(N5-08)
　1 いろいろ　　2 にぎやか　　3 べんり　　　4 じょうず

3 わたしは とうきょうに （　　） います。
　1 すんで　　　2 まって　　　3 しめて　　　4 とって

4 （　　） ものが あれば もって きて ください。
　1 さんぽする　2 せんたくする　3 しつれいする　4 そうじする

5 わからない ひとは （　　） を あげて ください。
　1 かお　　　2 は　　　　3 て　　　　4 くち

6 きれいな はなの まえで （　　） を とりました。(05)
　1 はがき　　2 しゃしん　　3 フィルム　　4 ポスト

7 A「きょうだいは いますか。」(09)
　B「はい、（　　） が ふたり います。」
　1 そふ　　　2 おば　　　3 かぞく　　　4 あに

8 わたしは あたらしい カメラが （　　） です。(02)
　1 ほしい　　2 わるい　　3 やすい　　　4 よわい

9 （　　） ゆっくり あるいて ください。(04・98)
　1 もっと　　2 もう　　　3 たぶん　　　4 どうも

10 この （　　） は とても おいしい。(06)
　1 とけい　　2 かびん　　3 やさい　　　4 めがね

답 1② 2④ 3① 4② 5③ 6② 7④ 8① 9① 10③

콕콕 예상 문제 19 문맥규정 　　　　　　　　　　　　/ 10

もんだい3 （　　　）に なにを いれますか。
　　　　　1・2・3・4から いちばん いい ものを ひとつ えらんで ください。

1　ほそい（　　　）で よく たべます。
　　1　からだ　　　2　め　　　　　3　みみ　　　　　4　あし

2　たなかさんは としょかんへ ほんを（　　　）いきました。
　　1　うりに　　　2　かりに　　　3　はりに　　　　4　とりに

3　きのう ちちと（　　　）を しました。
　　1　テニス　　　2　オートバイ　3　スリッパ　　　4　カレー

4　さむいから ストーブを（　　　）ください。
　　1　おして　　　2　きって　　　3　つけて　　　　4　さして

5　きょうは もくようびで、（　　　）は すいようびでした。
　　1　あした　　　2　おととい　　3　あさって　　　4　きのう

6　わたしは しごとで（　　　）です。 (93)
　　1　たかい　　　2　いそがしい　3　あぶない　　　4　おもい

7　はを（　　　）から ごはんを たべます。(N5-01-94)
　　1　みて　　　　2　みがいて　　3　よんで　　　　4　きいて

8　つくえの したに（　　　）が います。(94)
　　1　ほん　　　　2　いす　　　　3　ペン　　　　　4　いぬ

9　おとうとは きょねん（　　　）。ことし いっさいに なります。(N5-95)
　　1　うまれました　2　おきました　3　つきました　4　はじまりました

10　この ケーキは やすくて（　　　）です。(99)
　　1　へた　　　　2　おいしい　　3　にぎやか　　　4　じょうず

답　1① 2② 3① 4③ 5④ 6② 7② 8④ 9① 10②

콕콕 예상 문제 20 문맥규정   / 10

もんだい3 （　　）に なにを いれますか。
1・2・3・4から いちばん いい ものを ひとつ えらんで ください。

1　やまださんの おかあさんは お（　　）ですか。(91)
　1　けっこう　　　2　げんき　　　3　かんたん　　　4　ざんねん

2　きょう わたしは ノートを（　　）かいました。(08·98)
　1　さんさつ　　　2　さんだい　　　3　さんぼん　　　4　さんまい

3　ヤンさんの へやは とても せまいです。（　　）、とても きれいです。(09)
　1　じゃ　　　2　それでは　　　3　でも　　　4　そうして

4　つぎの（　　）を まがって ください。(07)
　1　よこ　　　2　かど　　　3　となり　　　4　むこう

5　たいていは あるいて いきますが、（　　）くるまで いきます。(01)
　1　いつも　　　2　だんだん　　　3　いろいろ　　　4　ときどき

6　この こは てを（　　）ごはんを たべました。(08·97)
　1　みがかないで　　　　　2　そうじしないで
　3　せんたくしないで　　　4　あらわないで

7　もっと（　　）こえで よんで ください。
　1　おおきい　　　2　うすい　　　3　せまい　　　4　ぬるい

8　こんばんの つきは（　　）ないです。
　1　まるく　　　2　くろく　　　3　ひろく　　　4　わかく

9　きのう デパートで（　　）を さんまい かいました。
　1　スリッパ　　　2　ストーブ　　　3　ペット　　　4　シャツ

10　こどもは（　　）きものを きて います。(N5)
　1　まっすぐな　　　2　きれいな　　　3　にぎやかな　　　4　しずかな

답　1② 2① 3③ 4② 5④ 6④ 7① 8① 9④ 10②

콕콕 예상 문제 21 문맥규정 　 /10

もんだい 3 （　　）に なにを いれますか。
　　　　　1・2・3・4から いちばん いい ものを ひとつ えらんで ください。

1 やまださんは （　　） が ながいです。 (99)
　　1　あし　　　　2　はし　　　　3　あめ　　　　4　からだ

2 この ケーキには さとうが たくさん はいって います。とても （　　） です。
　　　　　　　　　　　　　　　　　　　　　　　　　　　　　　　　　　　(N5・09・98・94)
　　1　からい　　　2　まるい　　　3　あまい　　　4　わかい

3 でかける ときは、でんきを （　　） ましょう。 (N5・07)
　　1　けし　　　　2　しめ　　　　3　わたり　　　4　おわり

4 わたしの うちから えきまで 15ふん （　　）。 (N5・96)
　　1　かけます　　2　いります　　3　かかります　4　います

5 この えには （　　） が たくさん つかって あります。
　　1　からだ　　　2　きいろ　　　3　いろいろ　　4　おかし

6 この えは （　　） が すこし おおいので くらいですね。
　　1　くろ　　　　2　くもり　　　3　はれ　　　　4　ひま

7 いそいで （　　） を よんで ください。
　　1　こうばん　　2　けいかん　　3　こうえん　　4　としょかん

8 しょくどうは、（　　） です。
　　1　あか　　　　2　あめ　　　　3　あっち　　　4　いちど

9 のどが いたい ときには （　　） を なめるのが いい。
　　1　コーヒー　　2　あめ　　　　3　おちゃ　　　4　ゆき

10 この てがみに きってを （　　） ください。 (01・96)
　　1　はって　　　2　みせて　　　3　かいて　　　4　おいて

답　1① 2③ 3① 4③ 5② 6① 7② 8③ 9② 10①

콕콕 예상 문제 22 문맥규정　　　　　　　　　　　　　　　/ 10

もんだい3　(　　) に なにを いれますか。
　　　　　1・2・3・4から いちばん いい ものを ひとつ えらんで ください。

1　わたしは ワイシャツを きてから (　　) を はきます。
　　1　セーター　　　2　ズボン　　　3　シャツ　　　4　ネクタイ

2　(　　) から、ラジオを とめて ください。
　　1　うるさい　　　2　ながい　　　3　つよい　　　4　とおい

3　(　　) の ときに みちを わたって ください。
　　1　あお　　　　　2　あめ　　　　3　あさ　　　　4　あし

4　けっこんして、いい (　　) を つくって ください。
　　1　かぞく　　　　2　きょうだい　3　かてい　　　4　りょうしん

5　よっつ、(　　)、むっつ。ぜんぶで むっつ あります。
　　1　ふたつ　　　　2　やっつ　　　3　みっつ　　　4　いつつ

6　この にもつを たなに (　　) ください。
　　1　さして　　　　2　あけて　　　3　つけて　　　4　あげて

7　いつも えきまで (　　) いきます。
　　1　あるいて　　　2　だして　　　3　およいで　　　4　とんで

8　あの ひとは (　　) から かぜを ひきません。
　　1　たいへんだ　　2　せまい　　　3　じょうぶだ　　4　よわい

9　(　　) の ふゆも きょねんの ふゆも とても さむかったです。
　　1　まいねん　　　2　おととし　　3　らいねん　　　4　おととい

10　わたしは まいあさ こうえんを (　　)。
　　1　べんきょうします　　　　2　れんしゅうします
　　3　さんぽします　　　　　　4　しつもんします

답　1② 2① 3① 4③ 5④ 6④ 7① 8③ 9② 10③

콕콕 예상 문제 23 문맥규정 　　　　　　　　　　　　／10

もんだい 3 （　　　）に なにを いれますか。
　　　　　1・2・3・4から いちばん いい ものを ひとつ えらんで ください。

① まいにち よる おそくまで はたらくのは（　　　）でした。 (97)
　　1　ちょっと　　　2　もちろん　　　3　ちょうど　　　4　たいへん

② よしださんの おとうさんは せいが（　　　）です。 (92)
　　1　たかい　　　2　とおい　　　3　ながい　　　4　おもい

③ わたしの すきな スポーツは（　　　）です。 (92)
　　1　ピアノ　　　2　レコード　　　3　スキー　　　4　テーブル

④ わたしは さいしんの（　　　）が ほしいです。
　　1　コピー　　　2　シャワー　　　3　メートル　　　4　スマートフォン

⑤ じゅぎょうが おわって（　　　）へ いきます。
　　1　きっぷ　　　2　でんしゃ　　　3　てんき　　　4　ほんや

⑥ にほんで（　　　）たかい やまは ふじさんです。
　　1　もちろん　　　2　すぐに　　　3　いちばん　　　4　だんだん

⑦ ともだちと（　　　）りょこうしました。
　　1　いちど　　　2　いっしょに　　　3　いちまい　　　4　いくつ

⑧ わたしは（　　　）8じの でんしゃで がっこうへ いきます。
　　1　だんだん　　　2　とても　　　3　いつも　　　4　いろいろ

⑨ いま へやには だれも（　　　）。
　　1　かけません　　　2　いりません　　　3　かかりません　　　4　いません

⑩ おなかが すいて います。なにか（　　　）は ありませんか。
　　1　はいけん　　　2　のりもの　　　3　ふうとう　　　4　たべもの

답　1④　2①　3③　4④　5④　6③　7②　8③　9④　10④

콕콕 예상 문제 24 문맥규정

/ 10

もんだい3 （　）に なにを いれますか。
1・2・3・4から いちばん いい ものを ひとつ えらんで ください。

1 せんたくや そうじなど いえの（　　）を しました。
　1 ひま　　　　2 しごと　　　　3 やすみ　　　　4 つくえ

2 りょうりを するのに ガスを（　　）。
　1 つとめます　　2 つかいます　　3 つくります　　4 つかれます

3 かれは（　　）こえで うたいました。
　1 おもい　　　2 からい　　　3 ふとい　　　4 うすい

4 A「はじめまして。どうぞ よろしく。」(98·94)
　B「（　　）、どうぞ よろしく。」
　1 おげんきで　　　　　　　2 しつれいしました
　3 すみませんでした　　　　4 こちらこそ

5 わたしたちは つぎの でんしゃに（　　）ました。(N5·92)
　1 とり　　　2 すわり　　　3 のぼり　　　4 のり

6 やまださんは きょうは あかい スカートを（　　）います。(N5·92)
　1 きて　　　2 かけて　　　3 はいて　　　4 かぶって

7 あそこの（　　）で きいて ください。(08)
　1 かど　　　2 こうちゃ　　　3 かぜ　　　4 こうばん

8 もんの まえに タクシーが（　　）います。(97)
　1 とまって　　2 やんで　　3 ふって　　4 ふいて

9 じゅぎょうは（　　）12じに おわりました。(N5·93)
　1 だんだん　　2 ちょうど　　3 まっすぐ　　4 ちょっと

10 （　　）で きれいに かいて ください。
　1 ペン　　　2 ラジオ　　　3 ストーブ　　　4 パーティー

답　1② 2② 3③ 4④ 5④ 6③ 7④ 8① 9② 10①

콕콕 예상 문제 25 문맥규정   / 10

もんだい3 （　　　）に なにを いれますか。
1・2・3・4から いちばん いい ものを ひとつ えらんで ください。

1 でんしゃの なかで（　　）を よんで いる ひとが おおい。
　1 くすり　　　2 きっぷ　　　3 ざっし　　　4 きって

2 やまださんは（　　）スカートを はいて います。
　1 ぬるい　　　2 ちかい　　　3 みじかい　　　4 すくない

3 かれは ソウルに（　　）を みっつ もって います。
　1 みせ　　　2 えき　　　3 ポスト　　　4 テーブル

4 わたしは ともだちに かぞくの しゃしんを（　　）。
　1 はりました　　　2 みせました　　　3 かきました　　　4 おきました

5 ちょっと（　　）を かして ください。
　1 め　　　2 あし　　　3 みみ　　　4 からだ

6 いもうとは あおい（　　）を きて います。(N5)
　1 スリッパ　　　2 コート　　　3 テレビ　　　4 ストーブ

7 かのじょは だいどころを いつも きれいに（　　）います。(N5)
　1 さんぽして　　　2 れんしゅうして　　　3 そうじして　　　4 せんたくして

8 からすは（　　）を とんで います。
　1 かぜ　　　2 てんき　　　3 くもり　　　4 そら

9 いちばん うしろの ひとは（　　）ください。
　1 とまって　　　2 ちがって　　　3 たって　　　4 なって

10 A「この おかしは いくらですか。」(93)
　B「それは（　　）です。」
　1 はちじゅうえん　2 はちじっさつ　3 はちじっぽん　4 はちじゅうだい

답 1③ 2③ 3① 4② 5③ 6② 7③ 8④ 9③ 10①

もんだい ④
유의표현
출제 예상 단어 86

もんだい 4(유의표현)는 제시된 단문과 가장 가까운 뜻으로 쓰인 단문을 4개의 선택지에서 골라내는 문제로, 5문항이 출제된다. 단문을 제대로 이해했는지를 측정하는 문제로 대개 같은 의미를 갖는 어휘를 암기해 두면 좋다. 예를 들면 「つまらない (재미없다)≒おもしろくない(재미있지 않다)」「きたない(더럽다)≒きれいではない(깨끗하지 않다)」「おととい(그저께)≒ふつかまえに(이틀 전에)」、「くるまで(차로)≒じどうしゃで(자동차로)」 등이다. 2010년 이후에 출제된 표현에는 「N5 유의」로 표시하였다.

1 명사 36

뜻	예상어휘	출제 연도
건물	たてもの 건물 ビル 빌딩	N5 유의
경찰관	けいかん 경찰관 おまわりさん 경찰관	N5 유의
과일	くだもの 과일 りんごや バナナ など 사과나 바나나 등	05 N5 유의
	くだもの 과일 みかん 귤	98
그저께	おととい 그저께 ふつか まえ 이틀 전	94 N5 유의
냉장고	これは れいぞうこだ 이것은 냉장고다 ここに ぎゅうにゅうを いれる 여기에 우유를 넣다	09
누나, 남동생	A(おんな)は B(おとこ)の あね A(여)는 B(남)의 누나 Bは Aの おとうと B는 A의 남동생	96
도서관	としょかん 도서관 ほんを よむ ところ 책을 읽는 곳	
동물	どうぶつ 동물 いぬや ねこ など 개나 고양이 등	N5 유의
매일 밤	まいばん 매일 밤 よるは いつも 밤에는 항상	N5 유의
부모님	りょうしん 부모님 ちちと はは 아버지와 어머니	N5 유의

뜻	예상어휘	출제 연도
부엌	だいどころ 부엌 ごはんを つくる ところ 밥을 짓는 곳	08
	だいどころ 부엌 りょうりを する ところ 요리를 하는 곳	N5 유의
삼촌, 아저씨 등	おじ 삼촌, 아저씨 ははの あに 어머니의 오빠	04
생일	たんじょうび 생일 うまれました 태어났습니다	N5 유의
스포츠	スポーツ 스포츠, 운동 サッカー 축구	N5 유의
식당	しょくどう 식당 ごはんを たべる ところ 밥을 먹는 곳	N5 유의
아내	かない 아내 おくさん 부인	92
애완동물	ペット 애완동물 とり 새	N5 유의
어젯밤	ゆうべ 어젯밤 きのうの よる 어젯밤	07·99 N5 유의
옆	そば 옆 ちかく 근처	N5 유의
오늘 아침	けさ 오늘 아침 きょうの あさ 오늘 아침	N5 유의
우체국	ゆうびんきょく 우체국 きってや はがきを うって いる ところ 우표나 엽서를 팔고 있는 곳	

뜻	예상어휘	출제 연도
유학생	りゅうがくせい 유학생 べんきょう しに くる 공부를 하러 오다	
은행	ぎんこう 은행 おかねを だす ところ 돈을 인출하는 곳	02
음료	のみもの 음료 ジュースや ぎゅうにゅう 주스나 우유	02
이모, 고모, 숙모, 아주머니 등	おばさん 이모 おかあさんの いもうと 어머니의 여동생	06
	おば 이모 ははの あね 어머니의 언니	94
입구	いりぐち 입구 はいる ところ 들어가는 곳	03
재작년	おととし 재작년 にねんまえ 2년 전	09·04 N5 유의
차, 자동차	くるま 차 じどうしゃ 자동차	90
찻집	きっさてん 찻집 コーヒーを のんだり ひとと はなしたり する ところ 커피를 마시거나 다른 사람과 이야기하거나 하는 곳	96
	コーヒーや ジュースを のむ ところ 커피나 주스를 마시는 곳	92
채소	やさい 채소 トマトや きゅうり など 토마토나 오이 등	N5 유의
채소 가게	やおや 채소 가게 やさいや くだものを うる ところ 채소나 과일을 파는 곳	

뜻	예상어휘	출제 연도
할머니	そぼ 할머니 ちちの はは 아버지의 어머니	N5 유의
현관	げんかん 현관 いえの いりぐち 집의 입구	
형	あに 형 おにいさん 형	90
형제	きょうだい 형제 おにいさんや おねえさん 형(오빠)이나 누나(언니)	N5 유의
화장실	トイレ 화장실 おてあらい 화장실	N5 유의

2 동사 15

뜻	예상어휘	출제 연도
가르치다	AはBに おしえる A는 B에게 가르쳐 주다 BはAに ならう B는 A에게 배우다	06·95
결혼하다	～と けっこんする ～와 결혼하다 ～の おくさんに なる ～의 부인이 되다	03·98 N5 유의
근무하다, 일하다	～に つとめる ～에 근무하다 ～で はたらく ～에서 일하다 ～で しごとを する ～에서 일을 하다	08·99 93 N5 유의
나서다, 외출하다	でかける 외출하다 いえに いない 집에 없다	02
	でかける 외출하다 いえを でる 집을 나오다	02 N5 유의

뜻	예상어휘	출제 연도
맑다	はれる 맑다 いい てんき 좋은 날씨	00·98
먹다	たべる 먹다 「いただきます。」と いう '잘 먹겠습니다' 라고 말하다	97·90
배우다	ならう 배우다 べんきょうする 공부하다	01
부탁하다	たのむ 부탁하다 〜して ください 〜해 주세요	09
빌리다, 빌려주다	Aは Bに かりる A는 B에게 빌리다 Bは Aに かす B는 A에게 빌려주다	97
	かして ください 빌려 주세요 かりたいです 빌리고 싶습니다	N5 유의
산책하다	さんぽする 산책하다 あるく 걷다	04
쉬다	(がっこうを) やすむ (학교를) 쉬다 (がっこうへ) いかない (학교에) 가지 않다	N5 유의
씻다, 빨다	あらう 씻다, 빨다 せんたく(を) する 세탁(을) 하다	01·93·90 N5 유의
열리다	あいて いる 열려 있다 しまって いない 닫혀 있지 않다	96
자다	ねる 자다 「おやすみなさい。」と いう '안녕히 주무세요' 라고 말하다	92
진열하다	ならべる 진열하다 おく 놓다, 두다	05

③ い형용사 9

뜻	예상 어휘	출제 연도
더럽다	きたない 더럽다 きれいでは ない 깨끗하지 않다	90
맛없다	まずい 맛없다 おいしく ない 맛있지 않다	05·94
바쁘다	いそがしい 바쁘다 じかんが ない 시간이 없다	01
새롭다	あたらしい 새롭다 ふるく ない 낡지 않았다	
쉽다	やさしい 쉽다 むずかしく ない 어렵지 않다 / かんたんだ 간단하다	91 N5 유의
어둡다	くらい 어둡다 あかるく ない 밝지 않다	N5 유의
재미없다	つまらない 재미없다 おもしろく ない 재미있지 않다	08·93 N5 유의
춥지 않다	あまり さむくない 그다지 춥지 않다 すこし さむい 조금 춥다	N5 유의
키가 크다	せが たかい 키가 크다 おおきい 크다	03

4　な형용사 8

뜻	예상 어휘	출제 연도
간단하다	かんたんだ 간단하다 むずかしく ない 어렵지 않다 やさしい 쉽다	95
깨끗하다	きれいだ 깨끗하다 きたなく ない 더럽지 않다	95
번화하다	にぎやかだ 번화하다 ひとが おおぜい いる 사람이 많이 있다	02
서툴다	へただ 서툴다 じょうずでは ない 능숙하지 않다	06 N5 유의
싫어하다	きらいだ 싫어하다 すきでは ない 좋아하지 않다	91
유명하다	ゆうめいだ 유명하다 みんな しって いる 모두 알고 있다	09 · 04 N5 유의
좋아하다, 하고 싶다	すきだ 좋아하다 したい 하고 싶다	97
한가하다	ひまだ 한가하다 いそがしく ない 바쁘지 않다 じかんが ある 시간이 있다	07

5 부사 2

뜻	예상 어휘	출제 연도
왜	なぜ 왜 どうして 왜	05
처음으로	はじめて~ 처음으로 ~ まだ ~ない 아직 ~지 않았다	06

6 기타 16

뜻	예상 어휘	출제 연도
가방이 가벼워지다	かばんが かるく なる 가방이 가벼워지다 かばんから ほんや じしょを だす 가방에서 책이랑 사전을 꺼내다	97
곧 끝나다	もう すぐ おわる 이제 곧 끝난다 まだ おわって いない 아직 끝나지 않았다	99
누구	どなた 누구 なまえが わからない ひと 이름을 모르는 사람	00
도서관에 가다	としょかんに いく 도서관에 가다 ほんを かりる 책을 빌리다	02
조금 ~하다	すこし さむい 조금 춥다 あまり さむく ない 별로 춥지 않다	02
불을 끄다	でんきを けす 불을 끄다 くらく する 어둡게 하다	94

뜻	예상 어휘	출제 연도
불을 켜다	でんきを つける 불을 켜다 あかるく する 밝게 하다	00·91
사전을 찾다	じしょを ひく 사전을 찾다 ことばの いみが わかる 단어의 의미를 알다	96
생일은 ~이다	たんじょうびは ～だ 생일은 ~이다 ～に うまれた ~에 태어났다	00 N5 유의
식당은 휴일이다	しょくどうは やすみだ 식당은 휴일이다 しょくどうは しまって いる 식당은 닫혀 있다	91 N5 유의
아홉 개	ここのつ 아홉 개 みっつと むっつ 세 개와 여섯 개	96
9시 40분	きょうの じゅぎょうは 9じ 40ぷんに はじまった 오늘 수업은 9시 40분에 시작되었다 じゅぎょうは いつも 9じ はんに はじまる。 きょうは 10ぷん おそく はじまった 수업은 항상 9시 반에 시작된다. 오늘은 10분 늦게 시작되었다	95
아침부터 저녁까지	あさから ゆうがたまで 아침부터 저녁까지 ごぜんも ごごも 오전도 오후도	94
외출해 있다	でかけて いる 외출해 있다 いえに いない 집에 없다	00·98
일을 쉬다	しごとを やすむ 일을 쉬다 しごとを しない 일을 하지 않다	03
청소를 하다	そうじを する 청소를 하다 きれいに する 깨끗하게 하다	04·92

콕콕 예상 문제 01 유의표현   /5

もんだい5 ＿＿＿の ぶんと だいたい おなじ いみの ぶんが あります。
1・2・3・4から いちばん いい ものを ひとつ えらんで ください。

1 ぎんこうで しごとが したいです。(N5·08·99·93)
   1 ぎんこうで やすみたいです。
   2 ぎんこうで あそびたいです。
   3 ぎんこうで ならいたいです。
   4 ぎんこうで はたらきたいです。

2 きょうは そぼの たんじょうびです。(N5)
   1 きょうは ちちの あねの たんじょうびです。
   2 きょうは ははの むすめの たんじょうびです。
   3 きょうは ちちの ははの たんじょうびです。
   4 きょうは ははの あにの たんじょうびです。

3 りょうしんは げんきです。(N5)
   1 ちちと ははは げんきです。
   2 あにと あねは げんきです。
   3 おじと おばは げんきです。
   4 おいと めいは げんきです。

4 あした きょうだいに あいます。(N5)
   1 あした おとうさんや おかあさんに あいます。
   2 あした おじさんや おばさんに あいます。
   3 あした おじいさんや おばあさんに あいます。
   4 あした おにいさんや おねえさんに あいます。

5 ここは ゆうびんきょくです。
   1 ここで りんごや トマトを かいます。
   2 ここで きってや はがきを かいます。
   3 ここで いぬや ねこを かいます。
   4 ここで おさらや コップを かいます。

답 1④ 2③ 3① 4④ 5②

콕콕 예상 문제 02 유의표현　　　　　　　　　　／5

もんだい5 ＿＿＿の ぶんと だいたい おなじ いみの ぶんが あります。
　　　　　1・2・3・4から いちばん いい ものを ひとつ えらんで ください。

1　この もんだいは やさしいです。(N5·91)
　1　この もんだいは かんたんです。
　2　この もんだいは かんたんでは ありません。
　3　この もんだいは ながいです。
　4　この もんだいは ながく ありません。

2　にねんまえに にほんへ きました。(N5·09·04)
　1　おととい にほんへ きました。
　2　おととし にほんへ きました。
　3　きのう にほんへ きました。
　4　きょねん にほんへ きました。

3　あの みせは ゆうめいです。(N5·09·04)
　1　あの みせは ぜんぶ たかいです。
　2　あの みせは ぜんぶ おいしいです。
　3　あの みせは みんな きらいです。
　4　あの みせは みんな しって います。

4　わたしは スポーツが すきです。(N5)
　1　わたしは べんきょうが すきです。
　2　わたしは ドラマが すきです。
　3　わたしは サッカーが すきです。
　4　わたしは りょうりが すきです。

5　トイレは どちらでしょうか。(N5)
　1　だいどころは どちらでしょうか。
　2　おてあらいは どちらでしょうか。
　3　うんどうじょうは どちらでしょうか。
　4　デパートは どちらでしょうか。

답　1① 2② 3④ 4③ 5②

콕콕 예상 문제 03 유의표현   /5

もんだい5 ＿＿＿の ぶんと だいたい おなじ いみの ぶんが あります。
1・2・3・4から いちばん いい ものを ひとつ えらんで ください。

1 スミスさんは むすめに えいごを おしえました。(06·95)
   1 むすめは スミスさんに えいごを ならいました。
   2 むすめは スミスさんに えいごを みせました。
   3 スミスさんは むすめに えいごを ならいました。
   4 スミスさんは むすめに えいごを みせました。

2 やまださんは えいごを ならって います。(01)
   1 やまださんは えいごを おしえて います。
   2 やまださんは えいごを やめて います。
   3 やまださんは えいごを いれて います。
   4 やまださんは えいごを べんきょうして います。

3 この ひとは おばです。(94)
   1 この ひとは あにの ははです。
   2 この ひとは あねの ちちです。
   3 この ひとは ははの あねです。
   4 この ひとは ちちの あにです。

4 いもうとは テーブルに りょうりを ならべた。(05)
   1 いもうとは テーブルに りょうりを もった。
   2 いもうとは テーブルに りょうりを つかった。
   3 いもうとは テーブルに りょうりを おいた。
   4 いもうとは テーブルに りょうりを わたした。

5 この バナナは まずいです。(05·94)
   1 この バナナは おいしいです。
   2 この バナナは おいしく ありません。
   3 この バナナは やすいです。
   4 この バナナは やすく ありません。

답 1① 2④ 3③ 4③ 5②

콕콕 예상 문제 04 유의표현 /5

もんだい 5 ＿＿＿の ぶんと だいたい おなじ いみの ぶんが あります。
1・2・3・4から いちばん いい ものを ひとつ えらんで ください。

1 ここは としょかんです。
 1 ここは コーヒーを のむ ところです。
 2 ここは ほんを よむ ところです。
 3 ここは えを みる ところです。
 4 ここは てを あらう ところです。

2 スミスさんは りゅうがくせいです。
 1 スミスさんは はたらきに きました。
 2 スミスさんは あそびに きました。
 3 スミスさんは べんきょうを しに きました。
 4 スミスさんは りょこうを しに きました。

3 きょうは ごぜんも ごごも いそがしかったです。 (94)
 1 きょうは あさから ゆうがたまで いそがしかったです。
 2 きょうは あさから ひるまで いそがしかったです。
 3 きょうは ひるから よるまで いそがしかったです。
 4 きょうは ひるから ゆうがたまで いそがしかったです。

4 としょかんは あいて います。 (96)
 1 としょかんは しまって いません。
 2 としょかんは しまって います。
 3 としょかんは あけて ありません。
 4 としょかんは しめて あります。

5 つぎの バスは ちょうど 2じに でます。
 1 つぎの バスは 2じまえに でます。
 2 つぎの バスは 2じごろ でます。
 3 つぎの バスは 2じはんに でます。
 4 つぎの バスは 2じに でます。

답 1② 2③ 3① 4① 5④

콕콕 예상 문제 05 유의표현   /5

もんだい 5　_____の ぶんと だいたい おなじ いみの ぶんが あります。
　　　　　　1・2・3・4から いちばん いい ものを ひとつ えらんで ください。

1　あねは びょういんに つとめて います。(N5·08·99·93)
　1　あねは びょういんで ならって います。
　2　あねは びょういんで はたらいて います。
　3　あねは びょういんで べんきょうして います。
　4　あねは びょういんで おしえて います。

2　わたしは すしが きらいです。(91)
　1　わたしは すしが すきです。
　2　わたしは すしが きれいです。
　3　わたしは すしが すきでは ありません。
　4　わたしは すしが きれいでは ありません。

3　この みずは きたないです。(90)
　1　この みずは つめたく ありません。
　2　この みずは あつく ありません。
　3　この みずは きらいでは ありません。
　4　この みずは きれいでは ありません。

4　ここは やおやです。
　1　この みせでは ほんや ノートを うって います。
　2　この みせでは くつや スリッパを うって います。
　3　この みせでは ハンバーグや ジュースを うって います。
　4　この みせでは やさいや くだものを うって います。

5　おてあらいは みせの なかに あります。(N5)
　1　トイレは みせの なかに あります。
　2　ホテルは みせの なかに あります。
　3　デパートは みせの なかに あります。
　4　プールは みせの なかに あります。

답　1② 2③ 3④ 4④ 5①

콕콕 예상 문제 06 유의표현   /5

もんだい5 ＿＿＿の ぶんと だいたい おなじ いみの ぶんが あります。
1・2・3・4から いちばん いい ものを ひとつ えらんで ください。

1 いそがしいから、テレビを みません。(01)
　1　テレビは すきでは ありません。
　2　テレビは つまらなく ありません。
　3　テレビを かう おかねが ありません。
　4　テレビを みる じかんが ありません。

2 この シャツを せんたくして ください。(N5・01・93・90)
　1　この シャツを みがいて ください。
　2　この シャツを きて ください。
　3　この シャツを あらって ください。
　4　この シャツを ならって ください。

3 きょうの ごごは ひまです。(07)
　1　きょうの ごごは さむいです。
　2　きょうの ごごは じかんが あります。
　3　きょうの ごごは しごとです。
　4　きょうの ごごは いそがしいです。

4 おとうとは くるまを あらって います。(90)
　1　おとうとは じてんしゃを あらって います。
　2　おとうとは でんしゃを あらって います。
　3　おとうとは じどうしゃを あらって います。
　4　おとうとは おさらを あらって います。

5 こどもは げんかんで くつを ぬぎました。
　1　こどもは いえの いりぐちで くつを ぬぎました。
　2　こどもは にわの まえで くつを ぬぎました。
　3　こどもは まどの したで くつを ぬぎました。
　4　こどもは ベッドの そばで くつを ぬぎました。

답　1④　2③　3②　4③　5①

콕콕 예상 문제 07 유의표현   /5

もんだい 5 ＿＿＿＿の ぶんと だいたい おなじ いみの ぶんが あります。
1・2・3・4から いちばん いい ものを ひとつ えらんで ください。

1 ゆうべ ヤンさんに でんわを しました。(N5·07·99)
　1 おとといの あさ ヤンさんに でんわを しました。
　2 おとといの よる ヤンさんに でんわを しました。
　3 きのうの あさ ヤンさんに でんわを しました。
　4 きのうの よる ヤンさんに でんわを しました。

2 いま、2018ねんです。さらいねん にほんへ いきます。
　1 2019ねんに にほんへ いきます。
　2 2020ねんに にほんへ いきます。
　3 2021ねんに にほんへ いきます。
　4 2022ねんに にほんへ いきます。

3 わたしは いつも でんきを けして ねます。(94)
　1 わたしは いつも へやを あかるく して ねます。
　2 わたしは いつも へやを くらく して ねます。
　3 わたしは いつも へやを ひろく して ねます。
　4 わたしは いつも へやを くろく して ねます。

4 きょうは てんきが いいです。(00·98)
　1 きょうは よく はれて います。
　2 きょうは くもって います。
　3 きょうは かぜが ふいて います。
　4 きょうは あめが ふって います。

5 あの アパートは あたらしいです。
　1 あの アパートは おもく ありません。
　2 あの アパートは ふるく ありません。
　3 あの アパートは むずかしく ありません。
　4 あの アパートは つまらなく ありません。

답 1④ 2② 3② 4① 5②

問題❹ 유의표현

콕콕 예상 문제 08 유의표현   /5

もんだい5 ＿＿＿＿の ぶんと だいたい おなじ いみの ぶんが あります。
1・2・3・4から いちばん いい ものを ひとつ えらんで ください。

1 りょうしんは でかけて います。(N5·02)
   1 あにも あねも いえに いません。
   2 ちちも ははも いえに いません。
   3 おとうとも いもうとも いえに いません。
   4 おじも おばも いえに いません。

2 この ざっしを かして ください。(97)
   1 この ざっしを かいたいです。
   2 この ざっしを かえしたいです。
   3 この ざっしを かりたいです。
   4 この ざっしを かしたいです。

3 きょうは ここのかです。
   1 きのうは よっかでした。
   2 きのうは ようかでした。
   3 きのうは いつかでした。
   4 きのうは はつかでした。

4 スミスさんは せいが たかいです。(03)
   1 スミスさんは わかいです。
   2 スミスさんは おおきいです。
   3 スミスさんは よわいです。
   4 スミスさんは かるいです。

5 ここは きっさてんです。(92)
   1 ここで はなを かいます。
   2 ここで おかねを だします。
   3 ここで えいがを みます。
   4 ここで おちゃを のみます。

답 1② 2③ 3② 4② 5④

콕콕 예상 문제 09　유의표현　　　　　　　　　　　　　　　/ 5

もんだい 5　　　　　の ぶんと だいたい おなじ いみの ぶんが あります。
　　　　　　　 1・2・3・4から いちばん いい ものを ひとつ えらんで ください。

[1]　この レストランは ゆうめいです。(N5·09·04)
　　1　みんな この レストランを しって います。
　　2　みんな この レストランを しりません。
　　3　みんな この レストランが だいすきです。
　　4　みんな この レストランが だいすきでは ありません。

[2]　ここは だいどころです。(08)
　　1　ここは ごはんを つくる ところです。
　　2　ここは かいものを する ところです。
　　3　ここは およぐ ところです。
　　4　ここは ねる ところです。

[3]　そうじを して ください。(04·92)
　　1　てを きれいに あらって ください。
　　2　フォークを きれいに して ください。
　　3　ズボンを きれいに あらって ください。
　　4　へやを きれいに して ください。

[4]　ここは ゆうびんきょくです。
　　1　ここでは きっぷを うって います。
　　2　ここでは やさいを うって います。
　　3　ここでは きってを うって います。
　　4　ここでは ぼうしを うって います。

[5]　この ほんは おもしろいです。(N5·08·93)
　　1　この ほんは つまらなく ありません。
　　2　この ほんは あたらしく ありません。
　　3　この ほんは わるく ありません。
　　4　この ほんは きたなく ありません。

답　1① 2① 3④ 4③ 5①

콕콕 예상 문제 10 유의표현　　/5

もんだい5 ＿＿＿＿ の ぶんと だいたい おなじ いみの ぶんが あります。
　　　　　1・2・3・4から いちばん いい ものを ひとつ えらんで ください。

1　この もんだいは やさしいです。(N5·91)
　1　この もんだいは やすいです。
　2　この もんだいは やすく ありません。
　3　この もんだいは むずかしいです。
　4　この もんだいは むずかしく ありません。

2　いとうさんの おばさんは この ひとです。(06)
　1　いとうさんの おかあさんの おとうとさんは この ひとです。
　2　いとうさんの おかあさんの おかあさんは この ひとです。
　3　いとうさんの おかあさんの いもうとさんは この ひとです。
　4　いとうさんの おかあさんの おとうさんは この ひとです。

3　かのじょは テニスが へたです。(N5·06)
　1　かのじょは テニスが すきでは ありません。
　2　かのじょは テニスが きらいでは ありません。
　3　かのじょは テニスが じょうぶでは ありません。
　4　かのじょは テニスが じょうずでは ありません。

4　わたしは やまださんに コピーを たのみました。(09)
　1　「やまださん、これを コピーしましょうか。」
　2　「やまださん、これを コピーして ください。」
　3　「やまださん、これを コピーしないで ください。」
　4　「やまださん、これを コピーしました。」

5　おととい ともだちと えいがを みました。(N5·94)
　1　ゆうべ ともだちと えいがを みました。
　2　きのう ともだちと えいがを みました。
　3　みっかまえに ともだちと えいがを みました。
　4　ふつかまえに ともだちと えいがを みました。

답　1 ④　2 ③　3 ④　4 ②　5 ④

Part II

N4 문자·어휘

N4 문자・어휘
문제 유형 분석

JLPT 일본어 능력시험 N4 문자・어휘 문제는 「한자읽기」, 「표기」, 「문맥규정」, 「유의표현」, 「용법」의 5가지 유형으로 35문제가 출제된다.

もんだい1　한자읽기

밑줄 친 한자를 바르게 읽은 것을 찾는 문제로, 문자・어휘 35문제 중 9문제가 출제된다.

> 2　にほんで いろいろな 経験を しました。(2011.7)
> 　　1 けいけん　　2 けいげん　　3 けけん　　4 けげん

해석
2　일본에서 여러 경험을 했습니다.

もんだい2　표기

밑줄 친 단어를 한자로 바르게 표기한 것을 찾는 문제로, 문자・어휘 35문제 중 6문제가 출제된다.

> 10　すずきさんは あおい シャツを きて います。(2011.7)
> 　　1 青い　　2 黒い　　3 赤い　　4 白い

해석
10　스즈키 씨는 파란 셔츠를 입고 있습니다.

もんだい3　문맥규정

문맥에 맞는 어휘를 고르는 문제로, 문자・어휘 35문제 중 10문제가 출제된다.

> 18　わたしは にほんの まんがに (　　) が あります。(2011.7)
> 　　1 きぶん　　2 きょうみ　　3 こころ　　4 しゅみ

해석
18　나는 일본 만화에 흥미가 있습니다.

もんだい4　유의표현

밑줄 친 문장과 대체로 의미가 같은 문장을 찾는 문제로, 문자·어휘 35문제 중 5문제가 출제된다.

> **26** <u>もっと ていねいに かいて ください。</u>(2011.7)
> 1 もっと おおきく かいて ください。
> 2 もっと きれいに かいて ください。
> 3 もっと ふとく かいて ください。
> 4 もっと かんたんに かいて ください。

해석
26 좀더 정성껏 써 주세요.
　1 좀더 크게 써 주세요.　　　　　　　　2 좀더 예쁘게 써 주세요.
　3 좀더 굵게 써 주세요.　　　　　　　　4 좀더 간단하게 써 주세요.

もんだい5　용법

제시된 어휘가 바르게 사용된 문장을 고르는 문제로, 문자·어휘 35문제 중 5문제가 출제된다.

> **31** るす (2011.7)
> 1 さいきん いそがしくて、しごとが るすに なりません。
> 2 あの デパートは きょうは るすです。
> 3 この ひこうきには るすの せきが ありません。
> 4 ともだちの いえに 行ったら るすでした。

해석
31 부재중
　4 친구집에 갔더니 부재중이었습니다.

もんだい ① ②
한자읽기·표기
출제 예상 단어 396

もんだい 1(한자읽기)는 문장의 밑줄 친 부분의 한자(漢字)를 바르게 읽을 수 있는지 4개의 선택지에서 고르는 문제로, 9문항이 출제된다. 대략 300개의 단어에서 반복 출제되었으며, 절반 이상이 2자 이상의 한자 단어에서 출제되었다. 그 뒤로 동사의 훈독, 1자 한자의 훈독, い형용사의 훈독, 1자 한자의 음독 순으로 출제되었다.

もんだい 2(표기)는 문장의 밑줄 친 부분을 한자로 어떻게 표기하는지 4개의 선택지에서 고르는 문제로, 6문항이 출제된다. 대략 250개 단어에서 100%에 가깝게 반복 출제되고 있다. 2010년부터 출제된 단어에는 「N4 읽기」, 「N4 표기」로 표시하였다.

1 명사 253

あいさつ 挨拶	인사	あいだ 間	사이 91 읽기
あき 秋	가을 95 읽기 03·99 쓰기 N4 읽기	あし 足	발 00 쓰기
あじ 味	맛 99·96 읽기 N4 읽기	あたま 頭	머리 09·05 읽기
あつさ 暑さ	더위 08 읽기	あに 兄	형, 오빠 97 쓰기
あね 姉	언니, 누나 03·91 읽기 09·07·01·95·93 쓰기	あんしん 安心	안심 06·03·00 읽기 97 쓰기 N4 읽기
いがい 以外	이외 08·99 읽기 N4 읽기	いがく 医学	의학 98 쓰기
いきかた 行き方	가는 법 06 쓰기	いけ 池	연못 09·03 읽기 06 쓰기
いけん 意見	의견 97 읽기 90 쓰기 N4 읽기	いし 石	돌 N4 읽기
いしゃ 医者	의사 01·96·93 읽기 07·04 쓰기 N4 표기	いじょう 以上	이상 95 읽기 05 쓰기

読み	漢字	意味	備考
いす	椅子	의자	
いっしゅうかん	一週間	일주일	90 읽기
いと	糸	실	N4 읽기
いぬ	犬	개	07·00 쓰기
いもうと	妹	여동생	05·00 읽기 / 97 쓰기 / N4 읽기
いろ	色	색	09·01 읽기 / 97·93 쓰기
うた	歌	노래	07·93 읽기 / 01·97 쓰기
うんてん	運転	운전	93 읽기 / 04 쓰기
えいが	映画	영화	99 읽기 / 94 쓰기
えいぎょう	営業	영업	N4 표기
いち	位置	위치	
いっしょ	一緒	함께 함	
いない	以内	이내	90 읽기
いみ	意味	의미	02·93 쓰기
いりぐち	入り口	입구	90 쓰기
うし	牛	소	96 쓰기
うみ	海	바다	00·95·92 읽기 / 06 쓰기
うんどう	運動	운동	07·94 읽기 / N4 읽기
えいがかん	映画館	영화관	05 쓰기
えいご	英語	영어	09·01 읽기 / 05·96 쓰기

읽기/쓰기	뜻	단어		읽기/쓰기	뜻	단어

えき	역
駅	97 읽기 99·94·91 쓰기

えきいん	역무원
駅員	N4 읽기·표기

えんりょ	사양, 겸손
遠慮	N4 읽기

おくじょう	옥상
屋上	98 읽기 06 쓰기

おしょうがつ	정월, 설
お正月	00 읽기

おちゃ	차
お茶	99 쓰기

おと	소리
音	05 쓰기

おとうと	남동생
弟	96 읽기 08·00 쓰기

おにいさん	형, 오빠
お兄さん	92 읽기

おねえさん	누나, 언니
お姉さん	98 쓰기

おやゆび	엄지 손가락
親指	N4 읽기

おわり	끝
終わり	03 쓰기

おんがく	음악
音楽	09·98 읽기 94 쓰기 N4 표기

かいけい	계산
会計	

かいしゃ	회사
会社	98·94 읽기

かいじょう	회장
会場	04 읽기

かいわ	회화
会話	97 읽기

かえり	귀가, 귀갓길
帰り	92 쓰기

かお	얼굴
顔	06 쓰기

かきかた	쓰는 법
書き方	00 쓰기

かじ 火事	불, 화재 04 읽기	かじ 家事	가사, 집안일
かぜ 風	바람 08・95 읽기 00 쓰기	かぞく 家族	가족 00・97・93 읽기 03・90 쓰기
かた 方	분 09 읽기	かみ 紙	종이 93 쓰기
からだ 体	몸 05・99 읽기	かわり 代わり	대신 05 읽기 08 쓰기
かんがえかた 考え方	사고방식 93 쓰기	かんじ 漢字	한자 04 쓰기
きかく 企画	기획 N4 읽기	きこく 帰国	귀국
きって 切手	우표 94 읽기 N4 읽기	きぶん 気分	기분 07・97 읽기 N4 읽기
きもち 気持ち	기분 03 쓰기	きもの 着物	옷, 기모노 04・91 읽기
きゅうこう 急行	급행 91 쓰기 N4 읽기	ぎゅうにく 牛肉	쇠고기 09・05 쓰기
きゅうりょう 給料	급여, 월급 N4 읽기	きょうしつ 教室	교실 04・97・93 읽기 01 쓰기

きょうだい 兄弟	형제 03 쓰기	**きょねん** 去年	작년 09・06・02・00・97・91 읽기 93 쓰기
ぎんいろ 銀色	은색 N4 읽기	**ぎんこう** 銀行	은행 04・95・90 읽기 99 쓰기
きんじょ 近所	근처 04・97 읽기 N4 읽기	**くうき** 空気	공기 94 읽기
くうこう 空港	공항 N4 읽기	**くすり** 薬	약 08・04 쓰기 N4 읽기
くび 首	목 08 읽기 03 쓰기	**くも** 雲	구름 N4 읽기
けいかく 計画	계획 09・03・96・93・91 읽기 N4 읽기・표기	**けいけん** 経験	경험 N4 읽기・표기
けいたい 携帯	휴대, 휴대전화	**けさ** 今朝	오늘 아침 90 쓰기
けっか 結果	결과	**げつようび** 月曜日	월요일 98 쓰기
けん 県	현(행정구역) 03 읽기	**けんがく** 見学	견학
けんきゅう 研究	연구 06・02・99・95 읽기 09 쓰기 N4 읽기	**けんきゅうかい** 研究会	연구회 92 쓰기

げんば	現場	현장
こいびと	恋人	연인
こうぎょう	工業	공업 92 읽기 97 쓰기
こうじょう	工場	공장 09·06·94 읽기 99·90 쓰기
こうつう	交通	교통 N4 표기
こえ	声	(목)소리 07·04 읽기 N4 표기
ごご	午後	오후 90 읽기
ことり	小鳥	작은 새 09·06 쓰기
こんど	今度	이번 08·03·00·96 읽기
さいきん	最近	최근(에)
けんぶつ	見物	구경 90 읽기
こうえん	公園	공원 01·94 읽기
こうじ	工事	공사
こうちょう	校長	교장 선생님 93 쓰기
こうはい	後輩	후배
こおり	氷	얼음 N4 읽기
ことし	今年	올해 95 읽기
こめ	米	쌀 95 읽기
こんや	今夜	오늘 밤 N4 읽기
さかな	魚	물고기, 생선 99·96·92 읽기

さくぶん 作文	작문 96 쓰기	ざせき 座席	좌석
さら 皿	접시 N4 읽기	さんぎょう 産業	산업 07·03 읽기
しあい 試合	시합 08·90 읽기 N4 표기	しごと 仕事	일, 작업 06·02·93 읽기 99·91 쓰기
じしょ 辞書	사전 93 쓰기	じだい 時代	시대 98 읽기
しつもん 質問	질문 09·05·99 읽기 N4 표기	じてんしゃ 自転車	자전거 02·98·95 읽기 08 쓰기 N4 읽기
じどうしゃ 自動車	자동차 04 쓰기	しなもの 品物	물건 09·99·94 읽기 93 쓰기
じぶん 自分	자기, 자신 94·91 읽기 N4 읽기	しみん 市民	시민 03 읽기 06 쓰기
しゃかい 社会	사회 03 읽기	しゃしん 写真	사진 99 읽기 04·02 쓰기
しゃしんか 写真家	사진가 94·92 읽기	しゃちょう 社長	사장님 90 읽기
じゅうし 重視	중시	じゅうしょ 住所	주소 94 읽기 00 쓰기 N4 읽기

読み	漢字	意味	出題
じゅうたい	渋滞	정체	N4 읽기
しゅっきん	出勤	출근	
しゅっちょう	出張	출장	
しゅみ	趣味	취미	
しょくじ	食事	식사	94·91 읽기
しょくりょうひん	食料品	식료품	06·90 읽기 / N4 읽기
じんこう	人口	인구	03·98·91 읽기
すいどう	水道	수도	00 읽기
せいよう	西洋	서양	08·04 읽기
せき	席	자리	91 쓰기 / N4 표기
しゅじん	主人	주인, 남편	91 읽기
しゅっせき	出席	출석, 참석	92 쓰기
しゅっぱつ	出発	출발	07·04·97·90 읽기 / N4 읽기·표기
しょうせつ	小説	소설	N4 읽기
しょくどう	食堂	식당	96·93 읽기 / 01 쓰기 / N4 읽기
じょゆう	女優	여배우	N4 읽기
しんぶんしゃ	新聞社	신문사	02 읽기
せいさん	生産	생산	
せかい	世界	세계	09·05·02·98·92·90 읽기 / 94 쓰기
せつめい	説明	설명	08·03 읽기 / N4 표기

せわ 世話	돌봄 06·96 읽기 90 쓰기	**せんぱい** 先輩	선배
せんもん 専門	전문 N4 읽기	**そうべつ** 送別	송별
そぼ 祖母	조모, 할머니 01·98 읽기	**そら** 空	하늘 99·90 읽기
たいいん 退院	퇴원	**たいし** 大使	대사 95 읽기
たいしかん 大使館	대사관 00 읽기 92 쓰기 N4 읽기	**だいどころ** 台所	부엌 06·93 읽기 09 쓰기
たいふう 台風	태풍 97 읽기 04·90 쓰기	**たっきゅう** 卓球	탁구 N4 읽기
たてもの 建物	건물 06·96·92 읽기	**だんゆう** 男優	남자 배우
ちかく 近く	근처 08·99 쓰기	**ちかてつ** 地下鉄	지하철 93·91 읽기
ちから 力	힘 05·99 읽기 90 쓰기	**ちず** 地図	지도 95 읽기 04·92 쓰기
ちゃいろ 茶色	갈색 03·96·92 읽기	**ちゅうい** 注意	주의 08·93 읽기 91 쓰기

よみかた	漢字	意味	出題
ちゅうし	中止	중지, 취소	07·03 읽기 / N4 읽기
つうきん	通勤	통근	
つごう	都合	사정	03 읽기
でぐち	出口	출구	92 읽기
てんきん	転勤	전근	
どうぶつ	動物	동물	92 읽기
とおり	通り	길	95 쓰기
とけい	時計	시계	00·95·92 쓰기
とっきゅう	特急	특급	02 읽기
とり	鳥	새	03·01·95·92 읽기 / 98 쓰기 / N4 표기
ちり	地理	지리	07·02 읽기
つくえ	机	책상	N4 읽기
てがみ	手紙	편지	05·00 읽기
てんいん	店員	점원	98 읽기 / 02·94 쓰기 / N4 읽기
でんわだい	電話代	전화 요금	91 읽기
とおく	遠く	먼곳	06 읽기 / 02 쓰기
とくべつ	特別	특별	N4 표기
としょかん	図書館	도서관	02·90 읽기
どようび	土曜日	토요일	01 쓰기
なつ	夏	여름	02·97 읽기 / 06 쓰기

日記	にっき	일기 / N4 읽기·표기
入院	にゅういん	입원 / N4 표기
売店	ばいてん	매점 / 91 쓰기
発音	はつおん	발음 / 01 읽기, 96 쓰기, N4 읽기·표기
花	はな	꽃 / 01 읽기, 98 쓰기
母親	ははおや	모친, 어머니 / 93 읽기
林	はやし	수풀 / 06 쓰기, N4 표기
光	ひかり	빛 / 07 읽기, 02 쓰기
病院	びょういん	병원 / 03·01·97·93 읽기, 07·95 쓰기
標識	ひょうしき	표지 / N4 읽기
荷物	にもつ	짐 / 90 쓰기
場合	ばあい	경우
場所	ばしょ	장소 / 02 읽기, N4 표기
発表	はっぴょう	발표
話	はなし	이야기 / 07 쓰기
春	はる	봄 / 09·06·01·96 읽기, 93 쓰기
反対	はんたい	반대 / N4 읽기
筆記	ひっき	필기
表紙	ひょうし	표지
昼	ひる	점심, 낮 / 07 읽기, 02·99·96 쓰기

읽기	뜻	출제
ひるごはん / 昼ご飯	점심 식사	N4 표기
ぶかつ / 部活	동아리 활동	
ふゆ / 冬	겨울	08 읽기 / 05·98 쓰기 / N4 표기
ぶんがく / 文学	문학	04 읽기
べんきょう / 勉強	공부	05·01 읽기 / 98·95 쓰기
ほんや / 本屋	서점	02 쓰기
まんぞく / 満足	만족	
みなと / 港	항구	N4 읽기
もり / 森	숲	02 읽기 / 08 쓰기
もんだい / 問題	문제	04 쓰기
ひろば / 広場	광장	94 쓰기 / N4 표기
ふく / 服	옷	03·92 읽기 / 08·05 쓰기
ぶん / 文	문장	01 읽기 / 05 쓰기
へや / 部屋	방	95 읽기 / 91 쓰기
ほうしき / 方式	방식	
まち / 町	도시, 읍내	08·98·94·91 읽기 / 02 쓰기
みせ / 店	가게	96·91 읽기
むら / 村	마을	05 읽기
もん / 門	문	05 읽기
やさい / 野菜	채소	07·99·95 읽기 / 02 쓰기 / N4 표기

やまみち 山道	산길 92 쓰기	ゆうがた 夕方	저녁때 02·94 읽기 04 쓰기 N4 읽기
ゆうはん 夕飯	저녁밥 92 읽기 05·00 쓰기	ゆき 雪	눈 N4 표기
ようい 用意	준비 96·91 읽기	ようじ 用事	용무 09·01·92 쓰기 N4 표기
ようふく 洋服	양복 00·94 읽기 97 쓰기	よてい 予定	예정 90 읽기
よる 夜	밤 08·91 읽기 01·97 쓰기 N4 표기	らいしゅう 来週	다음 주 97 읽기
りよう 利用	이용 N4 읽기	りょうり 料理	요리 96·92 읽기 00 쓰기 N4 표기
りょかん 旅館	여관 97 읽기 N4 읽기	りょこう 旅行	여행 09·06·93·91 읽기 01·94 쓰기
わたくし 私	저 06 쓰기		

② 동사 83

あう 会う	만나다 N4 표기	あう 合う	맞다
あく 空く	(시간·공간이) 비다 91 쓰기	あける 開ける	열다 05·95 읽기 00 쓰기
あつかう 扱う	취급하다	あつまる 集まる	모이다 07·97·94 쓰기 04 읽기 N4 표기
あつめる 集める	모으다 01 쓰기	あらう 洗う	씻다 08·05 쓰기 N4 읽기
あるく 歩く	걷다 09·05 읽기 99·95·92 쓰기 N4 표기	いう 言う	말하다 00·96 쓰기
いそぐ 急ぐ	서두르다 07·03 읽기 99·90 쓰기 N4 읽기	うかがう 伺う	여쭙다, 찾아뵙다
うごく 動く	움직이다 09·98 읽기	うたう 歌う	노래 부르다 04 읽기
うつす 写す	베끼다, 찍다 08·97 읽기 91 쓰기 N4 읽기	うまれる 生まれる	태어나다 96 쓰기
うる 売る	팔다 06 읽기 09·02·98 쓰기 N4 읽기·표기	おきる 起きる	일어나다 01 읽기 10·98·95 쓰기 N4 표기

おくる　送る	보내다 00·94·90 읽기 04·97·93 쓰기 N4 읽기·표기	**おくれる**　遅れる	늦다
おこす　起こす	일으키다	**おこなう**　行う	행하다 92 읽기
おしえる　教える	가르치다 06·94 쓰기	**おす**　押す	누르다 N4 읽기
おもいだす　思い出す	생각해내다 99 읽기 02·96 쓰기	**おもう**　思う	생각하다 09 쓰기
およぐ　泳ぐ	헤엄치다 99 읽기	**おれる**　折れる	부러지다
おわる　終わる	끝나다 06·96 읽기 01·93 쓰기	**かう**　買う	사다 00·97·92 쓰기
かえす　返す	돌려주다, 갚다 98·90 읽기	**かえる**　帰る	돌아가다 05·93 읽기 07·98·90 쓰기
かす　貸す	빌려주다 06·98·90 읽기 09·01·95 쓰기 N4 읽기·표기	**かぞえる**　数える	(수를) 세다 N4 표기
かよう　通う	다니다 05·98·91 읽기 N4 읽기	**かりる**　借りる	빌리다 99·95 읽기 08·03·92 쓰기
かんがえる　考える	생각하다 05·98 읽기 08 쓰기 N4 읽기	**きまる**　決まる	결정되다 N4 읽기

일본어	읽기	의미	출제
着る	きる	입다	94·92 읽기
答える	こたえる	대답하다	99 읽기 / 09·04 쓰기
騒ぐ	さわぐ	떠들다	
閉まる	しまる	닫히다	
調べる	しらべる	조사하다	N4 표기
進む	すすむ	나아가다	07·04 읽기 / N4 읽기·표기
立つ	たつ	서다	97 읽기 / 91 쓰기
建てる	たてる	세우다, 건물을 짓다	09·01 쓰기
使う	つかう	사용하다	99·92 읽기 / 05 쓰기
作る	つくる	만들다	07·02·00·95 쓰기
消す	けす	끄다	
探す	さがす	찾다	
死ぬ	しぬ	죽다	01·98 읽기 / 06·94 쓰기
閉める	しめる	닫다	93 읽기
知る	しる	알다	05·00 읽기 / 09·97 쓰기
住む	すむ	살다	97·92 읽기 / 08·03 쓰기
立てる	たてる	세우다	N4 표기
足りる	たりる	족하다	03·96 읽기 / 92 쓰기
着く	つく	도착하다	07·02 읽기 / 99·96 쓰기 / N4 읽기
出る	でる	나가다	95 쓰기

とおる 通る	지나가다 08・02 읽기	とじる 閉じる	닫히다, 닫다 N4 표기
とどける 届ける	보내다	とまる 止まる	멈추다 00・96 읽기
とまる 泊まる	묵다, 숙박하다 N4 읽기	ならう 習う	배우다 98 읽기 07・04・02・91 쓰기 N4 읽기・표기
のむ 飲む	마시다 99・95 쓰기	のる 乗る	타다 02 읽기 08 쓰기
はこぶ 運ぶ	나르다, 운반하다 02 읽기 06・90 쓰기 N4 읽기	はじまる 始まる	시작되다 09・99・91 쓰기
はじめる 始める	시작하다 06 읽기 02 쓰기	はしる 走る	달리다 00・96・90 읽기 07 쓰기 N4 읽기
はたらく 働く	일하다 03・01・93 읽기 07・95 쓰기	はらう 払う	지불하다
はる 張る	붙이다 N4 읽기	ひく 引く	잡아당기다 08 쓰기
ひろう 拾う	줍다, (택시를) 잡다 N4 읽기	ふせぐ 防ぐ	막다 N4 읽기
まつ 待つ	기다리다 01・97 읽기 09 쓰기 N4 표기	まにあう 間に合う	시간에 대다 04 읽기 95・91 쓰기

もつ 持つ	가지다, 들다 07 읽기 98・94・90 쓰기 N4 표기	もどす 戻す	되돌리다 N4 읽기
よる 寄る	들르다	わかれる 別れる	헤어지다 09 읽기 03・96・90 쓰기 N4 표기
われる 割れる	깨지다		

③ い형용사 34

あおい 青い	파랗다 01 읽기 06・02・98・93 쓰기 N4 표기	あかい 赤い	빨갛다 90 읽기 03・99・95 쓰기 N4 읽기
あかるい 明るい	밝다 04 읽기 00・97・91 쓰기	あたたかい 暖かい	따뜻하다
あたらしい 新しい	새롭다 97・90 쓰기	あつい 暑い	덥다 09・02 읽기 06 쓰기
いそがしい 忙しい	바쁘다	うすい 薄い	얇다, 연하다
うれしい 嬉しい	기쁘다	おおい 多い	많다 94・91 읽기 99・90 쓰기

おそい 遅い	늦다	**おもい** 重い	무겁다 09·05·02 읽기 98·94·90 쓰기 N4 읽기
かなしい 悲しい	슬프다	**かるい** 軽い	가볍다 07 읽기 N4 표기
くやしい 悔しい	분하다	**くらい** 暗い	어둡다 08 읽기 05·92 쓰기 N4 읽기·표기
くろい 黒い	검다 08·04·94 읽기 98 쓰기 N4 표기	**さむい** 寒い	춥다 05 쓰기 N4 읽기·표기
すごい 凄い	굉장하다	**ただしい** 正しい	바르다 05·96·93 쓰기 N4 표기
たのしい 楽しい	즐겁다 07·04·93·91 읽기 N4 읽기	**ちかい** 近い	가깝다 94·92 읽기
つめたい 冷たい	차갑다	**つよい** 強い	강하다 08·99·95 읽기 N4 읽기
とおい 遠い	멀다 N4 읽기·표기	**ねむい** 眠い	졸리다 N4 읽기·표기
ひくい 低い	낮다 06 읽기	**ひろい** 広い	넓다 04·99 읽기 08·91 쓰기
ふとい 太い	굵다 03 쓰기	**ふるい** 古い	낡다, 오래되다 06·97 읽기 01·94 쓰기

みじかい 短い	짧다 07 읽기 03 쓰기	やすい 安い	싸다 98·91 읽기
よわい 弱い	약하다 08 읽기 N4 읽기	わるい 悪い	나쁘다 00·97 읽기

④ な형용사 13

おなじだ 同じだ	같다 07·03·93 쓰기 N4 표기	しずかだ 静かだ	조용하다
じゅうぶんだ 十分だ	충분하다 90 읽기 03·95 쓰기	じゅうようだ 重要だ	중요하다
しんせつだ 親切だ	친절하다 01·98 읽기 07·04·94·90 쓰기 N4 읽기	すきだ 好きだ	좋아하다 07·04 읽기
だいじだ 大事だ	중요하다, 소중하다 96 쓰기	たいせつだ 大切だ	중요하다, 소중하다 93 읽기
とくべつだ 特別だ	특별하다 06·99 읽기 N4 읽기	ふべんだ 不便だ	불편하다 08·05·02·00 읽기 N4 읽기·표기
べんりだ 便利だ	편리하다 95 읽기 N4 표기	ゆうめいだ 有名だ	유명하다 94·92 읽기 08·04·01·97 쓰기

ゆたかだ	
豊かだ	풍요롭다 N4 읽기

⑤ 부사 7

かならず	
必ず	반드시

きゅうに	
急に	갑자기 03·96 읽기 92 쓰기

じゅうぶん	
十分	충분히 N4 읽기

すこし	
少し	조금 00 읽기

ぜったいに	
絶対に	절대로

とくに	
特に	특히 96 읽기 N4 읽기

はやく	
早く	일찍, 빨리 09·06·01·95 읽기 04·98 쓰기

6 기타 6

| きたく
北区 | 기타구(지명)
05 읽기 | ～だい
～台 | ～대
00 읽기 |

| ～ど
～度 | ～도
05 쓰기
N4 읽기 | なんども
何度も | 몇 번이고
95 읽기 |

| やくに たつ
役に 立つ | 도움이 되다
90 쓰기 | みなとく
港区 | 미나토구(지명) |

콕콕 예상 문제 01 한자읽기 / 10

もんだい1 ＿＿＿の ことばは ひらがなで どう かきますか。
1・2・3・4から いちばん いい ものを ひとつ えらんで ください。

1 親指が とても いたいです。(N4)
　1　おやうで　　2　おやゆび　　3　おやかた　　4　おやかお

2 わたしは 転勤の 多い かていで そだちました。
　1　でんきん　　2　づうきん　　3　てんきん　　4　つうきん

3 ピンクいろの 糸を かって かえりました。(N4)
　1　いと　　　　2　いし　　　　3　すな　　　　4　はり

4 エレベーターに ついて 研究して います。(N4·06·02·99·95)
　1　べんきょう　2　きょうみ　　3　けんぶつ　　4　けんきゅう

5 朝早く 学校に 行ったので、とても 眠かったです。(N4)
　1　ねむかった　2　やすかった　3　あまかった　4　すごかった

6 どの 大学に 行くか よく 考えて きめます。(N4·05·98)
　1　かえて　　　2　おしえて　　3　みえて　　　4　かんがえて

7 いえの 近所に プールが あります。(N4·04·97)
　1　きんじょ　　2　ばしょ　　　3　げんば　　　4　いち

8 あぶないですから 前の 人を 押さないで ください。(N4)
　1　かさないで　2　ださないで　3　おさないで　4　ささないで

9 82円きってを 張って ください。(N4)
　1　かって　　　2　ほって　　　3　のって　　　4　はって

10 タクシーで 行けば わたしの 家まで 5分で 着けます。(N4·07·02)
　1　かけます　　2　つけます　　3　あけます　　4　はけます

답　1②　2③　3①　4④　5①　6④　7①　8③　9④　10②

콕콕 예상 문제 02 한자읽기 　　　　　　　　　　　　　　　/ 10

もんだい1 ＿＿＿ の ことばは ひらがなで どう かきますか。
1・2・3・4から いちばん いい ものを ひとつ えらんで ください。

1 あの しろい おおきな たてものが <u>病院</u>です。(03·01·97·93)
　1　びようき　　2　びょうき　　3　びよういん　　4　びょういん

2 デパートで あたらしい <u>洋服</u>を かいました。(00·94)
　1　ようもの　　2　よもの　　3　ようふく　　4　よふく

3 にほんの ゴルフ<u>人口</u>は どれぐらいだろう。(03·98·91)
　1　じんこう　　2　じんこ　　3　にんこう　　4　にんこ

4 <u>地図</u>を みながら じどうしゃを うんてんする。(95)
　1　じと　　2　じず　　3　ちと　　4　ちず

5 まいあさ はやく <u>起きて</u> えいごを べんきょうして います。(01)
　1　おきて　　2　いきて　　3　できて　　4　あきて

6 たなかさんは <u>黒い</u> めがねを かけて います。(08·04·94)
　1　くらい　　2　くるい　　3　くさい　　4　くろい

7 あの みせは やすいし、<u>店員</u>も しんせつです。(N4·98)
　1　ていにん　　2　ていいん　　3　てんいん　　4　てんにん

8 その ほんを やまださんに <u>貸して</u> もらった。(N4·06·98·90)
　1　けして　　2　だして　　3　おして　　4　かして

9 わたしは こんなに <u>親切</u>に された ことは ない。(N4·01·98)
　1　ていねい　　2　しんせつ　　3　ねっしん　　4　ゆうめい

10 たなかさんの <u>家族</u>は みんな いぬが すきです。(00·97·93)
　1　かてい　　2　かぞく　　3　やてい　　4　やぞく

답　1④　2③　3①　4④　5①　6④　7③　8④　9②　10②

콕콕 예상 문제 03 한자읽기 　　　　　　/ 10

もんだい1 ＿＿＿ の ことばは ひらがなで どう かきますか。
1・2・3・4から いちばん いい ものを ひとつ えらんで ください。

1 ことしの 秋から この だいがくで けんきゅうして います。(N4·95)
　1 なつ　　　2 あき　　　3 はる　　　4 ふゆ

2 エベレストは 世界で いちばん たかい やまです。(09·05·02·98·92·90)
　1 せいか　　2 せっかい　　3 せかい　　4 せいかい

3 にほんごの べんきょうは 去年から はじめました。(09·06·02·00·97·91)
　1 きょねん　2 さくねん　　3 きょうねん　4 さっねん

4 やっと 仕事が おわりました。(06·02·93)
　1 しごと　　2 しこと　　3 じごと　　4 じこと

5 にほんじゅうを じどうしゃで 旅行しました。(09·06·93·91)
　1 りゅこう　2 りゅうこ　　3 りょこう　　4 りょうこ

6 この ピアノは とても 重いです。(N4·09·05·02)
　1 おもい　　2 ふとい　　3 ながい　　4 たかい

7 去年より 早く さくらが さきました。(09·06·01·95)
　1 ほやく　　2 ほゆく　　3 はやく　　4 はゆく

8 「かみ」は 英語で なんと いいますか。(09·01)
　1 えご　　　2 えいご　　3 えうご　　4 えんご

9 ともだちは がっこうの そばに 住んで います。(97·92)
　1 やんで　　2 すんで　　3 つんで　　4 こんで

10 かみは ぜんぶ 使って しまった。(99·92)
　1 とって　　2 もって　　3 つかって　　4 つくって

답 1② 2③ 3① 4① 5③ 6① 7③ 8② 9② 10③

콕콕 예상 문제 04 한자읽기

/ 10

もんだい1 ＿＿＿＿の ことばは ひらがなで どう かきますか。
1・2・3・4から いちばん いい ものを ひとつ えらんで ください。

1 じどうしゃが はしって きて、急に とまりました。 (03·96)
　1　きゅうに　　2　ちゅうに　　3　きょうに　　4　ちょうに

2 ろくにん あつまるのなら、いすが ひとつ 足りません。 (03·96)
　1　たりません　2　こりません　3　かりません　4　おりません

3 あの ひとは からだが おおきいので、力が ある。 (05·99)
　1　りょく　　2　りゃく　　3　ちから　　4　ちがら

4 たいせつな しごとが あるので 急いで かえりました。 (N4·07·03)
　1　およいで　　2　はやいで　　3　さわいで　　4　いそいで

5 ははから いろいろな 品物が おくられて きた。 (09·99·94)
　1　しなぶつ　　2　しなもの　　3　ひんぶつ　　4　ひんもの

6 こどもたちは 楽しそうに やきゅうを して います。 (N4·07·04·93·91)
　1　らくしそうに　2　たのしそうに　3　かなしそうに　4　うれしそうに

7 となりの きょうしつから 歌が きこえます。 (07·93)
　1　うた　　2　こえ　　3　おと　　4　はなし

8 夕方に なったので、こどもたちは みんな いえに かえった。 (N4·02·94)
　1　よるがた　　2　ようがた　　3　ゆうがた　　4　ゆがた

9 キャベツ・キュウリなどの 野菜が すきです。 (07·99·95)
　1　やさい　　2　のさい　　3　りさい　　4　よさい

10 服を きがえるまで まって ください。 (03·92)
　1　ころも　　2　ふく　　3　きもの　　4　ぶく

답　1① 2① 3③ 4④ 5② 6② 7① 8③ 9① 10②

콕콕 예상 문제 05 한자읽기　　　　　　　　　　　　/ 10

もんだい1　_____の ことばは ひらがなで どう かきますか。
　　　　　　1・2・3・4から いちばん いい ものを ひとつ えらんで ください。

1　<u>近く</u>の こうえんで さんぽを します。(08·99)
　　1　はやく　　　2　ちかく　　　3　おそく　　　4　とおく

2　<u>茶色</u>の じどうしゃが はしって きました。(03·96·92)
　　1　ちゃいろ　　2　さいろ　　　3　じゃいろ　　4　しゃいろ

3　この へんに かばんを <u>売って</u> いる みせは ありませんか。(06)
　　1　うって　　　2　おくって　　3　かって　　　4　かざって

4　<u>台風</u>の ために ひこうきは おくれて しゅっぱつしました。(97)
　　1　たいふん　　2　たいふう　　3　だいふん　　4　だいふう

5　この レストランの <u>建物</u>は きたないです。(06·96·92)
　　1　けんぶつ　　2　けんもの　　3　たてぶつ　　4　たてもの

6　<u>今度</u>の にちようびに うちへ いらっしゃいませんか。(08·03·00·96)
　　1　こんど　　　2　こんと　　　3　こんどう　　4　こんとう

7　<u>妹</u>と いっしょに こうえんまで はしって いきました。(N4·05·00)
　　1　むすうめ　　2　むすめ　　　3　いもうと　　4　いもと

8　<u>十分</u>な しょくりょうを もって でかけた。(N4·90)
　　1　じっぷんな　2　じゅうふんな　3　じゅうぶんな　4　じゅっぷんな

9　日本語を おしえた <u>経験</u>は ありません。(N4)
　　1　けえげん　　2　けいげん　　3　けえけん　　4　けいけん

10　まいにち バスで がっこうに <u>通った</u>。(N4·05·98·91)
　　1　とおった　　2　かわった　　3　とまった　　4　かよった

답　1② 2① 3① 4② 5④ 6① 7③ 8③ 9④ 10④

콕콕 예상 문제 06 한자읽기 / 10

もんだい1 ＿＿＿の ことばは ひらがなで どう かきますか。
1・2・3・4から いちばん いい ものを ひとつ えらんで ください。

1 弟は にわで うんどうを して います。(96)
  1 おとうと   2 おとと   3 おとうとう   4 おととう

2 ビルの 屋上から まちの けしきが よく みえます。(98)
  1 やねうえ   2 おくうえ   3 やじょう   4 おくじょう

3 あの ひとは からだが おおきくて ちからが 強い。(N4·08·99·95)
  1 かたい   2 つよい   3 こわい   4 よわい

4 このごろ 食料品の ねだんが たかく なった。(06·90)
  1 しょっりょうひん   2 しょっりょうぴん
  3 しょくりょうひん   4 しょくりょうぴん

5 やまださんの いもうとは えいごの 文が うまい。(01)
  1 もん   2 むん   3 ほん   4 ぶん

6 わたしの きょういくに ついて ははは ちちと 意見が あわなかった。(N4·97)
  1 いみ   2 いけん   3 いめ   4 いかん

7 もう しょくじの 用意が できて いますか。(96·91)
  1 よんい   2 よいい   3 よい   4 ようい

8 さけを のんで 運転しては いけません。(93)
  1 うんとん   2 うんてん   3 うんどん   4 うんでん

9 おとうとは まいにち 地下鉄で だいがくに かよって います。(93·91)
  1 じかてつ   2 じげてつ   3 ちかてつ   4 ちげてつ

10 とりが 遠くへ とんで いきました。(N4·06)
  1 とおく   2 どおく   3 とうく   4 どうく

답 1① 2④ 3② 4③ 5④ 6② 7④ 8② 9③ 10①

콕콕 예상 문제 07 한자읽기 　　/ 10

もんだい1 ＿＿＿の ことばは ひらがなで どう かきますか。
1・2・3・4から いちばん いい ものを ひとつ えらんで ください。

1 わたしの 着て いる ようふくは、きょねん つくった ものです。(94·92)
　1　して　　　　2　いて　　　　3　きて　　　　4　にて

2 かれの びょうきは だんだん 悪く なった。(00·97)
　1　よわく　　　2　わるく　　　3　ちかく　　　4　ひどく

3 あさの 食事は しちじごろ します。(94·91)
　1　しょくじ　　2　しょうじ　　3　そくじ　　　4　そうじ

4 市民が あんしんできる まちを つくりましょう。(03)
　1　しみ　　　　2　しみん　　　3　じみ　　　　4　じみん

5 しんだ 祖母は いぬと ねこが すきでした。(01·98)
　1　そば　　　　2　そふ　　　　3　そぶ　　　　4　そぼ

6 これは きょねん きょうとに いった ときに 写した しゃしんです。(N4·08·97)
　1　とりした　　2　おとした　　3　しゃした　　4　うつした

7 あの かたは がっこうの 近所に すんで います。(N4·04·97)
　1　きんしょう　2　きんじょう　3　きんしょ　　4　きんじょ

8 大使館の まえに くるまが いちだい とまって います。(N4·00)
　1　だいしかん　2　だいしがん　3　たいしかん　4　たいしがん

9 きのう ゆうめいな 写真家の てんらんかいを みました。(94·92)
　1　さしんや　　2　さしんか　　3　しゃしんや　4　しゃしんか

10 きょうは 空が きれいだから、どこかで しゃしんを とりたい。(99·90)
　1　ゆき　　　　2　くも　　　　3　そら　　　　4　うみ

답 1③ 2② 3① 4② 5④ 6④ 7④ 8③ 9④ 10③

콕콕 예상 문제 08 한자읽기   / 10

もんだい1 ＿＿＿の ことばは ひらがなで どう かきますか。
1・2・3・4から いちばん いい ものを ひとつ えらんで ください。

1 ふうとうに 切手を はって ください。(N4·94)
　1 きって　　　2 きいて　　　3 きりて　　　4 きるて

2 きょうの ごご サッカーの 試合が あります。(08·90)
　1 しごう　　　2 しあい　　　3 しかい　　　4 しやい

3 気分が わるく なって、がっこうから はやく かえりました。(N4·07·97)
　1 きふん　　　2 きぶん　　　3 きもつ　　　4 きもち

4 もっと わかりやすく 説明して ください。(08·03)
　1 せすめい　　2 せすめ　　　3 せつめい　　4 せつめ

5 としょかんは ふべんな 場所に あります。(02)
　1 じょうしょ　2 じょうしょう　3 ばしょ　　　4 ばしょう

6 これは あの しょくどうの 主人が つくった りょうりです。(91)
　1 しゅうにん　2 しゅにん　　3 しゅうじん　4 しゅじん

7 社長は ごご たいしかんに いく よていです。(90)
　1 しゃちょう　2 しゃちょ　　3 しちょう　　4 しちょ

8 わたしは まいにち こうえんで 運動して います。(N4·07·94)
　1 うんどん　　2 うんてん　　3 うんどう　　4 うんでん

9 あの ひとは 頭が いいです。(00 05)
　1 かた　　　　2 せなか　　　3 くび　　　　4 あたま

10 ここには がくせい以外は だれも はいる ことが できません。(N4·08·99)
　1 にがい　　　2 りがい　　　3 みがい　　　4 いがい

답 1① 2② 3② 4③ 5③ 6④ 7① 8③ 9④ 10④

콕콕 예상 문제 09 한자읽기 / 10

もんだい1 _____の ことばは ひらがなで どう かきますか。
1・2・3・4から いちばん いい ものを ひとつ えらんで ください。

1 しまと しまの 間を およいで わたった。(91)
　1 ま　　　　2 あいだ　　　3 うち　　　　4 かん

2 もう すこし 低い いすを かして ください。(06)
　1 あさい　　2 かたい　　　3 まるい　　　4 ひくい

3 たなかさんの お兄さんは ぎんこうに つとめて います。(92)
　1 おねえさん　2 おけいさん　3 おにいさん　4 おきょうさん

4 その ひの 午後、わたしたちは さんぽに いきました。(90)
　1 ごご　　　2 ごごう　　　3 ごうご　　　4 ごこう

5 この きかいが 動くと すごい おとが する。(09·98)
　1 なく　　　2 あるく　　　3 はたらく　　4 うごく

6 その けんきゅうは どんどん 進んで います。(N4·07·04)
　1 すすんで　2 すんで　　　3 ししんで　　4 しんで

7 来週の もくようびに しけんが あります。(97)
　1 きしゅう　2 きしょう　　3 らいしょう　4 らいしゅう

8 ふたりで 森の なかを あるきました。(02)
　1 き　　　　2 もり　　　　3 えだ　　　　4 はやし

9 今年の ふゆは いつもの としより あたたかい。(95)
　1 こんとし　2 ことし　　　3 こうねん　　4 こんねん

10 パーティーは どようびの ばんに 予定して います。(90)
　1 よてい　　2 ようじ　　　3 けってい　　4 けいかく

답 1② 2④ 3③ 4① 5④ 6① 7④ 8② 9② 10①

콕콕 예상 문제 10 한자읽기　　　　　　　　　　　　　　　　/ 10

もんだい1 ＿＿＿の ことばは ひらがなで どう かきますか。
1・2・3・4から いちばん いい ものを ひとつ えらんで ください。

1 あしたの ごごは 大切な しごとが あります。(93)
　1 たいせつな　　2 だいせつな　　3 たいじな　　4 だいじな

2 もっと おおきい 声で いって ください。(07·04)
　1 おん　　2 おと　　3 こえ　　4 せい

3 おかねが ないから やすい 旅館に とまりましょう。(N4·97)
　1 りょうかん　　2 りょかん　　3 りょうこう　　4 りょこう

4 だいがくで 西洋の ぶんがくを ならって います。(08·04)
　1 せいゆう　　2 せいよう　　3 とうゆう　　4 とうよう

5 ぎんざほうめんの 出口は どちらですか。(92)
　1 てくち　　2 てぐち　　3 でくち　　4 でぐち

6 ぎんこうへ いって 電話代を はらって きました。(91)
　1 でんわきん　　2 でんわちん　　3 でんわだい　　4 でんわりょう

7 あの かたには 特に せわに なりました。(N4·96)
　1 とくに　　2 ほかに　　3 べつに　　4 むりに

8 わたしは いつも 特急に のります。(02)
　1 ときゅ　　2 ときゅう　　3 とっきゅ　　4 とっきゅう

9 あの ひとは となりの 村に すんで います。(05)
　1 むら　　2 まち　　3 うち　　4 えき

10 この こは 動物の おもちゃが すきです。(92)
　1 とうぶつ　　2 どうぶつ　　3 とうもの　　4 どうもの

답　1① 2③ 3② 4② 5④ 6③ 7① 8④ 9① 10②

콕콕 예상 문제 11 한자읽기   / 10

もんだい1 ＿＿＿の ことばは ひらがなで どう かきますか。
1・2・3・4から いちばん いい ものを ひとつ えらんで ください。

1 この へやは ひろくて 明るいです。(04)
　1 まるい　　2 ぬるい　　3 あかるい　　4 ふるい

2 わたしが こどもの せわを しますから 安心して ください。(N4·06·03·00)
　1 あんじん　2 あんしん　3 やすごころ　4 やすこころ

3 ぎんこうで 働きながら がっこうに かよって います。(03·01·93)
　1 うごき　　2 みがき　　3 はたらき　　4 いただき

4 海の むこうに しまが みえます。(00·95·92)
　1 いけ　　　2 うみ　　　3 みなと　　　4 みずうみ

5 銀行から かねを かりて あたらしい しごとを はじめた。(04·95·90)
　1 きんこ　　2 きんこう　3 ぎんこ　　　4 ぎんこう

6 きのうは がっこうから 歩いて かえって きた。(09·05)
　1 つづいて　2 あるいて　3 ないて　　　4 はいて

7 いま、がいこくの りょこうを 計画して います。(N4·09·03·96·93·91)
　1 けいかく　2 けがく　　3 けいが　　　4 けが

8 借りた ほんを かえすのを わすれて いました。(99·95)
　1 こりた　　2 たりた　　3 かりた　　　4 おりた

9 じどうしゃが ふえれば じこも 多く なります。(94·91)
　1 おそく　　2 おおきく　3 おおく　　　4 おもく

10 きゅうに たかい ねつが でたので 医者を よんだ。(01·96·93)
　1 いしゃ　　2 いっしゃ　3 いし　　　　4 いっし

답 1③ 2② 3③ 4② 5④ 6② 7① 8③ 9③ 10①

콕콕 예상 문제 12 한자읽기   / 10

もんだい1 ＿＿＿の ことばは ひらがなで どう かきますか。
1・2・3・4から いちばん いい ものを ひとつ えらんで ください。

1 その こうえんは ひじょうに 広い。(04・99)
　1　ふかい　　　2　せまい　　　3　とおい　　　4　ひろい

2 この こどもは 世話を する ひとが いない。(06・96)
　1　せいわ　　　2　せいや　　　3　せわ　　　　4　せあ

3 ようじを 思い出したので かえります。(99)
　1　おもいでした　2　おいだした　3　おもいだした　4　おいでした

4 でんわだいは 夜の あいだと にちようびが やすいです。(08・91)
　1　あさ　　　　2　よる　　　　3　ばん　　　　4　ひる

5 ひるごはんは いつも だいがくの 食堂で たべます。(N4・96・93)
　1　しょくば　　2　しょくどう　3　しょくじょ　4　しょくじょう

6 走って きたので、あせが でた。(00・96・90)
　1　かけって　　2　あるって　　3　とびって　　4　はしって

7 にもつが なかなか 着かないので しんぱいした。(N4・07・02)
　1　きかない　　2　つかない　　3　とどかない　4　すかない

8 この にもつは くるまで 運びましょう。(N4・02)
　1　はこび　　　2　よび　　　　3　ならび　　　4　よろこび

9 ゆうはんの おかずで 魚を にひき かいました。(99・96・92)
　1　にく　　　　2　たまご　　　3　こめ　　　　4　さかな

10 その ことは まえから 知って いました。(05・00)
　1　もらって　　2　わかって　　3　しって　　　4　いって

답　1④　2③　3③　4②　5②　6④　7③　8①　9④　10③

콕콕 예상 문제 13 한자읽기 / 10

もんだい1 ＿＿＿の ことばは ひらがなで どう かきますか。
1・2・3・4から いちばん いい ものを ひとつ えらんで ください。

1 ここは えきも みせも とおくて、せいかつが 不便です。 (N4・08・05・02・00)
   1 くべん　　　　2 くびん　　　　3 ふべん　　　　4 ふびん

2 神田(かんだ)には たくさんの ふるほんやが 集まって いる。 (04)
   1 はじまって　　2 あつまって　　3 とまって　　　4 きまって

3 ははは やさいを りょうりして 夕飯を つくりました。 (92)
   1 せきはん　　　2 せきめし　　　3 ゆうはん　　　4 ゆうめし

4 がっこうは あしたから 夏やすみに はいります。 (02・97)
   1 ふゆ　　　　　2 あき　　　　　3 なつ　　　　　4 はる

5 いもうとは 自転車で がっこうに かよって います。 (N4・02・98・95)
   1 ちてんしゃ　　2 じてんしゃ　　3 ちどうしゃ　　4 じどうしゃ

6 ことしの なつは うみへ いこうと 考えて いる。 (N4・05・98)
   1 まちがえて　　2 かんがえて　　3 おぼえて　　　4 つたえて

7 ははは さかなの 料理を よういして くれました。 (96・92)
   1 りゅり　　　　2 りょり　　　　3 りゅうり　　　4 りょうり

8 まどを 開けて おいて ください。 (05・95)
   1 あけて　　　　2 うけて　　　　3 つけて　　　　4 かけて

9 じゅぎょうに 間に合わないかも しれません。 (04)
   1 まによわない　2 まにやわない　3 まにおわない　4 まにあわない

10 てんきが わるくて ひこうきの 出発が いちじかん おくれた。 (N4・07・04・97・90)
   1 しはつ　　　　2 しゅはつ　　　3 しっぱつ　　　4 しゅっぱつ

답 1③ 2② 3③ 4③ 5② 6② 7④ 8① 9④ 10④

콕콕 예상 문제 14 한자읽기   / 10

もんだい1 ＿＿＿＿の ことばは ひらがなで どう かきますか。
1・2・3・4から いちばん いい ものを ひとつ えらんで ください。

1　あの 店は しなものを やすく うって います。(96·91)
　　1　みせ　　　　2　うち　　　　3　ところ　　　　4　おたく

2　きょうから あたらしい しごとを 始めました。(06)
　　1　あつめました　2　ほめました　3　とめました　4　はじめました

3　しけんもんだいが むずかしくて 答えられませんでした。(99)
　　1　こたえ　　　2　かんがえ　　3　おぼえ　　　　4　おしえ

4　とうきょうには 公園が たくさん あります。(01·94)
　　1　こえん　　　2　こえい　　　3　こうえん　　　4　こうえい

5　図書館に かよって べんきょうする ひとが おおい。(02·90)
　　1　としょかん　2　とうしょかん　3　としょうかん　4　とうしょうかん

6　いちじかんに よんキロメートル以上 あるけますか。(95)
　　1　ひじょう　　2　にじょう　　3　いじょう　　　4　じじょう

7　池の そばで ちいさい とりを みました。(09·03)
　　1　うみ　　　　2　かわ　　　　3　いけ　　　　　4　とち

8　いそがしくて 手紙を かく ひまが ありません。(05·00)
　　1　てかみ　　　2　てがみ　　　3　しゅかみ　　　4　しゅがみ

9　かれは 自分の ことばかり かんがえて います。(N4·94·91)
　　1　じぶん　　　2　じふん　　　3　じんぶん　　　4　じんふん

10　ろくじょうの 部屋に げしゅくして いる。(95)
　　1　ぶや　　　　2　ぶんや　　　3　へや　　　　　4　へんや

답 1① 2④ 3① 4③ 5① 6③ 7③ 8② 9① 10③

콕콕 예상 문제 15 한자읽기   / 10

もんだい1 ＿＿＿の ことばは ひらがなで どう かきますか。
1・2・3・4から いちばん いい ものを ひとつ えらんで ください。

1 きのうから きゅうに <u>暑く</u> なりました。(09·02)
　1 あかるく　　2 あかく　　3 あたたかく　　4 あつく

2 <u>台所</u>から いい においが して きます。(06·93)
　1 だいところ　2 たいどころ　3 だいどころ　4 たいところ

3 きれいな いろの <u>花</u>が たくさん さきました。(01)
　1 くさ　　　　2 はな　　　3 えだ　　　　4 さくら

4 こんしゅうの どようびに にほんの <u>映画</u>を みる つもりです。(99)
　1 えご　　　　2 えが　　　3 えいご　　　　4 えいが

5 せんせいに にほんごの <u>発音</u>を なおして もらった。(N4·01)
　1 はっおん　　2 ぱっおん　3 はつおん　　　4 ぱつおん

6 ここに <u>住所</u>と なまえを かいて ください。(N4·94)
　1 じゅうしょう　2 じゅうしょ　3 じゅしょう　4 じゅしょ

7 なにか <u>質問</u>が あれば、きいて ください。(09·05·99)
　1 ひつもん　　2 ひすもん　3 しつもん　　　4 しすもん

8 あには ドイツの <u>工業</u>に ついて よく しって います。(92)
　1 こうぎょ　　2 こうぎょう　3 くぎょ　　　4 くぎょう

9 たいふうの ため でんきも すいどうも <u>止まった</u>。(00·96)
　1 しまった　　2 きまった　3 とまった　　　4 こまった

10 この はなは、なにか <u>特別な</u> においが ある。(N4·06·99)
　1 とっべすな　2 とっべつな　3 とくべすな　　4 とくべつな

답 1④ 2③ 3② 4④ 5③ 6② 7③ 8② 9③ 10④

콕콕 예상 문제 16 한자읽기   / 10

もんだい1 ＿＿＿の ことばは ひらがなで どう かきますか。
1・2・3・4から いちばん いい ものを ひとつ えらんで ください。

1 じてんしゃで こうえんの なかを 通りました。(08·02)
　1　とうりました　　2　どうりました　　3　とおりました　　4　どおりました

2 ほんは いっしゅうかんいないに 返す ことに なって います。(98·90)
　1　かえす　　　　2　わたす　　　　3　まわす　　　　4　うつす

3 この ジュースは やさいの 味が します。(99·96)
　1　おと　　　　2　におい　　　　3　いろ　　　　4　あじ

4 あの 会社には しゃいんが 100にんいじょう いる。(98·94)
　1　しゃかい　　2　かいしゃ　　3　しゃがい　　4　がいしゃ

5 ともだちに にほんの 音楽の CDを かしました。(09·98)
　1　おうかく　　2　おんかく　　3　おうがく　　4　おんがく

6 びょうきを しないように 注意して ください。(08·93)
　1　ちゅい　　　2　ちゅうい　　3　しゅい　　　4　しゅうい

7 いすに すわって せんせいを 待って います。(01·97)
　1　よって　　　2　まって　　　3　とって　　　4　もって

8 あの レストランの しゅじんは いつも 着物を きて います。(04·91)
　1　おきもの　　2　かきもの　　3　きもの　　　4　はきもの

9 にほんの おちゃは コーヒーより 安い。(98·91)
　1　ひろい　　　2　おおい　　　3　たかい　　　4　やすい

10 ふとって きたので ようふくが 体に あわない。(05·99)
　1　からだ　　　2　からた　　　3　かだら　　　4　かたら

답 1③ 2① 3④ 4② 5④ 6② 7② 8③ 9④ 10①

콕콕 예상 문제 17 표기   / 10

もんだい2 ＿＿＿＿ の ことばは どう かきますか。
1・2・3・4から いちばん いい ものを ひとつ えらんで ください

1 おなじ おおきさに ケーキを きって ください。(N4·07·03·93)
1 共　　　　2 同　　　　3 共じ　　　　4 同じ

2 いろいろ しらべて くれて ありがとうございます。(N4)
1 調べて　　2 求べて　　3 探べて　　4 捜べて

3 もし くらければ でんきを つけて ください。(N4)
1 甘ければ　2 暗ければ　3 安ければ　4 辛ければ

4 でんわで 父の げんきな こえを 聞いて あんしんしました。(N4)
1 耳　　　　2 葉　　　　3 声　　　　4 音

5 あしたは えいぎょう します。(N4)
1 営業　　　2 営事　　　3 宮業　　　4 宮事

6 すごいですね。ならって いない ことまで 知って いますね。(N4·07·04·02·91)
1 勉って　　2 強って　　3 学って　　4 習って

7 かんたんに せつめい します。(N4)
1 設明　　　2 訳明　　　3 説明　　　4 記明

8 かぞくと わかれて はたらかなくては ならなかった。(N4·03·96·90)
1 割れて　　2 別れて　　3 折れて　　4 離れて

9 水を じゅうぶんに のんで ください。(N4)
1 拾分　　　2 拾文　　　3 十分　　　4 十文

10 わたしは いま みなとくに すんで います。
1 北区　　　2 南区　　　3 湖区　　　4 港区

답 1④ 2① 3② 4③ 5① 6④ 7③ 8② 9③ 10④

콕콕 예상 문제 18 표기　　　　　　　　　　　　　　　　　　　　　/ 10

もんだい2 ＿＿＿の ことばは どう かきますか。
1・2・3・4から いちばん いい ものを ひとつ えらんで ください。

1　にちようびの あさは いつもより はやく おきます。(N4·98·95)
　　1　赴きます　　2　超きます　　3　越きます　　4　起きます

2　わたしは なつの うみが すきです。(06)
　　1　秋　　2　真　　3　夏　　4　秋

3　この へやは あまり ひろく ありません。(08·91)
　　1　長く　　2　青く　　3　白く　　4　広く

4　じぶんで つくった やさいを うりました。(N4·02)
　　1　野采　　2　野菜　　3　理采　　4　理菜

5　おとうとは かばんを もって いえを でました。(N4·98·94·90)
　　1　特って　　2　持って　　3　侍って　　4　待って

6　はやく いえを でたので、きしゃの じかんに まにあった。(95·91)
　　1　間にあった　　2　真にあった　　3　前にあった　　4　目にあった

7　デパートで ハンカチを かう つもりです。(00·97·92)
　　1　貸う　　2　買う　　3　売う　　4　置う

8　ここは しずかで いいですね。
　　1　静か　　2　豊か　　3　富か　　4　賑か

9　やまに のぼる ときには ちずを もって いく。(04·92)
　　1　地道　　2　地図　　3　紙道　　4　紙図

10　にほんに ついたら てがみを くださいね。(99·96)
　　1　到いたら　　2　者いたら　　3　致いたら　　4　着いたら

답　1④　2③　3④　4②　5②　6①　7②　8①　9②　10④

콕콕 예상 문제 19 표기　　　　　　　　　　　　　　　　　　　　　　　　/ 10

もんだい2 ＿＿＿＿の ことばは どう かきますか。
　　　　　1・2・3・4から いちばん いい ものを ひとつ えらんで ください。

1 この ことばは どう いう いみですか。 (02·93)
　　1　意未　　　　　2　意味　　　　　3　意実　　　　　4　意見

2 この えいがは おんがくが すばらしいです。 (94)
　　1　映図　　　　　2　影図　　　　　3　映画　　　　　4　影画

3 はたらきすぎないように ちゅういして ください。 (91)
　　1　註意　　　　　2　柱意　　　　　3　注意　　　　　4　往意

4 デパートで あたらしい ぼうしを かう つもりです。 (97·90)
　　1　新しい　　　　2　親しい　　　　3　規しい　　　　4　祈しい

5 その こうじょうの しごとは くじに はじまります。 (09·99·91)
　　1　好じまります　2　始じまります　3　好まります　　4　始まります

6 きのう とうきょうに きたと かれは いった。 (00·96)
　　1　話った　　　　2　舌った　　　　3　言った　　　　4　告った

7 あなたは じどうしゃの うんてんが できますか。 (04)
　　1　連転　　　　　2　運転　　　　　3　連軽　　　　　4　運軽

8 あの せんせいの えいごの はつおんは すばらしい。 (N4·96)
　　1　発音　　　　　2　登音　　　　　3　発青　　　　　4　登青

9 せんせいは がくせいの しつもんに こたえた。 (09·04)
　　1　答たえた　　　2　応えた　　　　3　答えた　　　　4　応たえた

10 この ぶんを にほんごに して ください。 (05)
　　1　文　　　　　　2　歌　　　　　　3　言　　　　　　4　詞

답　1 ②　2 ③　3 ③　4 ①　5 ④　6 ③　7 ②　8 ①　9 ③　10 ①

콕콕 예상 문제 20 표기   / 10

もんだい2 ＿＿＿の ことばは どう かきますか。
1・2・3・4から いちばん いい ものを ひとつ えらんで ください。

1 こうえんの なかに ちいさな いけが あります。(06)
　1 洗　　　2 沼　　　3 池　　　4 河

2 その おんがくは はじめて ききました。(N4·94)
　1 音学　　2 音薬　　3 音楽　　4 音栄

3 しょくじの あとで ともだちと おちゃを のみました。(99·95)
　1 飼みました　2 飲みました　3 館みました　4 飯みました

4 この ビルの 12かいの うえは おくじょうです。(06)
　1 館所　　2 屋所　　3 館上　　4 屋上

5 この がっこうでは にほんごを おしえます。(06·94)
　1 教えます　2 習えます　3 学えます　4 授えます

6 いもうとは たいしかんで アルバイトを して います。(92)
　1 太使舘　2 太使館　3 大使舘　4 大使館

7 この へやは とても くらいです。(05·92)
　1 明い　　2 暗い　　3 朝い　　4 黒い

8 まいにち おなじ みちを とおって がっこうへ いきます。(N4·07·03·93)
　1 同じ　　2 司じ　　3 同なじ　　4 司なじ

9 きのうより きょうの ほうが すこし あついです。(06)
　1 暑い　　2 署い　　3 暑い　　4 暑い

10 スーパーの レジの アルバイトを はじめました。(02)
　1 初めました　2 発めました　3 始めました　4 新めました

답 1③ 2③ 3② 4④ 5① 6④ 7② 8① 9④ 10③

콕콕 예상 문제 21 표기　　　　　　　　　　　　　　　　/ 10

もんだい2 ＿＿＿＿の ことばは どう かきますか。
　　　　　　1・2・3・4から いちばん いい ものを ひとつ えらんで ください。

1 きょうは かえりが おそく なります。(92)
　1　行り　　　2　返り　　　3　還り　　　4　帰り

2 7じに えいがかんの まえで あいましょう。(05)
　1　映写館　　2　映写館　　3　映画館　　4　映画館

3 えきの ばいてんで しんぶんを かいました。(91)
　1　売店　　　2　買店　　　3　購店　　　4　飯店

4 しろい かみを いちまい ください。(93)
　1　画　　　　2　紙　　　　3　図　　　　4　表

5 きょう こうえんで ことりを みました。(09·06)
　1　小鳥　　　2　小島　　　3　少鳥　　　4　少島

6 きゅうこうでんしゃで いかなくても まにあいます。(91)
　1　急走　　　2　急行　　　3　早急　　　4　救急

7 はるが くると さくらの はなが さきます。(90)
　1　末る　　　2　末る　　　3　木る　　　4　来る

8 けさから、ねつが あって やすんで います。(90)
　1　昨夜　　　2　今夜　　　3　昨朝　　　4　今朝

9 たなかさんの おねえさんは えいごを べんきょうして います。(98)
　1　お妹さん　2　お兄さん　3　お姉さん　4　お弟さん

10 ゆうはんに ぎゅうにくと やさいを たべました。(09·05)
　1　午内　　　2　午肉　　　3　牛内　　　4　牛肉

답　1 ④　2 ③　3 ①　4 ②　5 ①　6 ②　7 ④　8 ④　9 ③　10 ④

콕콕 예상 문제 22 표기   / 10

もんだい2 ＿＿＿＿ の ことばは どう かきますか。
1・2・3・4から いちばん いい ものを ひとつ えらんで ください。

1 きのうの ゆうがた たいふうが きました。(04)
　　1 夕方　　　2 夕万　　　3 多方　　　4 多万

2 かのじょは あかい いろの かさを さして います。(97・93)
　　1 巴　　　　2 色　　　　3 免　　　　4 句

3 ひとりで りょうりを つくって たべた。(07・02・00・95)
　　1 作って　　2 使って　　3 昨って　　4 仕って

4 ひるごはんの あとで ぎんこうへ いきました。(N4・02・99・96)
　　1 昼ごはん　2 夜ごはん　3 夕ごはん　4 朝ごはん

5 この とけいは あって います。(00・95・92)
　　1 時型　　　2 時経　　　3 時形　　　4 時計

6 かれを みると なくなった ちちおやを おもいだす。(02・96)
　　1 恩い出す　2 思い出す　3 恵い出す　4 感い出す

7 やまださんの おねえさんは えいごの せんせいです。(05・96)
　　1 笑語　　　2 芙語　　　3 英語　　　4 策語

8 おおぜいの ひとが ひろばに あつまった。(07・97・94)
　　1 果まった　2 集まった　3 着まった　4 楽まった

9 あの みせの てんいんは とても しんせつです。(02・94)
　　1 点人　　　2 店人　　　3 点員　　　4 店員

10 うちの こどもは いぬや ねこの せわが すきです。(90)
　　1 世話　　　2 生話　　　3 世和　　　4 生和

답 1① 2② 3① 4① 5④ 6② 7③ 8② 9④ 10①

콕콕 예상 문제 23 표기   / 10

もんだい2 ＿＿＿の ことばは どう かきますか。
1・2・3・4から いちばん いい ものを ひとつ えらんで ください。

1 いえの いりぐちで ともだちが くるのを まちました。(90)
　1 入り口　　　2 出り口　　　3 人り口　　　4 居り口

2 あには あたらしい じどうしゃを かいました。(04)
　1 自道車　　　2 自勤車　　　3 自働車　　　4 自動車

3 くらい やまみちを ちずを みながら あるきました。(92)
　1 山辺　　　　2 山通　　　　3 山道　　　　4 山送

4 あしたの パーティーに かならず しゅっせきします。(92)
　1 出席　　　　2 出度　　　　3 参加　　　　4 参席

5 あの ひとは とりを たくさん かって います。(98)
　1 島　　　　　2 魚　　　　　3 鳥　　　　　4 烏

6 ともだちと ほっかいどうへ りょこうに いきました。(01·94)
　1 料行　　　　2 留行　　　　3 旅行　　　　4 流行

7 あねに あかい かさを かして もらいました。(09·07·01·95·93)
　1 姉　　　　　2 娘　　　　　3 妹　　　　　4 好

8 やまださんの かぞくは みんな しんせつです。(07·04·94·90)
　1 親切　　　　2 親接　　　　3 新切　　　　4 新接

9 ともだちに えんぴつを かして もらいました。(N4·09·01·95)
　1 質して　　　2 貨して　　　3 資して　　　4 貸して

10 てを きれいに あらって ください。(08·05)
　1 沈って　　　2 洗って　　　3 溶って　　　4 流って

답 1① 2④ 3③ 4① 5③ 6③ 7① 8① 9④ 10②

콕콕 예상 문제 24 표기 　　　　　　　　　　　　　　　　　　　　　/ 10

もんだい 2 ＿＿＿の ことばは どう かきますか。
1・2・3・4から いちばん いい ものを ひとつ えらんで ください。

① なにも しないで まいにちを おくって います。 (N4·04·97·93)
1 迷って　　　2 遅って　　　3 送って　　　4 達って

② はやく しゃしんを おくって ください。 (04·98)
1 阜く　　　2 旱く　　　3 卓く　　　4 早く

③ たなかさんは ゆうめいな しゃしんかに なりました。 (08·04·01·97)
1 反名な　　　2 有名な　　　3 友名な　　　4 裕名な

④ なつの あおい うみを みに いきたい。 (N4·06·02·98·93)
1 育い　　　2 背い　　　3 肯い　　　4 青い

⑤ トイレの そうじは わたくしが いたします。 (06)
1 利　　　2 私　　　3 和　　　4 称

⑥ あの えいがかんは おとが いいです。 (05)
1 音　　　2 昔　　　3 声　　　4 戸

⑦ こうえんの なかに ちいさい はやしが あります。 (N4·06)
1 材　　　2 桂　　　3 林　　　4 森

⑧ ごはんを たべた あとで くすりを のみます。 (08·04)
1 菜　　　2 茶　　　3 草　　　4 薬

⑨ この へやは くらくて さむい。 (N4·05)
1 寒い　　　2 氷い　　　3 凍い　　　4 冷い

⑩ この にもつは とても おもいです。 (98·94·90)
1 深い　　　2 重い　　　3 厚い　　　4 強い

답 1③ 2④ 3② 4④ 5② 6① 7③ 8④ 9① 10②

콕콕 예상 문제 25 표기　　　　　　　　　　　　　　　　　　　　　/ 10

もんだい2 ＿＿＿の ことばは どう かきますか。
　　　　　1・2・3・4から いちばん いい ものを ひとつ えらんで ください。

1 ひるやすみに まちへ いって しゃしんを とった。 (02)
　1 町　　　2 都　　　3 市　　　4 村

2 うちから えきまで あるいて 5ふんです。 (N4·99·95·92)
　1 走いて　　　2 歩いて　　　3 行いて　　　4 渋いて

3 いしゃから くすりを もらいました。 (N4·07·04)
　1 医者　　　2 医院　　　3 因者　　　4 因院

4 わたしは いま じどうしゃの うんてんを ならって います。 (N4·07·04·02·91)
　1 強って　　　2 習って　　　3 練って　　　4 勉って

5 はずかしくて かおが あかく なりました。 (03·99·95)
　1 茶く　　　2 青く　　　3 赤く　　　4 黄く

6 この へやは あかるくて ひろいです。 (00·97·91)
　1 明るくて　　　2 早るくて　　　3 赤るくて　　　4 軽るくて

7 あの ふるい えいがは おんがくが すばらしいです。 (01·94)
　1 古い　　　2 杏い　　　3 吉い　　　4 舌い

8 わたしは 目を とじて なにかを かんがえて いました。 (N4)
　1 間じて　　　2 閉じて　　　3 問じて　　　4 開じて

9 いつも えきの ばいてんで しんぶんを かいます。 (99·94·91)
　1 駆　　　2 駐　　　3 験　　　4 駅

10 わたしは やまより うみの ほうが すきです。 (06)
　1 洋　　　2 海　　　3 波　　　4 湖

답 1① 2② 3① 4② 5③ 6① 7① 8② 9④ 10②

콕콕 예상 문제 26 표기   / 10

もんだい2 ＿＿＿の ことばは どう かきますか。
　　　　　1・2・3・4から いちばん いい ものを ひとつ えらんで ください。

1　この はやしには しみんが よく とりを 見に きます。(06)
　　1　県民　　　　2　町民　　　　3　市民　　　　4　都民

2　この とおりを まっすぐ あるいて いって ください。(95)
　　1　送り　　　　2　道り　　　　3　運り　　　　4　通り

3　ここは ふゆでも 20どいじょうに なる ことが あります。(05)
　　1　似上　　　　2　以上　　　　3　比上　　　　4　批上

4　ゆうべ おとうとと にほんの えいがを みました。(08・00)
　　1　弟　　　　　2　第　　　　　3　兄　　　　　4　只

5　まどを あけると つめたい かぜが はいって くる。(00)
　　1　風邪　　　　2　凧　　　　　3　邪風　　　　4　風

6　さくらの はなが さきはじめました。(98)
　　1　鼻　　　　　2　花　　　　　3　仏　　　　　4　化

7　あいた へやが あったら しらせて ください。(91)
　　1　戸屋　　　　2　戸室　　　　3　部屋　　　　4　部室

8　とおくに あおい ひかりが みえました。(N4・02)
　　1　遠く　　　　2　逺く　　　　3　遠く　　　　4　遠く

9　せきが あいて いなかったので たったまま よみました。(91)
　　1　建った　　　2　発った　　　3　立った　　　4　足った

10　たなかさんは にほんの こうぎょうを けんきゅうして います。(97)
　　1　広場　　　　2　広業　　　　3　工場　　　　4　工業

답　1③　2④　3②　4①　5④　6②　7③　8④　9③　10④

콕콕 예상 문제 27 표기　　　　　　　　　　　/ 10

もんだい2 ＿＿＿＿＿の ことばは どう かきますか。
　　　　　1・2・3・4から いちばん いい ものを ひとつ えらんで ください。

1 らいしゅうの どようびは やすみです。(01)
　　1　土濯日　　　2　士濯日　　　3　土曜日　　　4　士曜日

2 きってを あつめるのが しゅみです。(01)
　　1　隻つめる　　2　隻める　　　3　集つめる　　4　集める

3 だいがくで いがくを べんきょうして います。(98)
　　1　困学　　　　2　因学　　　　3　国学　　　　4　医学

4 あしたの あさ 9じまでに ひろばに あつまって ください。(N4・94)
　　1　出場　　　　2　広場　　　　3　入場　　　　4　立場

5 ともだちの いえに ちいさい いぬが います。(07・00)
　　1　犬　　　　　2　丈　　　　　3　太　　　　　4　大

6 でんしゃが こんで いて、あいた せきは なかった。(91)
　　1　空いた　　　2　開いた　　　3　会いた　　　4　合いた

7 ゆうべ うしの こどもが うまれました。(96)
　　1　平　　　　　2　牛　　　　　3　半　　　　　4　午

8 えきへの いきかたを おしえて ください。(06)
　　1　行き方　　　2　行き万　　　3　生き方　　　4　生き万

9 にほんの おちゃは さとうを いれないで のみます。(99)
　　1　お芥　　　　2　お茶　　　　3　お薬　　　　4　お草

10 この かんじの かきかたを おしえて ください。(00)
　　1　書き力　　　2　書き刃　　　3　書き方　　　4　書き万

답　1③　2④　3④　4②　5①　6①　7②　8①　9②　10③

콕콕 예상 문제 28 표기　　　　　　　　　　　　　　　　　　　　　　　　　　　/ 10

もんだい2 ＿＿＿＿の ことばは どう かきますか。
1・2・3・4から いちばん いい ものを ひとつ えらんで ください。

1　なによりも いまは べんきょうが だいじだ。(96)
　1　大地　　　　2　大事　　　　3　大時　　　　4　大自

2　きょうは さむいから、そとに でては いけない。(95)
　1　出ては　　　2　転ては　　　3　発ては　　　4　去ては

3　ことしは ゆきが すくなかった。(N4)
　1　需　　　　　2　雷　　　　　3　雪　　　　　4　雲

4　あにの くびは ふとくて みじかい。(03)
　1　短い　　　　2　短かい　　　3　短い　　　　4　短かい

5　おもい にもつを もって えきへ いきます。(90)
　1　貨物　　　　2　荷物　　　　3　何物　　　　4　品物

6　やまださんの かんがえかたは ただしいと おもう。(93)
　1　考え方　　　2　老え方　　　3　教え方　　　4　孝え方

7　あしが おおきくて、くつが はいらない。(00)
　1　吊　　　　　2　足　　　　　3　只　　　　　4　兄

8　きょうは えいごの じかんに とても ねむかった。(N4)
　1　苦かった　　2　若かった　　3　眠かった　　4　寝かった

9　らいしゅうの げつようびに たいせつな やくそくが あります。(98)
　1　月曜日　　　2　月濯日　　　3　月揺日　　　4　月耀日

10　いえの ちかくに ほんやは ありません。(02)
　1　本家　　　　2　本室　　　　3　本屋　　　　4　本展

답　1② 2① 3③ 4③ 5② 6① 7② 8③ 9① 10③

콕콕 예상 문제 29 표기　　　　　　　　　　　　　　　　　　　　　/ 10

もんだい2 ＿＿＿＿の ことばは どう かきますか。
1・2・3・4から いちばん いい ものを ひとつ えらんで ください。

1 かれは かぞくと わかれて ひとりで すんで います。(08·03)
　1 住んで　　　2 注んで　　　3 柱んで　　　4 往んで

2 ゆうはんを つくって ともだちと たべました。(05·00)
　1 夕飲　　　　2 夕飯　　　　3 夕飼　　　　4 夕餌

3 あの ひとは うでの ちからが つよい。(90)
　1 力　　　　　2 刀　　　　　3 方　　　　　4 万

4 えいぎょう じかんは ごぜん 10じから ごご 4じまでです。(N4)
　1 学業　　　　2 栄業　　　　3 労業　　　　4 営業

5 よく かんがえて しつもんに こたえて ください。(08)
　1 考えて　　　2 考がえて　　4 孝えて　　　4 孝がえて

6 たいふうが くるから、はやく かえりましょう。(04·90)
　1 台風　　　　2 強風　　　　3 大風　　　　4 雨風

7 がいこくごを ただしく はつおんするのは むずかしい ことです。(N4·05·96·93)
　1 疋しく　　　2 正しく　　　3 止しく　　　4 丘しく

8 よごれた ふくを きれいに あらいました。(08·05)
　1 服　　　　　2 睋　　　　　3 服　　　　　4 胶

9 この くろい はこは とても おもいです。(N4·98)
　1 黒い　　　　2 悪い　　　　3 墨い　　　　4 里い

10 きかいは ただしく つかって ください。(05)
　1 動って　　　2 使って　　　3 働って　　　4 便って

답 1① 2② 3① 4④ 5① 6① 7② 8③ 9① 10②

콕콕 예상 문제 30 표기 /10

もんだい2 ＿＿＿の ことばは どう かきますか。
1・2・3・4から いちばん いい ものを ひとつ えらんで ください。

1 きゅうに でんしゃが とまりました。(92)
　1 速に　　　2 急に　　　3 早に　　　4 激に

2 いま いえを でれば じゅうぶん まにあうでしょう。(03·95)
　1 十分　　　2 十文　　　3 重文　　　4 重分

3 わたしは けんこうが たいせつだと いう ことを しる ように なった。(09·97)
　1 加る　　　2 知る　　　3 如る　　　4 和る

4 けっこんして、あたらしい かていを つくりました。(07·02·99·96)
　1 件り　　　2 件り　　　3 作り　　　4 作り

5 いもうとは カメラを ほしがって います。(97)
　1 妹　　　　2 始　　　　3 姉　　　　4 好

6 パーティーで にほんの うたを うたいました。(01·97)
　1 声　　　　2 牧　　　　3 歌　　　　4 殴

7 きのうの よる、えきで ともだちと あいました。(N4·01·96·92)
　1 余いました　2 合いました　3 令いました　4 会いました

8 らいねんの あき、にほんへ いきます。(03·99)
　1 春　　　　2 冬　　　　3 夏　　　　4 秋

9 いつも あさはやく まどを あけて おきます。(00)
　1 開けて　　2 閉けて　　3 閑けて　　4 関けて

10 やまださんと ひるごろ としょかんで わかれました。(N4·03·96·90)
　1 分れました　2 転れました　3 別れました　4 歩れました

답 1② 2① 3② 4④ 5① 6③ 7④ 8④ 9① 10③

콕콕 예상 문제 31 표기   / 10

もんだい2 ＿＿＿＿の ことばは どう かきますか。
1・2・3・4から いちばん いい ものを ひとつ えらんで ください。

1 ははは ひつような しなものの なまえを かいて くれた。(93)
1 物品　　2 揚品　　3 品物　　4 品揚

2 あねは やさいを りょうりして ゆうはんを つくりました。(N4·00)
1 料理　　2 科理　　3 料埋　　4 科埋

3 テーブルを へやに はこんで ください。(96·90)
1 達んで　　2 週んで　　3 運んで　　4 送んで

4 ゆうべ しょくどうで ともだちに あいました。(01)
1 食堂　　2 食道　　3 食通　　4 食党

5 ちちは はつかの よる かえって きます。(01·97)
1 夕　　2 夜　　3 晩　　4 昼

6 いもうとは あたらしい ようふくを ほしがって います。(97)
1 洋販　　2 絆販　　3 洋服　　4 絆服

7 いそいで きょうしつまで きて ください。(99·90)
1 急いで　　2 忙いで　　3 早いで　　4 足いで

8 この しゃしんに きんじょの ひとが うつって います。(04·02)
1 写真　　2 写頁　　3 写真　　4 写頁

9 ちかくの こうえんまで あるいて いきました。(08·99)
1 返く　　2 近く　　3 送く　　4 辺く

10 いちまんえんほど あれば たりる。(92)
1 満りる　　2 充りる　　3 分りる　　4 足りる

답 1③ 2① 3③ 4① 5② 6③ 7① 8③ 9② 10④

もんだい ③
문맥규정
출제 예상 단어 501

もんだい 3(문맥규정)은 문장의 빈칸에 들어갈 어휘를 4개의 선택지에서 고르는 문제로, 10문항이 출제된다. 문맥규정에 출제된 180개 어휘를 품사별로 살펴보면 명사가 가장 많았고, 그 뒤로 동사, い형용사, 부사, 기타, な형용사, 외래어, 인사말 순으로 출제되었다. 문맥규정은 약 500개 단어에서 출제될 것으로 예상된다. 2010년부터 출제된 단어에는 「N4 문규」로 표시하였다.

① 명사 132

예상 어휘	뜻	예문	출제 연도
あいさつ	인사	あいさつする。 인사 하다.	92
あいだ	사이, 동안	とうきょうと おおさかの あいだ。 도쿄와 오사카 사이.	
あし	발, 다리	あしを ふまれた。 발을 밟혔다.	N4 문규
あたま	머리	あたまが いい。 머리가 좋다.	
あつさ	더위	ひどい あつさだね。 혹독한 더위군.	※い형용사의 명사화
あと	나중, 뒤	あとで でんわします。 나중에 전화하겠습니다.	
あんしん	안심	びょうきが よく なって あんしんした。 병이 나아져서 안심했다.	
あんない	안내	やまださんが あんないして くれる。 야마다 씨가 안내해 주다.	02 N4 문규
いか	이하	5まんえん いかの へや。 5만 엔 이하의 방.	05
いじょう	이상	70てん いじょうを とる。 70점 이상을 받다.	02
うけつけ	접수(처)	びょういんの うけつけ。 병원의 접수처.	

예상 어휘	뜻	예문	출제 연도
うそ	거짓말	うその ような はなしだ. 거짓말 같은 이야기다.	
うち	중, 가운데	すしと すきやきの うちで. 초밥과 전골 중에서.	94
うで	팔	うでが いたく なった. 팔이 아파졌다.	06
うんてん	운전	じどうしゃの うんてんが うまい. 자동차 운전을 잘한다.	
うんどう	운동	こうえんで うんどうする. 공원에서 운동하다.	
えんりょ	사양함, 조심스러움	それでは えんりょなく いただきます. 그럼 사양않고 들겠습니다.	N4 문규
おいわい	축하 선물	おいわいに くつを あげる. 축하 선물로 구두를 주다.	03
おかげ	덕분	あの かたの おかげです. 저분 덕분입니다.	
おくじょう	옥상	ビルの おくじょう. 빌딩 옥상.	09
おっと	남편	おっとの ある じょせい. 남편이 있는 여성.	
おつり	거스름돈	おつりは 4,000えんだ. 거스름돈은 4,000엔이다.	06
おと	소리	おおきな おとが する. 큰 소리가 나다.	

예상어휘	뜻	예문	출제 연도
おねがい	부탁	おねがいが あるのですが。 부탁이 있는데요.	※ 동사의 명사화
おまつり	축제	おまつりの ひ。 축제날.	※ 동사의 명사화
おみまい	병문안	おみまいに いく。 병문안을 가다.	97·90
おみやげ	토산품, 선물	おみやげを かう。 선물을 사다.	07·93 N4 문규
おもさ	무게	かばんの おもさ。 가방의 무게.	※ い형용사의 명사화
おもちゃ	장난감	おもちゃを こわして しまった。 장난감을 망가뜨리고 말았다.	07
おれい	사례, 감사 인사	おれいを いう。 감사의 말을 하다.	95 N4 문규
かいぎしつ	회의실	かいぎしつに はいる。 회의실에 들어가다.	
かいしゃいん	회사원	あねは かいしゃいんです。 누나는 회사원입니다.	
かいじょう	회장, 모임 장소	パーティーの かいじょう。 파티 회장.	05
かがみ	거울	かおを かがみで みる。 얼굴을 거울로 보다.	03
かちょう	과장(님)	かちょうに そうだんする。 과장님에게 의논하다.	

예상 어휘	뜻	예문	출제 연도
かない	아내	わたしの かないです。 제 아내입니다.	
かべ	벽	へやの かべに かける。 방의 벽에 걸다.	04
かんけい	관계	ふかい かんけいが ある。 깊은 관계가 있다.	09
かんごふ	간호사	かんごふに なる。 간호사가 되다.	94
きかい	기회	きかいが あったら。 기회가 있으면.	05・97
ぎじゅつ	기술	コンピューターの ぎじゅつ。 컴퓨터 기술.	02
きせつ	계절	よっつの きせつが ある。 네 개의 계절이 있다.	93
きそく	규칙	がっこうの きそく。 학교 규칙.	94
きぶん	기분	きぶんが わるく なる。 기분이 나빠지다.	
きょういく	교육	きょういくを うける。 교육을 받다.	
きょうそう	경쟁	みんなで きょうそうしませんか。 모두 함께 경쟁하지 않겠습니까?	09
きょうみ	흥미	ぶんがくに きょうみが ある。 문학에 흥미가 있다.	08 N4 문규

예상어휘	뜻	예문	출제 연도
ぐあい	몸의 상태, 컨디션	このごろ ぐあいが あまり よく ない。 요즘 컨디션이 별로 좋지 않다.	N4 문규
くち	입	くちを おおきく あける。 입을 크게 벌리다.	
けいかん	경찰관	いそいで けいかんを よぶ。 서둘러 경찰관을 부르다.	
けしき	경치	よるの けしきは とても きれいです。 밤의 경치는 무척 예쁩니다.	N4 문규
げんいん	원인	けんかの げんいん。 싸움의 원인.	
けんか	싸움	ともだちと けんかを する。 친구와 싸움을 하다.	04 N4 문규
こうがい	교외	とうきょうの こうがいに。 도쿄 교외에.	06
こうちょう	교장 선생님	こうちょうせんせい。 교장 선생님.	
こえ	(목)소리	こえが します。 목소리가 납니다.	96
こころ	마음	かれは こころの あたたかい ひとだ。 그는 마음이 따뜻한 사람이다.	
ごしゅじん	(남의) 남편	おたくの ごしゅじん。 댁의 남편.	
こしょう	고장	くるまが こしょうする。 차가 고장나다.	98

예상어휘	뜻	예문	출제 연도
さいふ	지갑	わたしは さいふを ぬすまれた. 나는 지갑을 도둑 맞았다.	
さか	언덕	さかの うえに ある. 언덕 위에 있다.	09
さむさ	추위	このごろの さむさ. 요즘의 추위.	※ い형용사의 명사화
さらいしゅう	다다음 주	さらいしゅう テストが ある. 다다음 주에 시험이 있다.	
さんぎょう	산업	おもな さんぎょう. 주요 산업.	
さんせい	찬성	プレゼントする ことに さんせいした. 선물하는 것에 찬성했다.	
しっぱい	실패, 실수	たまに しっぱいします. 가끔 실패(실수)합니다.	06・02
しつれい	실례	これで しつれいします. 이만 실례하겠습니다.	
しみん	시민	ニューヨーク しみん. 뉴욕 시민.	
しゃしん	사진	しゃしんを とる. 사진을 찍다.	
しゅうかん	습관	さんぽするのが しゅうかんです. 산책하는 것이 습관입니다.	00 N4 문규
しゅっせき	출석	かいぎに しゅっせきする. 회의에 출석하다.	96

예상 어휘	뜻	예문	출제 연도
しゅみ	취미	りょこうが しゅみだ。 여행이 취미이다.	
じゅんび	준비	のみものを じゅんびする。 마실 것을 준비하다.	01 N4 문규
しょうかい	소개	やまださんを ごしょうかいします。 야마다 씨를 소개하겠습니다.	
しょうたい	초대	せんせいを しょうたいする。 선생님을 초대하다.	03
すみ	구석	すみに いすが おいて ある。 구석에 의자가 놓여져 있다.	99
せいかつ	생활	まずしい せいかつを する。 궁핍한 생활을 하다.	
せいさん	생산	こめを せいさんして いる。 쌀을 생산하고 있다.	07 N4 용법
せつめい	설명	とけいの つかいかたを せつめいした。 시계 사용법을 설명했다.	N4 문규
せなか	등	せなかを あらう。 등을 씻다.	
せわ	보살핌	うさぎの せわを した。 토끼를 보살폈다.	
せんぱい	선배	わたしの 2ねん せんぱいだ。 나의 2년 선배이다.	N4 문규
そうだん	의논, 상담	ちちと ははに そうだんする。 아버지와 어머니에게 의논하다.	03 N4 문규

예상 어휘	뜻	예문	출제 연도
たかさ	높이	この ビルの たかさ。 이 빌딩의 높이.	N4 문규 ※い형용사의 명사화
だんぼう	난방	へやの だんぼうを つける。 방의 난방을 켜다.	07·01
ちから	힘	ちからが つよい。 힘이 세다.	98
ちこく	지각	かのじょとの デートに ちこくしそうだ。 그녀와의 데이트에 지각할 것 같다.	N4 문규
ちゅうい	주의	けんこうに ちゅういして ください。 건강에 주의해 주세요.	N4 문규
ちゅうし	중지, 취소	たいふうのため ちゅうしする。 태풍 때문에 취소하다.	09
ちょきん	저금	つき 2万えんずつ ちょきんする。 한 달에 2만 엔씩 저금한다.	N4 문규
つごう	사정, 형편	つごうが わるい。 형편이 나쁘다.	N4 문규
てんき	날씨	きょうは いい てんきですね。 오늘은 날씨가 좋군요.	
でんとう	전등	でんとうを つける。 전등을 켜다.	
てんぷら	튀김	てんぷらと すしと さしみの 中で。 튀김과 초밥과 회 중에서.	N4 문규
どうぐ	도구	どうぐを かたづけて ください。 도구를 정리해 주세요.	

예상 어휘	뜻	예문	출제 연도
にんき	인기	かれは とても にんきが あります。 그는 매우 인기가 있습니다.	N4 문규
ねぼう	늦잠	ねぼうして かいしゃに おくれた。 늦잠을 자서 회사에 늦었다.	N4 문규
のど	목	のどが いたい。 목이 아프다.	08 N4 문규
ばあい	경우	あめが ふった ばあいは。 비가 내린 경우에는.	
はいけん	삼가 봄	おてがみ はいけんしました。 편지를 삼가 보았습니다.	
ばしょ	장소	ときと ばしょ。 때와 장소.	
はなし	이야기	おもしろい はなし。 재미있는 이야기.	※ 동사의 명사화
はやし	수풀, 숲	はやしの なか。 수풀 속.	
ばんぐみ	(방송 등의) 프로그램	おもしろい テレビの ばんぐみ。 재미있는 텔레비전 프로그램.	03
はんたい	반대	ちちに はんたいされる。 아버지가 반대하다.	99
ひかり	빛	ほしの ひかり。 별빛.	※ 동사의 명사화
ひきだし	서랍	つくえの ひきだし。 책상 서랍.	01

예상 어휘	뜻	예문	출제 연도
ひっこし	이사	わたしは ひっこしで いそがしかった。 나는 이사 때문에 바빴다.	N4 문규
ふかさ	깊이	みずうみの ふかさ。 호수의 깊이.	91 ※ い형용사의 명사화
ふくしゅう	복습	かならず ふくしゅうして ください。 반드시 복습해 주세요.	
ぶちょう	부장(님)	ぶちょうの つくえ。 부장님 책상.	
へんじ	답장, 답변	かのじょから てがみの へんじが きた。 그녀에게서 편지의 답장이 왔다.	
ぼうえき	무역	ぼうえきが さかんだ。 무역이 왕성하다.	06
ほうそう	방송	テレビの ほうそうが ある。 텔레비전 방송이 있다.	07
ほうりつ	법률	ほうりつを まもる。 법률을 지키다.	
ほんとう	정말	きょうは ほんとうに あつい。 오늘은 정말로 덥다.	※ 부사로도 쓰임
ほんやく	번역	にほんごに ほんやくする。 일본어로 번역하다.	06
みみ	귀	うさぎの みみは ながい。 토끼 귀는 길다.	
もり	숲	もりの どうぶつたち。 숲의 동물들.	

예상 어휘	뜻	예문	출제 연도
やくそく	약속	5じに あう やくそくを する。 5시에 만날 약속을 하다.	00 N4 문규
ゆにゅう	수입	コーヒーを ゆにゅうする。 커피를 수입하다.	
ゆめ	꿈	こわい ゆめを みる。 무서운 꿈을 꾸다.	96 N4 문규
ようい	준비	しょくじの よういを する。 식사 준비를 하다.	N4 문규
よしゅう	예습	よしゅうして おく。 예습해 두다.	95
よほう	예보	てんきよほうに よると。 일기예보에 따르면.	
よやく	예약	レストランを よやくする。 레스토랑을 예약하다.	04 N4 문규
りゆう	이유	りゆうを せつめいする。 이유를 설명하다.	N4 문규
りよう	이용	ぎんこうを りようする。 은행을 이용하다.	07·02
るす	부재중	ちちは るすです。 아버지는 부재중입니다.	N4 문규
れいぼう	냉방	れいぼうを つける。 냉방을 켜다.	
れんしゅう	연습	ピンポンの れんしゅうを する。 탁구 연습을 하다.	91 N4 문규
れんらく	연락	わたしに れんらくして ください。 나에게 연락해 주세요.	08

② 동사 132

예상 어휘	뜻	예문	출제 연도
あく	열리다	かぜで とが あく。 바람 때문에 문이 열리다.	
あげる	올리다	つくえを にかいに あげる。 책상을 2층으로 올리다.	
あやまる	사과하다	「ごめんなさい。」と あやまる。 '죄송해요.'라고 사과하다.	98 N4 문규
ある	있다	ほんが いっさつ ある。 책이 한 권 있다.	
いそぐ	서두르다	みちを いそいで ください。 길을 서둘러 주세요.	
いただく	받다	せんせいに いただいた ほん。 선생님께 받은 책.	
いのる	빌다, 기원하다	びょうきが なおる ように いのる。 병이 낫도록 빌다.	95
いれる	넣다	ビンに みずを いれる。 병에 물을 넣다.	
うえる	심다	きれいな はなを うえる。 예쁜 꽃을 심다.	09·05
うかがう	방문하다	おたくへ うかがいます。 댁에 방문하겠습니다.	
うける	받다, (시험을) 치다	しけんを うける。 시험을 치르다.	91

예상 어휘	뜻	예문	출제 연도
うごく	움직이다	おなかが すいて うごけない。 배가 고파서 움직일 수 없다.	
うつ	부딪치다	あたまを うつ。 머리를 부딪치다.	07
うつす	찍다, 베끼다	しゃしんを うつす。/ ノートに うつす。 사진을 찍다. / 노트에 베끼다.	
おく	놓다, 두다	ほんを つくえの うえに おく。 책을 책상 위에 놓다.	
おくる	보내다	にもつは くるまで おくります。 짐은 차로 보냅니다.	N4 문규
おくれる	늦다, 지연되다	じこで でんしゃが おくれる。 사고로 전철이 지연되다.	00
おしえる	가르치다, 일러주다	でんわばんごうを おしえる。 전화번호를 일러주다.	98
おす	누르다, 찍다	はんこを おす。 도장을 찍다.	
おちる	떨어지다	ぼうしが にかいから おちる。 모자가 2층에서 떨어지다.	
おぼえる	기억하다, 외우다	ともだちの なまえを おぼえる。 친구 이름을 외우다.	
おもう	생각하다	まだ やまは さむいと おもいますよ。 아직 산은 춥다고 생각해요.	
おる	접다, 꺾다	てがみを みっつに おる。 편지를 세 번 접다.	

예상 어휘	뜻	예문	출제 연도
おれる	부러지다	きの えだが おれる。 나뭇가지가 부러지다.	05
おわる	끝나다	しごとが おわる。 일이 끝나다.	
かう	사다	きっぷを にまい かう。 표를 2장 사다.	
かえす	반환하다, 갚다	かりた おかねを かえす。 빌린 돈을 갚다.	
かかる	걸리다, 들다	じかんと おかねが かかる こと。 시간과 돈이 드는 일.	
かける	걸다	きれいな えが かけて あります。 예쁜 그림이 걸려 있습니다.	91 N4 문규
かける	(자물쇠를) 잠그다	かぎを かける。 자물쇠를 잠그다.	
かける	(안경을) 쓰다	めがねを かける。 안경을 쓰다.	
かざる	장식하다	テーブルに はなを かざる。 테이블에 꽃을 장식하다.	00
かす	빌려주다	500えん かして ください。 500엔 빌려 주세요.	
かたづける	정리하다	つくえの うえを かたづける。 책상 위를 정리하다.	N4 문규
かぶる	(모자를) 쓰다	あかい ぼうしを かぶる。 빨간 모자를 쓰다.	

예상 어휘	뜻	예문	출제 연도
かむ	씹다	よく かんで たべて ください。 잘 씹어서 드세요.	04
かりる	빌리다	やまださんに かりました。 야마다 씨에게 빌렸습니다.	90
かわく	(목이) 마르다, (옷이) 마르다	のどが かわいて いる。/ ふくが かわいて いる。 목이 마르다. / 옷이 마르다.	N4 문규
かわる	바뀌다	かぜが きたに かわる。 바람이 북쪽으로 바뀌다.	
がんばる	분발하다	さいごまで がんばるぞ。 마지막까지 분발해야지.	
きえる	꺼지다, 사라지다	でんとうが きえる。 전등이 꺼지다.	
きく	듣다, 묻다	ひとの はなしを きく。/ りゆうを きく。 남의 이야기를 듣다. / 이유를 묻다.	
きめる	결정하다	はやく きめて ください。 빨리 결정해 주세요.	
くださる	주시다	わたしに くださった ほん。 나에게 주신 책.	92
くらべる	비교하다	せの たかさを くらべる。 키 높이를 비교하다.	06 N4 문규
くれる	(남이 나에게) 주다	ははが とけいを くれた。 어머니가 시계를 주었다.	
けがする	다치다	あしを けがして しまった。 다리를 다치고 말았다.	

예상어휘	뜻	예문	출제 연도
こたえる	대답하다	せんせいの しつもんに こたえる。 선생님의 질문에 대답하다.	
こまる	곤란하다	からだが よわくて こまる。 몸이 약해서 곤란하다.	
こわれる	깨지다	ちゃわんが こわれる。 밥공기가 깨지다.	
さがす	찾다	なにか おさがしですか。 무엇을 찾고 계십니까?	N4 문규
さしあげる	드리다	せんせいに さしあげましょう。 선생님께 드립시다.	
さす	(우산을) 쓰다	だれも かさを さして いない。 아무도 우산을 쓰고 있지 않다.	N4 문규
さそう	초대하다	ともだちを 5人 さそって いる。 친구를 5명 초대하였다.	N4 문규
さわる	만지다	えに さわらないで ください。 그림을 만지지 마세요.	04
しまる	닫히다	ドアが しまる。 문이 닫히다.	
しめる	닫다	まどを しめる。 창문을 닫다.	
しらせる	알리다	その ニュースを しらせて くれた。 그 뉴스를 알려 주었다.	
しらべる	조사하다, 찾다	じしょで しらべて ください。 사전에서 찾아 주세요.	00 N4 문규

예상 어휘	뜻	예문	출제 연도
すすむ	나아가다	どんどん すすんで いる。 점점 나아가고 있다.	
すてる	버리다	ごみを すてる。 쓰레기를 버리다.	N4 문규
すべる	미끄러지다	すべりやすいので ちゅういして ください。 미끄러지기 쉬우니 주의해 주세요.	98
すむ	살다	この としに すんで いる。 이 도시에 살고 있다.	
する	(맛・냄새 소리 등이) 나다	へんな あじが します。 이상한 맛이 납니다.	N4 문규
せつめいする	설명하다	ほんの ないようを せつめいする。 책 내용을 설명하다.	
たおれる	쓰러지다	たくさんの いえが たおれた。 많은 집이 쓰러졌다.	
たす	더하다	2に 3を たす。 2에 3을 더하다.	07
だす	제출하다	しゅくだいを だす。 숙제를 제출하다.	01
たのしむ	즐기다	ゴルフを して たのしむ。 골프를 치며 즐기다.	
たりる	족하다	あと 500円 たりない。 앞으로 500엔 부족하다.	N4 문규
つかまえる	잡다	にげた いぬを つかまえようと した。 달아난 개를 잡으려고 했다.	

예상 어휘	뜻	예문	출제 연도
つくる	만들다	ひとりで りょうりを つくる。 혼자서 음식을 만들다.	
つける	붙이다, 켜다	ストーブを つける。 난로를 켜다.	
つたえる	전달하다	ごしゅじんに よろしく おつたえください。 남편에게 안부 전해 주세요.	N4 문규
つつむ	포장하다	しんぶんで つつんだ。 신문으로 포장했다.	N4 문규
でかける	외출하다	ちちは いま でかけて います。 아버지는 지금 외출하셨어요.	
できる	할 수 있다, 생기다	かれなら できる。/ ようじが できる。 그라면 할 수 있다. / 볼일이 생기다.	
とおる	통하다, 지나다	うちの まえを とおる。 집 앞을 지나다.	
とどく	닿다, 도달하다	てがみが とどく。 편지가 오다.	
とどける	보내다, 전하다	にもつを うちへ とどけて ください。 짐을 집으로 보내 주세요.	
とまる	멈추다	くるまが とまる。 자동차가 멈추다.	N4 문규
とめる	멈추다, 세우다	くるまを とめる。 차를 세우다.	N4 문규
とりかえる	교환하다	えんを ドルに とりかえる。 엔을 달러로 교환하다.	

예상어휘	뜻	예문	출제 연도
とる	집다, 찍다	ほんを とる。/ しゃしんを とる。 책을 집다. / 사진을 찍다.	
とる	(나이를) 먹다	としを とる。 나이를 먹다.	
なおす	고치다	テレビを なおす。 텔레비전을 고치다.	02·92 N4 문규
なおる	낫다	びょうきが なおる。 병이 낫다.	N4 문규
なく	울다	えいがを みて ないて いる。 영화를 보고 울고 있다.	
なくす	없애다, 잃다	さいふを なくして しまった。 지갑을 잃어버렸다.	
なさる	하시다	おしごとは なさらないで ください。 일은 하시지 마세요.	
ならう	배우다	にほんごを ならって います。 일본어를 배우고 있습니다.	91
ならぶ	늘어서다, 줄 서다	5にんが ならんで はしる。 5명이 늘어서서 달리다.	
なる	울리다	ベルが なって います。 벨이 울리고 있습니다.	90
なれる	익숙해지다	だんだん なれて きました。 점점 익숙해졌습니다.	93 N4 문규
にげる	달아나다, 도망치다	はんにんは タクシーで にげた。 범인은 택시로 달아났다.	

예상 어휘	뜻	예문	출제 연도
にる	닮다	ははに よく にて います。 어머니를 많이 닮았습니다.	96
ぬぐ	벗다	うわぎを ぬいで ください。 겉옷을 벗어 주세요.	91 N4 문규
のりかえる	갈아타다	バスに のりかえて ください。 버스로 갈아타세요.	95 N4 문규
はこぶ	나르다, 옮기다	つくえを きょうしつに はこんで ください。 책상을 교실로 옮겨주세요.	N4 문규
はずす	벗다, (자리를) 뜨다	めがねを はずす。/ せきを はずして いる。 안경을 벗다. / 자리를 비우고 있다.	
はなす	이야기하다	つまと でんわで はなした。 아내와 전화로 이야기했다.	
はらう	지불하다	ぎんこうで はらって ください。 은행에서 지불하세요.	99
はる	붙이다	ちずが はって あります。 지도가 붙어 있습니다.	90
ひかる	빛나다	ほしが ひかって いる。 별이 빛나고 있다.	
ひく	(감기에) 걸리다	かぜを ひく。 감기에 걸리다.	
ひっこす	이사하다	ひろい いえへ ひっこす。 넓은 집으로 이사하다.	
ひろう	줍다	みちで おかねを ひろう。 길에서 돈을 줍다.	93 N4 문규

예상 어휘	뜻	예문	출제 연도
ふく	불다	ふえを ふく。 피리를 불다.	
ふとる	살찌다	ふとって しまう。 살쪄 버리다.	N4 문규
ふむ	밟다	ひとの あしを ふむ。 남의 발을 밟다.	
べんきょうする	공부하다	おそくまで べんきょうする。 늦게까지 공부하다.	
まにあう	시간에 대다	きしゃの しゅっぱつに まにあう。 기차 출발 시간에 대다.	
まわる	돌다, 들르다	いえの まわりを まわる。 집 주위를 돌다.	
みつかる	발견되다	かぎが みつかりません。 열쇠가 발견되지 않습니다. (보이지 않습니다.)	08 N4 문규
むかう	마주 보다	かべに むかって すわる。 벽을 마주 보고 앉다.	
もどす	되돌리다, 갚다	かりた おかねを もどす。 빌린 돈을 갚다.	
もつ	갖다, 들다	ホテルを みっつ もって いる。 호텔을 세 개 갖고 있다.	
~(て)もらう	~(해) 받다	にもつを もって もらう。 짐을 들어 받다. (다른 사람이 짐을 들어주다.)	91
やける	(불)타다	いえが やける。 집이 불타다.	

예상어휘	뜻	예문	출제 연도
やむ	그치다	あめが やっと やみました。 비가 겨우 그쳤습니다.	94 N4 문규
やめる	끊다, 그만두다	たばこを やめる。 담배를 끊다.	97
やる	주다	はなに みずを やる。 꽃에 물을 주다.	
ゆれる	흔들리다	いえが ゆれて いる。 집이 흔들리고 있다.	99
よごれる	더러워지다	くつが よごれて いる。 신발이 더러워져 있다.	
よぶ	부르다	いしゃを よぶ。 의사를 부르다.	
よむ	읽다	しんぶんを よんで いる。 신문을 읽고 있다.	
よる	들르다	ゆうびんきょくに よる。 우체국에 들르다.	08
よろこぶ	기뻐하다, 좋아하다	こころから よろこぶ。 진심으로 기뻐하다.	N4 문규
わく	끓다	おゆが わく。 물이 끓다.	97
わすれる	잊다, 잊고 두고 오다	ぼうしを わすれて しまう。 모자를 잊고 두고 와버리다.	96・94
わる	깨다	おさらを わった。 접시를 깼다.	N4 문규
われる	깨지다	まどガラスが われる。 창문 유리가 깨지다.	99 N4 문규

3 い형용사 40

예상 어휘	뜻	예문	출제 연도
あさい	얕다	かわが あさい。 강이 얕다.	
あぶない	위험하다	じどうしゃが おおくて あぶない。 자동차가 많아 위험하다.	
あまい	달다	あまく なります。 달아집니다.	90
いたい	아프다	あたまが いたく なった。 머리가 아파졌다.	
うまい	맛있다, 솜씨가 좋다	この りんごは うまい。/ ピアノが うまい。 이 사과는 맛있다. / 피아노를 잘 친다.	
うるさい	시끄럽다	「うるさい。」と ちゅういされる。 '시끄러워.'라고 주의를 받다.	00
うれしい	기쁘다	とても うれしかったです。 매우 기뻤습니다.	94
おとなしい	얌전하다	かれは ひじょうに おとなしい。 그는 상당히 얌전하다.	
かたい	단단하다, 질기다	いしは かたい。/ この にくは かたい。 돌은 단단하다. / 이 고기는 질기다.	08 N4 문규
かなしい	슬프다	ほんとうに かなしかったです。 정말로 슬펐습니다.	98
からい	맵다	からい カレーライス。 매운 카레라이스.	

예상 어휘	뜻	예문	출제 연도
きびしい	엄하다	せんせいは たいへん きびしい。 선생님은 매우 엄하다.	93 N4 문규
こまかい	잘다	こまかく きる。 잘게 자르다.	09 N4 문규
こわい	무섭다	とても こわかったです。 너무 무서웠습니다.	04·92
すくない	적다	とりが すくなく なった。 새가 적어졌다.	
すごい	굉장하다	そとは すごい あめだ。 밖은 굉장한 비다.	
すずしい	선선하다, 서늘하다	すずしい あきに なった。 선선한 가을이 되었다.	
すっぱい	시큼하다	すっぱい あじが する。 시큼한 맛이 나다.	
すばらしい	멋지다	すばらしい けしき。 멋진 경치.	
たかい	높다, 비싸다	たかい たてもの。/ ねだんが たかい。 높은 건물. / 값이 비싸다.	N4 문규
ただしい	바르다, 맞다	かれの こたえは ただしい。 그의 대답은 맞다.	
たのしい	즐겁다	まいにち たのしく くらして います。 매일 즐겁게 지내고 있습니다.	
ちいさい	작다, 어리다	ちいさい こえ。/ ちいさい こどもが いる。 작은 (목)소리. / 어린 아이가 있다.	97

예상 어휘	뜻	예문	출제 연도
つまらない	재미없다	つまらない しごと。 재미없는 일.	
にがい	(맛이) 쓰다	にがくて のみにくい。 써서 마시기 어렵다.	01 N4 문규
ねむい	졸리다	ねむいけれど。 졸리지만.	03·99 N4 문규
はずかしい	부끄럽다	とても はずかしかったです。 매우 부끄러웠습니다.	05·96
ひくい	낮다, 작다	おとが ひくい。/ せ(い)が ひくい。 소리가 낮다. / 키가 작다.	
ひどい	심하다, 지독하다	ひどい めに あう。 지독한 꼴을 당하다.	
ふかい	깊다	かわは とても ふかい。 강은 매우 깊다.	00 N4 문규
ほしい	갖고 싶다	わたしは カメラが ほしい。 나는 카메라를 갖고 싶다.	
ほそい	가늘다, 좁다	この みちは ほそい。 이 길은 좁다.	
みじかい	짧다	みじかい スカート。 짧은 스커트.	
めずらしい	신기하다	めずらしい どうぶつを みる。 신기한 동물을 보다.	02 N4 문규
やさしい	상냥하다	こころが やさしい。 마음이 상냥하다.	

예상 어휘	뜻	예문	출제 연도
やすい	싸다	いちばん ねだんが やすい。 가격이 제일 싸다.	95
やわらかい	부드럽다	やわらかい パンが すきだ。 부드러운 빵을 좋아한다.	06
よわい	약하다	いもうとは からだが よわい。 여동생은 몸이 약하다.	
わかい	젊다	ぼくより みっつ わかい。 나보다 세 살 젊다.	
わるい	나쁘다	からだの ぐあいが わるい。 건강 상태가 좋지 않다.	95

4 な형용사 28

예상 어휘	뜻	예문	출제 연도
あんしんだ	안심이다	もう あんしんだ。 이제는 안심이다.	
あんぜんだ	안전하다	この へんは あんぜんだ。 이 부근은 안전하다.	08 N4 문규
いやだ	싫다	ふゆは さむくて いやです。 겨울은 추워서 싫습니다.	
きけんだ	위험하다	あの かわは きけんです。 저 강은 위험합니다.	92 N4 문규

예상 어휘	뜻	예문	출제 연도
きらいだ	싫어하다	べんきょうが きらいです。 공부를 싫어합니다.	
けっこうだ	괜찮다	いいえ、もう けっこうです。 아니요, 이제 괜찮습니다.	95
げんきだ	건강하다	げんきな こども。 건강한 어린이.	
さかんだ	성하다	やきゅうが さかんです。 야구가 유행입니다.	93 N4 문규
ざんねんだ	유감스럽다	それは ざんねんですね。 그거 유감이군요.	03·98 N4 문규
しつれいだ	무례하다	しつれいな ことを する。 무례한 짓을 하다.	02
じゃまだ	방해다	じゃまに なります。 방해가 됩니다.	08·01
じゆうだ	자유롭다	じゆうな かつどう。 자유로운 활동.	
じゅうぶんだ	충분하다	いちにちで じゅうぶんです。 하루면 충분합니다.	98
じょうぶだ	튼튼하다	じょうぶな からだを つくる。 튼튼한 몸을 만들다.	
しんせつだ	친절하다	しんせつな ひと。 친절한 사람.	
しんぱいだ	걱정스럽다	テストの てんが しんぱいです。 테스트 점수가 걱정스럽습니다.	97·94 N4 문규

예상어휘	뜻	예문	출제 연도
すきだ	좋아하다	すきな たべもの。 좋아하는 음식.	
だいじだ	중요하다, 소중하다	だいじな はなしが ある。 중요한 이야기가 있다.	99
だいじょうぶだ	괜찮다	のんでも だいじょうぶですか。 마셔도 괜찮습니까?	94
たいせつだ	소중하다, 중요하다	たいせつな てがみ。 소중한 편지.	
たしかだ	분명하다	たしかに ここに ありました。 분명히 여기에 있었습니다.	06
ていねいだ	정중하다, 친절하다	ていねいな ことばを つかう。 정중한 말을 쓰다.	96 N4 문규
てきとうだ	적당하다	てきとうな おおきさの いえ。 적당한 크기의 집.	
ねっしんだ	열심이다	ねっしんに けんきゅうを する。 열심히 연구를 하다.	04 N4 문규
ひつようだ	필요하다	ひつような しゅだんを とる。 필요한 수단을 취하다.	N4 문규
ふべんだ	불편하다	ふべんな ところ。 불편한 곳.	
まじめだ	성실하다	まじめに べんきょうする。 성실하게 공부하다.	97
むりだ	무리다	むりな しごとを する。 무리한 일을 하다.	

5 부사 51

예상어휘	뜻	예문	출제 연도
あまり	별로, 너무나	あまり おいしく ない。 별로 맛있지 않다.	
いかが	어떻게	いかがですか。 어떻습니까?	
いちばん	가장, 제일	いちばん たかい やま。 가장 높은 산.	
いつも	항상, 늘	いつも きものを きる。 항상 기모노를 입다.	
うっかり	깜빡	うっかり やくそくを わすれた。 깜빡 약속을 잊었다.	
かならず	반드시, 꼭	かならず ふくしゅうする。 꼭 복습한다.	99
きっと	틀림없이	きっと そうだと おもいます。 틀림없이 그렇다고 생각합니다.	
きゅうに	갑자기	きゅうに さむく なる。 갑자기 추워지다.	
ぐっすり	푹	ぐっすり ねむる。 푹 자다.	
けっして	결코	けっして わるい ひとでは ない。 결코 나쁜 사람이 아니다.	
さっき	조금 전	さっき でんわが ありましたよ。 조금 전 전화가 왔었어요.	05

예상 어휘	뜻	예문	출제 연도
しっかり	확실히	かおは しっかり おぼえて いる。 얼굴은 확실히 기억하고 있다.	
しばらく	잠시	しばらく まつ。 잠시 기다리다.	90
じゅうぶん	충분히	じゅうぶん まんぞくして いる。 충분히 만족하고 있다.	N4 문규
ずいぶん	상당히	ずいぶん くらい ところだ。 상당히 어두운 곳이다.	
すっかり	죄다, 모두	すっかり たべて しまった。 죄다 먹어버렸다.	95
ずっと	줄곧, 내내	ずっと この いえに すんで いる。 줄곧 이 집에 살고 있다.	96
ぜひ	꼭	ぜひ みたいです。 꼭 보고 싶습니다.	95 N4 문규
ぜんぜん	전혀	ぜんぜん しらない。 전혀 모른다.	
それほど	그 정도	それほどでも ありません。 그 정도도 아닙니다.	99
そろそろ	슬슬	そろそろ しょくじに いきませんか。 슬슬 식사하러 가지 않겠습니까?	00·97
だいたい	대강, 대개	じけんは だいたい かたづいた。 사건은 대강 처리되었다.	
たいてい	대개	たいてい うちに いる。 대개 집에 있다.	

예상 어휘	뜻	예문	출제 연도
たいへん	매우, 무척	たいへん あつい。 무척 덥다.	
たぶん	아마	たぶん ごうかくするだろう。 아마 합격할 것이다.	
たまに	간혹, 이따금	たまにしか えいがを みに いかない。 간혹밖에 영화를 보러 가지 않는다.	90
だんだん	점점	だんだん よく なる。 점점 나아지다.	
ちっとも	조금도	ちっとも おもしろく ない。 조금도 재미있지 않다.	
ちょうど	마침, 꼭	ちょうど でんしゃが きた。 마침 전철이 왔다.	
どうして	어째서, 왜	どうして しゅっせきしませんか。 어째서 출석하지 않습니까?	
とうとう	드디어, 마침내	とうとう しんで しまった。 마침내 죽고 말았다.	09
ときどき	때때로, 가끔	ときどき えいがを みる。 때때로 영화를 보다.	
とくに	특히	とくに りんごが だいすきです。 특히 사과를 매우 좋아합니다.	94 N4 문규
とても	매우, 무척	とても きれいだ。 매우 예쁘다.	
どんどん	속속, 척척	どんどん うれる。 속속 팔리다.	

예상 어휘	뜻	예문	출제 연도
なかなか	좀처럼, 제법	むずかしくて なかなか とけない。 어려워서 좀처럼 풀 수 없다.	
なるべく	되도록	なるべく おおきい こえで はなす。 되도록 큰 소리로 이야기하다.	03·98
なるほど	과연	なるほど りっぱな ひとだ。 과연 훌륭한 사람이다.	
はっきり	분명히	とおくまで はっきり みえる。 멀리까지 분명히 보이다.	N4 문규
びっくり	깜짝 놀람	びっくりしました。 깜짝 놀랐습니다.	
べつに	별로, 딱히	べつに ようじは ない。 딱히 용건은 없다.	
ほとんど	거의	びょうきは ほとんど なおった。 병은 거의 나았다.	
ますます	점점	じんこうは ますます ふえる。 인구는 점점 (더) 늘어난다.	
めったに	좀처럼	めったに 来ない。 좀처럼 오지 않는다.	
もうすぐ	이제 곧	もうすぐ コンサートが はじまる。 이제 곧 콘서트가 시작된다.	
もちろん	물론	もちろん あなたは ただしい。 물론 당신은 옳다.	
もっと	더	おかしを もっと ください。 과자를 더 주세요.	

예상어휘	뜻	예문	출제 연도
やっと	겨우	やっと おわりました。 겨우 끝났습니다.	08·92
やっぱり	역시	やっぱり きませんでした。 역시 오지 않았습니다.	07
ゆっくり	천천히	ゆっくり やって ください。 천천히 해 주세요.	91 N4 문규
よく	곧잘, 자주	よく こしょうします。 곧잘 고장납니다.	93 N4 문규

6 외래어 62

예상 어휘	뜻	예문	출제 연도
アイディア	아이디어	とても いい アイディア。 무척 좋은 아이디어.	N4 문규
アクセサリー	액세서리	アクセサリーを つける。 액세서리를 달다.	
アナウンサー	아나운서	アナウンサーに なる。 아나운서가 되다.	
アパート	아파트	アパートに すんで いる。 아파트에 살고 있다.	
アフリカ	아프리카	アフリカへ いく。 아프리카에 가다.	
アメリカ	미국	アメリカに すんで いる。 미국에 살고 있다.	
アルコール	알코올	かれは アルコールに つよい。 그는 알코올에 강하다.	
アルバイト	아르바이트	アルバイトを する。 아르바이트를 하다.	03・92 N4 유의
エスカレーター	에스컬레이터	エスカレーターで いく。 에스컬레이터로 가다.	98・91
エレベーター	엘리베이터	エレベーターに のる。 엘리베이터를 타다.	95
オートバイ	오토바이	オートバイを かう。 오토바이를 사다.	

예상 어휘	뜻	예문	출제 연도
オーバー	외투	オーバーを きて でかける。 외투를 입고 외출하다.	
オープン	오픈	あたらしい デパートが オープンした。 새로운 백화점이 오픈했다.	
カーテン	커튼	カーテンを あける。 커튼을 걷다.	
ガス	가스	ガスを つける。 가스를 켜다.	
ガソリンスタンド	주유소	ガソリンスタンドで ガソリンを いれる。 주유소에서 기름을 넣다.	94
カメラ	카메라	カメラを もって いる。 카메라를 갖고 있다.	
カレンダー	달력	カレンダーが はって ある。 달력이 붙어 있다.	
ケーキ	케이크	ケーキを かって きた。 케이크를 사왔다.	
ゲーム	게임	ひとりで ゲームを する。 혼자서 게임을 하다.	09
コンピュータ(ー)	컴퓨터	コンピューターが こしょうする。 컴퓨터가 고장나다.	
サービス	서비스	あの レストランは サービスが いい。 저 레스토랑은 서비스가 좋다.	
サラダ	샐러드	やさい サラダ。 채소 샐러드.	

예상어휘	뜻	예문	출제 연도
サンダル	샌들	サンダルを はく。 샌들을 신다.	97
スイッチ	스위치	スイッチを おす。 스위치를 누르다.	
スーツ	슈트	スーツを きる。 슈트를 입다.	
スーツケース	슈트케이스	スーツケースを もって いく。 슈트케이스를 갖고 가다.	
スーパー (マーケット)	슈퍼(마켓)	スーパーへ いく。 슈퍼마켓에 가다.	
スクリーン	스크린, 화면	スクリーンに でる。 화면에 나오다.	
スタート	스타트, 출발	ここから スタート。 여기서 출발.	
ステーキ	스테이크	ステーキを やく。 스테이크를 굽다.	
セーター	스웨터	しろい セーターを きて いる。 흰 스웨터를 입고 있다.	
センチ	센티미터	せは 170センチ ある。 키는 170센티미터 된다	N4 문규
ソフト	소프트, 부드러움	ソフトな かんじ。 부드러운 느낌.	※ な형용사 로도 쓰임
タクシー	택시	えきまで タクシーで いく。 역까지 택시로 가다.	

예상 어휘	뜻	예문	출제 연도
チェック	체크	あかえんぴつで チェックする. 빨간 연필로 체크하다.	N4 문규
チケット	티켓	えいがの チケットを かう. 영화 티켓을 사다.	08
チャンス	찬스, 기회	もう いちど チャンスを ください. 다시 한번 기회를 주세요.	N4 문규
テーブル	테이블	テーブルの うえに おく. 테이블 위에 두다.	
テニス	테니스	ちちと テニスを した. 아버지와 테니스를 쳤다.	
デパート	백화점	デパートで かばんを かう. 백화점에서 가방을 사다.	
ドア	도어, 문	てで ドアを あける. 손으로 문을 열다.	
ニュース	뉴스	9じの ニュースを きく. 9시 뉴스를 듣다.	
パート(タイム)	파트(타임)	パートタイムで はたらいて いる. 파트타임으로 일하고 있다.	04
パソコン	컴퓨터	あたらしい パソコンを かう. 새 컴퓨터를 사다.	06
パパ	아빠	パパと あそぶ. 아빠와 놀다.	
バレーボール	배구	バレーボールを する. 배구를 하다.	93

예상 어휘	뜻	예문	출제 연도
ハンカチ	손수건	ハンカチを かう。 손수건을 사다.	
ハンバーグ	햄버그 스테이크	ハンバーグを たべる。 햄버그 스테이크를 먹다.	
ピアノ	피아노	ピアノを ひく。 피아노를 치다.	
ビル	빌딩	あたらしい ビル。 새 빌딩.	96
プール	수영장	プールへ およぎに いく。 수영장에 헤엄치러 가다.	
ページ	페이지	15ページを あけなさい。 15페이지를 펴세요.	
ベル	벨	ベルが なりました。 벨이 울렸습니다.	
メートル	미터	5メートル おきに。 5미터 간격으로.	99
ルール	규칙	サッカーの ルール。 축구 규칙.	N4 문규
レシート	영수증	スーパーで レシートを もらった。 슈퍼마켓에서 영수증을 받았다.	N4 문규
レジ	계산대	ほんやの レジで。 서점 계산대에서.	05 N4 문규
レジャー	레저	まいしゅうまつ レジャーに でかける。 매주 주말 레저를 하러 나간다.	

예상어휘	뜻	예문	출제 연도
レストラン	레스토랑	レストランで はたらく。 레스토랑에서 일하다.	
レポート/リポート	리포트	レポートを かく。 리포트를 쓰다.	07
ワープロ	워드프로세서	ワープロを うつ。 워드프로세서를 치다.	

7 인사말 15

예상어휘	뜻	예문	출제 연도
いってまいります	다녀오겠습니다	「いってまいります。」と いう。 '다녀오겠습니다.'라고 말하다.	01
おかえりなさい	다녀오셨어요	「おかえりなさい。」と いう。 '다녀오셨어요.'라고 말하다.	92
おかげさまで	덕분에	はい、おかげさまで。 예, 덕분에요.	96
おげんきで	건강하시기를	おげんきで。 건강하시기를.	
おだいじに	몸조리 잘하세요	「おだいじに。」と いう。 '몸조리 잘하세요.'라고 말하다.	00
おはようございます	안녕하세요 (아침인사)	おはようございます。 안녕하세요.	

예상 어휘	뜻	예문	출제 연도
おめでとうございます	축하합니다	おめでとうございます。 축하합니다.	
かまいません	상관 없습니다	ええ、かまいません。 네, 상관 없습니다.	04
こちらこそ	저야말로	こちらこそ どうぞ よろしく。 저야말로 잘 부탁해요.	
ごめんください	실례합니다, 계세요?	ごめんください。 실례합니다.	
ごめんなさい	죄송해요	ごめんなさい。 죄송해요.	
しつれいします	실례하겠습니다	おさきに しつれいします。 먼저 실례하겠습니다.	
すみません	미안합니다	どうも すみません。 정말로 미안합니다.	
ただいま	다녀왔습니다	ただいま。 다녀왔습니다.	
どういたしまして	천만에요	どういたしまして。 천만에요.	

8 기타 41

예상 어휘	뜻	예문	출제 연도
いくら 〜ても	아무리 〜해도	**いくら** たくさん たべ**ても**。 아무리 많이 먹어도.	01
いちど	한 번	**いちど** あそびに きて ください。 한 번 놀러 오세요.	92 N4 읽기
おや	어라	**おや**、へんだなあ。 어라, 이상하다.	05
〜かい	〜회, 〜번	この ほんは に**かい** よんだ。 이 책은 두 번 읽었다.	
〜く	〜구 (행정구역)	なかの**く**。 나카노구.	
〜ぐらい	〜정도	どの**ぐらい** かかりますか。 어느 정도 걸립니까?	
けれども	그렇지만	**けれども**、すこし ねだんが。 그렇지만, 조금 가격이.	
けん	현(행정구역)	**けん**の ぎょうせい。 현의 행정.	
〜けん	〜채	ほんやは いっ**けん**しか ない。 서점은 한 채밖에 없다.	01・93
〜こ	〜개	たまごが いっ**こ** はいって いる。 계란이 한 개 들어 있다.	
〜さつ	〜권	ノートを に**さつ** かう。 노트를 두 권 사다.	

예상 어휘	뜻	예문	출제 연도
し	시	しの ちゅうしん。 시의 중심.	
しかし	그러나	しかし いけなかった。 그러나 갈 수 없었다.	
したい	하고 싶다	にほんごの べんきょうが したい。 일본어 공부를 하고 싶다.	90
～すぎ	과함, 지나침	のみすぎは からだに わるい。 과음은 몸에 좋지 않다.	
～せい	～제	にほんせいです。 일본제입니다.	09 N4 유의
それから	그리고(나서)	それから べんきょうを した。 그리고 나서 공부를 했다.	
それで	그래서	それで いま、にほんごを べんきょう して いる。 그래서 지금 일본어를 공부하고 있다.	04
それに	게다가	それに くるまが おおくて あぶない。 게다가 차가 많아서 위험하다.	03
そんなに	그렇게	そんなに さむいですか。 그렇게 춥습니까?	
～だい	～대	じてんしゃを にだい もって いる。 자전거를 두 대 갖고 있다.	91
だから	그래서	だから、こんやは テレビを みないで。 그래서 오늘밤은 텔레비전을 보지 않고.	01
～だて	～층 건물	にかいだて。 2층 건물.	

예상 어휘	뜻	예문	출제 연도
~ちょう	~초(지방 행정구역의 하나)	さくらぎちょう。 사쿠라기초.	
ついたち	1일	8がつ ついたち。 8월 1일.	
~つづける	계속 ~하다	はなが さきつづける。 꽃이 계속 피다.	
と	도(행정구역)	との ほうしん。 도의 방침.	
どんな	어떤	どんな おんがくが すきですか。 어떤 음악을 좋아합니까?	
~はい	~잔	コーヒーを いっぱい のむ。 커피를 한 잔 마시다.	
~はじめる	~하기 시작하다	はなが さきはじめる。 꽃이 피기 시작하다.	
はたち	스무살	ことし はたちです。 올해 스무살입니다.	90
はたらきすぎ	과로	はたらきすぎの ようです。 과로인 모양입니다.	97
はつか	20일	3がつ はつかに にほんへ いく。 3월 20일에 일본에 간다.	
~ほど	~정도	せんえんほど かして ください。 천 엔 정도 빌려 주세요.	
~ほん	~자루, ~그루	えんぴつを にほん かう。 연필을 두 자루 사다.	

예상 어휘	뜻	예문	출제 연도
〜まい	〜장	きってを に**まい** かいました. 우표를 2장 샀습니다.	
または	또는	はがき **または** でんわで. 엽서 또는 전화로.	02
やくに たつ	도움이 되다	あまり **やくに たたなかった**. 별로 도움이 되지 않았다.	05・02
〜やすい	〜하기 편하다	あの くつより はき**やすい**. 저 신발보다 신기 편하다.	93
〜よう	〜방법	し**よう**が ない. 할 방법이 없다.	※「동사 ます형+かた」와 의미적으로 같음
ようか	8일	きょうは **ようか**です. 오늘은 8일입니다.	

콕콕 예상 문제 01 문맥규정   / 10

もんだい3 （　　　） に なにを いれますか。
　　　　　1・2・3・4から いちばん いい ものを ひとつ えらんで ください。

① たかはしさんと あす 13時に 会う（　　　）を しました。(N4·00)
　1 そうだん　　　2 やくそく　　　3 あんない　　　4 ひっこし

② IDと パスワード かんりには じゅうぶん ご（　　　）ください。(N4)
　1 ちゅうい　　　2 ちゅうもん　　3 しつもん　　　4 もんだい

③ わたしは きのう ともだちの（　　　）を てつだいました。(N4)
　1 おみやげ　　　2 おみまい　　　3 ひっこし　　　4 ほうりつ

④ じぶんの あきじかんが わかったら、さっそく アルバイトを（　　　）みましょう。(N4)
　1 まわして　　　2 すてて　　　　3 かけて　　　　4 さがして

⑤ たばこは ご（　　　）ください。(N4)
　1 えんりょ　　　2 げんき　　　　3 しつれい　　　4 じゃま

⑥ この 5年間で 3回目ですか。（　　　）ひっこしますね。(N4·93)
　1 あまり　　　　2 よく　　　　　3 なかなか　　　4 ぜんぜん

⑦ 雨が やんだのに まだ かさを（　　　）います。(N4)
　1 うけて　　　　2 おして　　　　3 あけて　　　　4 さして

⑧ この スープは へんな 味が（　　　）ね。(N4)
　1 なります　　　2 します　　　　3 みます　　　　4 きます

⑨ パーティーが（　　　）始まりますから みなさん あつまって ください。
　1 なかなか　　　2 ずっと　　　　3 もうすぐ　　　4 いつか

⑩ わたしは かいたい 品物を もって（　　　）で お金を はらいました。(N4·05)
　1 レジ　　　　　2 アイディア　　3 チェック　　　4 エンジン

답 1② 2① 3③ 4④ 5① 6② 7④ 8② 9③ 10①

콕콕 예상 문제 02 문맥규정 / 10

もんだい 3 （　　）に なにを いれますか。
1・2・3・4から いちばん いい ものを ひとつ えらんで ください。

1 いつもより（　　）プールで れんしゅうしました。 (N4·00)
1　ふとい　　　2　つよい　　　3　からい　　　4　ふかい

2 せいかつする ために お金が（　　）です。 (N4)
1　きけん　　　2　じゃま　　　3　ひつよう　　　4　ていねい

3 エレベーターが とちゅうで（　　）中の 人が でられなく なった。 (N4)
1　とまって　　2　かぶって　　3　しめて　　　4　まわって

4 あの タワーの（　　）は どのくらいですか。 (N4)
1　ふかさ　　　2　あつさ　　　3　たかさ　　　4　つよさ

5 この ちいきでは ほしが（　　）みえます。 (N4)
1　もうすぐ　　2　はっきり　　3　だんだん　　4　ぜんぜん

6 今日中に この しゃしんを（　　）まにあいません。 (N4)
1　かけないと　2　おとさないと　3　なげないと　4　おくらないと

7 なんども かんじを 書いて（　　）しました。 (N4·91)
1　れんしゅう　2　れんらく　　3　しょうかい　4　しょうたい

8 家に 帰ったら スーツを（　　）シャツに きがえます。 (N4·91)
1　ぬいで　　　2　むいて　　　3　すてて　　　4　あんで

9 レジまで 行って、お金を しはらい、（　　）を もらいました。 (N4)
1　チェック　　2　パンダ　　　3　レジャ　　　4　レシート

10 わたしは ねる まえに 本を よむ（　　）が あります。 (N4·00)
1　あんない　　2　しゅうかん　3　うけつけ　　4　ほうりつ

답　1④　2③　3①　4③　5②　6④　7①　8①　9④　10②

콕콕 예상 문제 03 문맥규정   / 10

もんだい3 （　　）に なにを いれますか。
1・2・3・4から いちばん いい ものを ひとつ えらんで ください。

1　わたしは アメリカへ いって、えいごの べんきょうが （　　）です。(90)
　　1　つもり　　　2　ほしい　　　3　すき　　　4　したい

2　あした しけんが あります。（　　）、こんばんは いっしょうけんめい べんきょうします。(01)
　　1　だから　　　2　しかし　　　3　それから　　　4　けれども

3　がっこうの きそくは たいへん （　　）です。(N4・93)
　　1　みじかい　　　2　ただしい　　　3　すずしい　　　4　きびしい

4　やまだせんせいは （　　）せつめいして くれました。(N4・96)
　　1　ふべんに　　　2　ざんねんに　　　3　ていねいに　　　4　じゃまに

5　へやの かべに ポスターが （　　）あります。(90)
　　1　つけて　　　2　いれて　　　3　おいて　　　4　はって

6　よるの みちは （　　）、ひとりで あるけません。(04・92)
　　1　よわくて　　　2　こわくて　　　3　にがくて　　　4　うれしくて

7　こうこうで ならった にほんごは、（　　）わすれて しまいました。(95)
　　1　はっきり　　　2　すっかり　　　3　ぐっすり　　　4　びっくり

8　この ほんは たいへん よい ほんだから （　　）よんで みて ください。(N4・95)
　　1　きゅうに　　　2　そんなに　　　3　ぜひ　　　4　たぶん

9　（　　）を つけた ひとは、ようじが すんだら かならず けして ください。
　　1　スーツ　　　2　ガス　　　3　レジ　　　4　ガソリン

10　ちちと せいの たかさを （　　）。(N4・06)
　　1　つかまえました　　　2　まけました　　　3　わかれました　　　4　くらべました

답 1④ 2① 3④ 4③ 5④ 6② 7② 8③ 9② 10④

콕콕 예상 문제 04 문맥규정   / 10

もんだい3 （　　）に なにを いれますか。
1・2・3・4から いちばん いい ものを ひとつ えらんで ください。

1 みちに たばこを （　　） ください。
　1 わすれないで　　2 とらないで　　3 すてないで　　4 ひろわないで

2 なぜ そんな ことを したか、（　　）を せつめいして ください。(N4)
　1 きかい　　　　2 りゆう　　　　3 きそく　　　　4 ばあい

3 テレビを （　　） まま でかけては いけません。
　1 のせた　　　　2 おいた　　　　3 かけた　　　　4 つけた

4 にわに さくらの きが （　　） あります。
　1 にけん　　　　2 にほん　　　　3 にかい　　　　4 にさつ

5 いえが （　　） ところに あります。
　1 さかんな　　　2 ざんねんな　　3 しつれいな　　4 ふべんな

6 らいげつの 11にちは、あの じんじゃの （　　） です。
　1 あいさつ　　　2 おみまい　　　3 おいわい　　　4 おまつり

7 ゆうべは おそく なって ともだちの いえに （　　） しまった。
　1 やめて　　　　2 しめて　　　　3 とまって　　　4 おわって

8 あかい （　　） の かかった へやが わたしの へやです。
　1 メートル　　　2 カーテン　　　3 ページ　　　　4 テーブル

9 （　　） の せいかつは とても べんりです。
　1 アパート　　　2 プール　　　　3 ステーキ　　　4 オーバー

10 いそいで いっても、もう きしゃには （　　） だろう。
　1 まにあわない　2 おくれない　　3 おわらない　　4 できない

답 1③ 2② 3④ 4② 5④ 6④ 7③ 8② 9① 10①

콕콕 예상 문제 05 문맥규정   / 10

もんだい3　(　　) に なにを いれますか。
1・2・3・4から いちばん いい ものを ひとつ えらんで ください。

1 わたしは (　　) を しながら、だいがくに かよって います。 (03·92)
　1　アルバイト　　2　サービス　　3　チェック　　4　テキスト

2 きのう 父と いっしょに にわに 花を (　　)。 (09·05)
　1　かえた　　2　うえた　　3　きった　　4　とった

3 すずきくんと (　　) して、けがを して しまいました。 (N4·04)
　1　けいけん　　2　けんか　　3　しょうち　　4　しょうかい

4 がっこうを きめる とき、先生と りょうしんに (　　)。 (N4·03)
　1　おこないました　　　　2　いけんしました
　3　そうだんしました　　　4　くらべました

5 こんどの てんらんかいでは (　　) えを みる ことが できます。 (N4·02)
　1　めずらしい　　2　つまらない　　3　はずかしい　　4　やわらかい

6 母は (　　) パンが だいすきです。 (06)
　1　やさしい　　2　やわらかい　　3　ふかい　　4　おそい

7 この ビルの (　　) から ふじさんが みえます。 (09)
　1　かいがん　　2　おくじょう　　3　じゅうしょ　　4　くうこう

8 1じかんいじょう まちましたが、(　　) きませんでした。 (09)
　1　とうとう　　2　そろそろ　　3　だんだん　　4　なるべく

9 だれでも しけんを (　　) のは すきでは ありません。 (91)
　1　ひろう　　2　もつ　　3　とる　　4　うける

10 なしと りんごと すいかの (　　) で どれが たべたいですか。 (94)
　1　あいだ　　2　うち　　3　くらい　　4　ほど

답 1① 2② 3② 4③ 5① 6② 7② 8① 9④ 10②

콕콕 예상 문제 06 문맥규정   / 10

もんだい3 （   ）に なにを いれますか。
1・2・3・4から いちばん いい ものを ひとつ えらんで ください。

1 わたしは （   ）が すきで、やきゅうも サッカーも やります。
　 1 うんどう　　2 しっぱい　　3 こしょう　　4 うんてん

2 たなの うえの じしょを （   ）ください。
　 1 あげて　　　2 とって　　　3 くれて　　　4 なくして

3 まちがって いる ぶんを （   ）ぶんに なおしなさい。
　 1 たのしい　　2 ただしい　　3 おいしい　　4 うれしい

4 さけばかり のんで いると、（   ）からだを こわすよ。
　 1 やっと　　　2 ずっと　　　3 ぜひ　　　　4 きっと

5 らいしゅうの つぎは （   ）です。
　 1 こんしゅう　2 せんしゅう　3 さらいしゅう　4 さいらいしゅう

6 じゅぎょうちゅうに ねて いるのは せんせいに （   ）ですよ。
　 1 ざんねん　　2 ふべん　　　3 さかん　　　4 しつれい

7 やまださんは たなかさんを みんなに （   ）しました。
　 1 はんたい　　2 しょうかい　3 きょういく　4 しょうたい

8 いえが せまいから、ひろい いえへ （   ）。 (N4)
　 1 ひっこしました　　　　2 のりかえました
　 3 とどけました　　　　　4 おくりました

9 じかんが ないから （   ）で いきましょう。
　 1 スーツケース　2 カメラ　　3 タクシー　　4 ニュース

10 でんしゃの ドアが （   ）、おおぜいの ひとが おりて きました。
　 1 あいて　　　2 わいて　　　3 やけて　　　4 できて

답 1① 2② 3② 4④ 5③ 6④ 7② 8① 9③ 10①

콕콕 예상 문제 07 문맥규정 　　　　　　　　　　/ 10

もんだい3（　　）に なにを いれますか。
　　　　1・2・3・4から いちばん いい ものを ひとつ えらんで ください。

1 にほんでは やきゅうが とても（　　）です。(N4·93)
　1　じゅうぶん　　2　さかん　　　3　ねっしん　　　4　じょうぶ

2 これは やまだせんせいが わたしに（　　）じしょです。(92)
　1　いただいた　　2　くださった　　3　なさった　　　4　さしあげた

3 つくえの（　　）に たいせつな ものを しまって おく。(01)
　1　ひきだし　　　2　おしいれ　　　3　ベル　　　　　4　カーテン

4 やきゅうの ボールが まどに あたって ガラスが（　　）。(N4·99)
　1　われた　　　　2　よごれた　　　3　おれた　　　　4　ふんだ

5 この ろうかは よく みがいて あります。（　　）ので、ちゅういしてください。(98)
　1　たおれやすい　2　すべりやすい　3　おちやすい　　4　うごきやすい

6 いろいろな じしょを しらべて（　　）わかりました。(08·92)
　1　なかなか　　　2　ちっとも　　　3　そろそろ　　　4　やっと

7 しんじゅくで やまのてせんに（　　）ください。(N4·95)
　1　かわって　　　2　ひっこして　　3　のりかえて　　4　とりかえて

8 あたらしい しごとに だんだん（　　）きました。(N4·93)
　1　すんで　　　　2　はじまって　　3　なれて　　　　4　おぼえて

9 わたしは（　　）で 一日 5時間 はたらいて います。(04)
　1　パートタイム　2　ステレオ　　　3　テキスト　　　4　アクセサリー

10 きのう あきはばらで（　　）を 2だい かいました。(06)
　1　オーバー　　　2　パソコン　　　3　ガソリン　　　4　ステーキ

답　1② 2② 3① 4① 5② 6④ 7③ 8③ 9① 10②

콕콕 예상 문제 08 문맥규정   / 10

もんだい3 （　　）に なにを いれますか。
1・2・3・4から いちばん いい ものを ひとつ えらんで ください。

1　したばかり みて いないで、かおを（　　）ください。
　　1　あげて　　　　2　だして　　　　3　とって　　　　4　くれて

2　その じけんに ついては（　　）しりません。
　　1　かならず　　　2　ぜんぜん　　　3　たいてい　　　4　たいへん

3　（　　）に のって いなかへ いきました。
　　1　オートバイ　　　　　　　2　ガソリンスタンド
　　3　エスカレーター　　　　　4　レストラン

4　こどもが にかいから（　　）、けがを しました。
　　1　うごいて　　　2　はたらいて　　3　おちて　　　　4　たおれて

5　どうぞ ご（　　）なく めしあがって ください。(N4)
　　1　しつれい　　　2　しっぱい　　　3　えんりょ　　　4　はんたい

6　かのじょの びょうきは（　　）わるく なりました。
　　1　そろそろ　　　2　なかなか　　　3　ときどき　　　4　だんだん

7　まいにち かんじを みっつずつ（　　）います。
　　1　はじまって　　2　なれて　　　　3　すんで　　　　4　おぼえて

8　わたしの しつもんに（　　）こたえて ください。(N4)
　　1　びっくり　　　2　ぐっすり　　　3　はっきり　　　4　すっかり

9　しけんが（　　）りょこうする つもりです。
　　1　おわったら　　2　いそいだら　　3　おくれたら　　4　まにあったら

10　これは あねが りょこうの おみやげに（　　）ものです。
　　1　だした　　　　2　くれた　　　　3　とった　　　　4　あげた

답　1① 2② 3① 4③ 5③ 6④ 7④ 8③ 9① 10②

콕콕 예상 문제 09 문맥규정　　　　　　　　　　　　　　　　　/ 10

もんだい3　(　　　) に なにを いれますか。
　　　　　1・2・3・4から いちばん いい ものを ひとつ えらんで ください。

1 (　　　) ばしょで あそんでは いけません。(N4·92)
　　1　さかんな　　　2　あんぜんな　　　3　じゅうぶんな　　　4　きけんな

2 A「ただいま。」
　　B「(　　　)。」(92)
　　1　いらっしゃい　　2　しつれいします　　3　おかえりなさい　　4　ごめんなさい

3 この サンダルは あの サンダルより (　　　) です。(93)
　　1　はきやさしい　　2　はきほしい　　3　はきやすい　　4　はきわるい

4 しごとの (　　　) が げんいんで からだを こわしました。(97)
　　1　はたらきすぎ　　2　やすみすぎ　　3　あそびすぎ　　4　つとめすぎ

5 きょうしつの (　　　) を つけて、あたたかく しました。(07·01)
　　1　れいぼう　　　2　でんとう　　　3　だんぼう　　　4　どうぐ

6 でんしゃが (　　　) ので、がっこうに おくれました。(98)
　　1　こしょうした　　2　しっぱいした　　3　うんてんした　　4　うんどうした

7 (　　　) おさらを もって きて ください。(97)
　　1　ちいさい　　　2　ひくい　　　3　ほそい　　　4　わかい

8 わたしは 日本の すもうに (　　　) が あります。(N4·08)
　　1　けいざい　　　2　きょうみ　　　3　ねっしん　　　4　せいじ

9 てんらんかいの (　　　) は この ビルの 9かいです。(05)
　　1　こうじょう　　2　かいがん　　3　こうどう　　4　かいじょう

10 むすめは だいがくの しけんに (　　　) しました。(06·02)
　　1　しゅっせき　　2　しつれい　　3　しっぱい　　4　しょうたい

답　1④　2③　3③　4①　5③　6①　7①　8②　9④　10③

콕콕 예상 문제 10 문맥규정　　　　　　　　　　　　　/ 10

もんだい3　（　　）に なにを いれますか。
　　　　　　1・2・3・4から いちばん いい ものを ひとつ えらんで ください。

1　ようじが（　　）から、すぐ かえらなければ なりません。
　　1　わいた　　　　2　やけた　　　　3　あいた　　　　4　できた

2　スポーツしんぶんは（　　）ゆうかんです。
　　1　ほんとう　　　2　それほど　　　3　なるほど　　　4　ほとんど

3　うんどうを して（　　）からだを つくります。
　　1　ざんねんな　　2　じょうぶな　　3　しつれいな　　4　けっこうな

4　あの（　　）の りょうりは とても おいしいです。
　　1　メートル　　　2　レポート　　　3　チェック　　　4　レストラン

5　げんかんで「（　　）。」と なんども よんで みたが、へんじが なかった。
　　1　おげんきで　　2　ごめんください　3　おかげさまで　4　ごめんなさい

6　（　　）50えんの みかんを かいました。
　　1　いちだい　　　2　いっけん　　　3　いっこ　　　　4　いちど

7　A「きょうは さむいね。」
　　B「いいえ、ぼくは（　　）さむく ないよ。」
　　1　なかなか　　　2　ずいぶん　　　3　なるべく　　　4　そんなに

8　たなかさんに ノートを（　　）かして もらいました。
　　1　にさつ　　　　2　にかい　　　　3　にほん　　　　4　にけん

9　きょねんの ふゆは（　　）さむかったですね。
　　1　だんだん　　　2　なかなか　　　3　とうとう　　　4　そろそろ

10　きのう（　　）で シャツと くつしたを かいました。
　　1　アルバイト　　2　カレンダー　　3　オートバイ　　4　デパート

답　1④　2④　3②　4④　5②　6③　7④　8①　9②　10④

콕콕 예상 문제 11 문맥규정   / 10

もんだい3 (　　) に なにを いれますか。
1・2・3・4から いちばん いい ものを ひとつ えらんで ください。

① この ケイタイは、(　　) たかく ありませんよ。
　1　たまに　　　2　たいてい　　　3　やっと　　　4　あまり

② けいかんは (　　) いく どろぼうを つかまえました。
　1　まわって　　2　きえて　　　　3　にげて　　　4　ゆれて

③ ぶちょうは ただいま せきを (　　) おります。
　1　ぬいで　　　2　むいて　　　　3　すてて　　　4　はずして

④ おんなのこは あかい ぼうしを (　　) います。
　1　かぶって　　2　おちて　　　　3　われて　　　4　はいて

⑤ デパートで かいものを し、(　　) えいがを みて いえへ かえった。
　1　けれども　　2　それから　　　3　しかし　　　4　それに

⑥ たなかさんは せいかつに (　　) います。
　1　みつかって　2　あやまって　　3　いのって　　4　こまって

⑦ この きかいの つかいかたを (　　) ください。(N4)
　1　かけて　　　2　こたえて　　　3　なおして　　4　せつめいして

⑧ (　　) ねて いたので、じしんが あったのを しりませんでした。
　1　ぐっすり　　2　はっきり　　　3　びっくり　　4　すっかり

⑨ この びょうきの (　　) は、まだ よく わかって いません。
　1　ぐあい　　　2　ばあい　　　　3　きかい　　　4　げんいん

⑩ やまださんは (　　) がっこうに ちこくしません。
　1　たいてい　　2　けっして　　　3　なるべく　　4　やっと

답　1④　2③　3④　4①　5②　6④　7④　8①　9④　10②

콕콕 예상 문제 12 　문맥규정　　　　　　　　　　　　　　　　　　　　　　　　/ 10

もんだい3 （　　　）に　なにを　いれますか。
　　　　　1・2・3・4から　いちばん　いい　ものを　ひとつ　えらんで　ください。

1　（　　　）が　あったら　また　いきたいと　おもいます。 (05·97)
　　1　ばあい　　　2　きかい　　　3　げんいん　　　4　りゆう

2　A「（　　　）。」
　　B「いってらっしゃい。」 (01)
　　1　おかえりなさい　　　　　　2　いってまいります
　　3　ただいま　　　　　　　　　4　おはようございます

3　あまり　べんきょうしなかったので、テストの　てんが（　　　）です。 (N4·97·94)
　　1　きけん　　　2　あんぜん　　　3　しんぱい　　　4　あんしん

4　いまは　りんごの　おいしい（　　　）です。 (93)
　　1　てんき　　　2　きおん　　　3　きぶん　　　4　きせつ

5　ガスだいは　まいつき　ぎんこうで（　　　）ください。 (99)
　　1　はらって　　2　くらべて　　3　だして　　　4　とどけて

6　もっと　おおきな（　　　）で　いわないと、みんなに　きこえませんよ。 (96)
　　1　おと　　　2　みみ　　　3　こえ　　　4　くち

7　もう　おそく　なったから、（　　　）かえりましょう。 (00·97)
　　1　ときどき　　2　そろそろ　　3　とうとう　　4　だんだん

8　おゆが（　　　）ので　おちゃに　しましょう。 (97)
　　1　できた　　　2　あいた　　　3　やけた　　　4　わいた

9　1か月　40,000円（　　　）の　へやを　かりたいです。 (05)
　　1　いか　　　2　いがい　　　3　いぜん　　　4　いっぱい

10　これ（　　　）、かんたんな　りょうりは　ありません。 (02)
　　1　いぜん　　　2　いじょう　　　3　いか　　　4　いない

답　1② 2② 3③ 4④ 5① 6③ 7② 8④ 9① 10②

콕콕 예상 문제 13 문맥규정　　　　　　　　　　　　　　　　　　　　　　　/ 10

もんだい3　（　　）に なにを いれますか。
1・2・3・4から いちばん いい ものを ひとつ えらんで ください。

1　この おてらの 前で いっしょに （　　）を とりましょう。
　　1　しけん　　　2　しゅみ　　　3　しゃしん　　　4　かいしゃ

2　あの ひとは （　　）ときから からだが よわい。
　　1　ひくい　　　2　ほそい　　　3　つまらない　　4　わかい

3　じゅうしょが （　　）ので おしらせします。
　　1　ひっこした　2　かわった　　3　のりかえた　　4　とりかえた

4　やまださんと くらべると、たなかさんの ほうが せいが （　　）ですね。(N4)
　　1　あさい　　　2　ふかい　　　3　たかい　　　　4　わかい

5　しゃしんを （　　）ひとが おおく なりました。
　　1　にる　　　　2　つたえる　　3　あう　　　　　4　うつす

6　らいしゅう りょこうに いくので、あたらしい （　　）を かった。
　　1　タクシー　　2　オートバイ　3　スーツケース　4　エレベーター

7　（　　）あにの ほんを もって きて しまいました。
　　1　すっかり　　2　はっきり　　3　うっかり　　　4　ゆっくり

8　ともだちから でんわが （　　）きました。
　　1　できて　　　2　かかって　　3　とおって　　　4　はって

9　つき 30まんえんで （　　）して います。
　　1　きょうみ　　2　せいかつ　　3　れんしゅう　　4　しゅうかん

10　おふろで ちちに （　　）を あらって もらいました。
　　1　ちから　　　2　げんき　　　3　せなか　　　　4　きせつ

답　1③　2④　3②　4③　5④　6③　7③　8②　9②　10③

콕콕 예상 문제 14 문맥규정　　　　　　　　　　　　　　　　　　/ 10

もんだい3　（　　）に なにを いれますか。
　　　　　　　1・2・3・4から いちばん いい ものを ひとつ えらんで ください。

1　わたしたちは にほんごを やまだせんせいに（　　）います。 (91)
　　1 つくって　　　2 おぼえて　　　3 ならって　　　4 べんきょうして

2　きょうしつに はいると、（　　）に いすが おいて ありました。 (99)
　　1 あいだ　　　2 あと　　　3 うら　　　4 すみ

3　あした よる 8じに（　　）。
　　1 おもいます　　　2 はなします　　　3 うかがいます　　　4 あやまります

4　A「おちゃを あげましょうか。」 (95)
　　B「みずで（　　）。」
　　1 けっこうです　　　2 しつれいです　　　3 じょうぶです　　　4 ざんねんです

5　あした べんきょうする すうがくを（　　）して おいて ください。 (95)
　　1 はいけん　　　2 よしゅう　　　3 はんたい　　　4 ふくしゅう

6　わたしは うまれてから（　　）とうきょうに すんで おります。 (96)
　　1 ずっと　　　2 やっと　　　3 もっと　　　4 きっと

7　うちの ちかくに くすりやが（　　）あります。 (01·93)
　　1 にさつ　　　2 にかい　　　3 にけん　　　4 にほん

8　きのうの よるは ともだちと（　　）はなしあいました。 (N4·91)
　　1 ゆっくり　　　2 うっかり　　　3 はっきり　　　4 すっかり

9　（　　）で オートバイに ガソリンを いれました。 (94)
　　1 ガソリンプール　　　　　　2 ガソリンテーブル
　　3 ガソリンコート　　　　　　4 ガソリンスタンド

10　ともだちが にゅういんして いるので、（　　）に いきました。 (97·90)
　　1 あいさつ　　　2 おいわい　　　3 おまつり　　　4 おみまい

답　1③　2④　3③　4①　5②　6①　7③　8①　9④　10④

콕콕 예상 문제 15 문맥규정 / 10

もんだい3　（　　）に なにを いれますか。
　　　　1・2・3・4から いちばん いい ものを ひとつ えらんで ください。

1　おかねを おとして（　　）なりました。
　　1　なりたく　　　2　よびたく　　　3　なきたく　　　4　ききたく

2　あめが ふった（　　）は ちゅうしに します。
　　1　きかい　　　　2　りゆう　　　　3　ばあい　　　　4　げんいん

3　雨ですよ。かさを（　　）行きなさい。(N4)
　　1　だして　　　　2　かけて　　　　3　つけて　　　　4　さして

4　ブレーキを（　　）じどうしゃを とめました。
　　1　おれて　　　　2　ふんで　　　　3　われて　　　　4　よごれて

5　としを（　　）と、人の なまえを すぐに わすれて しまいます。
　　1　いく　　　　　2　くる　　　　　3　とる　　　　　4　なる

6　風が 入らないように まどを（　　）います。
　　1　しめて　　　　2　しまって　　　3　あけて　　　　4　あいて

7　たなかさんは だれにでも しんせつで、こころの（　　）人です。
　　1　ふとい　　　　2　あつい　　　　3　やさしい　　　4　ふかい

8　めがねを（　　）、こくばんの 字が 見えません。
　　1　はめないと　　2　きないと　　　3　かぶらないと　4　かけないと

9　しゃちょうの（　　）で ひるごはんは かいぎしつで 食べる ことに なった。(N4)
　　1　スクリーン　　2　アイディア　　3　テーブル　　　4　パソコン

10　サーカスの どうぶつは たいてい（　　）です。
　　1　やわらかい　　2　すっぱい　　　3　はずかしい　　4　おとなしい

답　1③　2③　3④　4②　5③　6①　7③　8④　9②　10④

콕콕 예상 문제 16 문맥규정   / 10

もんだい3 （　　）に なにを いれますか。
1・2・3・4から いちばん いい ものを ひとつ えらんで ください。

1　びょうきが こんなに はやく（　　）よかったですね。(N4)
　　1　ならって　　　2　なおって　　　3　ならんで　　　4　なおして

2　とても たいせつな しゃしんを（　　）かなしく なりました。
　　1　なくして　　　2　ないて　　　　3　なくって　　　4　なげいて

3　にほんの おまつりに ついて（　　）を かきました。
　　1　ハンバーグ　　2　レポート　　　3　ニュース　　　4　スクリーン

4　きょうは あさから しごとを して いたので、ずいぶん（　　）。
　　1　かえった　　　2　とおった　　　3　にげた　　　　4　すすんだ

5　せんせいは せいとに けっせきの りゆうを（　　）。
　　1　よんだ　　　　2　ないた　　　　3　なった　　　　4　きいた

6　かれは かいたい ものに（　　）を つけた。(N4)
　　1　チェック　　　2　ケーキ　　　　3　ドア　　　　　4　サラダ

7　うちの せいとは（　　）この まちに すんで いる。
　　1　すっかり　　　2　たいてい　　　3　やっと　　　　4　たまに

8　この たてものは（　　）が きいて いません。
　　1　れいぼう　　　2　ほうりつ　　　3　きそく　　　　4　れんらく

9　今年の カレンダーを へやの（　　）に かけました。(04)
　　1　もん　　　　　2　かべ　　　　　3　たたみ　　　　4　おくじょう

10　じむしょの（　　）が あたらしく なりました。
　　1　アパート　　　2　オートバイ　　3　コンピューター　4　アナウンサー

답　1② 2① 3② 4④ 5④ 6① 7② 8① 9② 10③

콕콕 예상 문제 17 문맥규정   /10

もんだい3　(　　) に なにを いれますか。
1・2・3・4から いちばん いい ものを ひとつ えらんで ください。

1　こどもたちは せんせいに「おはようございます。」と (　　) しました。 (92)
　　1　あいさつ　　　2　れんらく　　　3　しょうかい　　　4　はいけん

2　ちちは ハワイへ いくと、いつも (　　) を かって きて くれます。 (07·93)
　　1　おいわい　　　2　おみやげ　　　3　おまつり　　　4　おれい

3　この みずうみの (　　) は なんメートルですか。 (91)
　　1　おもさ　　　2　あつさ　　　3　ふかさ　　　4　さむさ

4　バスのりばを おしえて もらったので、(　　) を いいました。 (95)
　　1　おかげ　　　2　おいわい　　　3　おだいじに　　　4　おれい

5　すみませんが、(　　) は どこに ありますか。 (98·91)
　　1　エスカレーター　　2　パーティー　　3　ニュース　　4　メートル

6　こんしゅうの つぎは (　　) です。 (00)
　　1　せんしゅう　　2　らいしゅう　　3　さらいしゅう　　4　さいらいしゅう

7　わたしは 1,000 (　　) ぐらい およげます。 (99)
　　1　テーブル　　2　ページ　　3　カーテン　　4　メートル

8　(　　) せつめいしても わかって くれません。 (01)
　　1　いくら　　2　どんな　　3　いかが　　4　どうして

9　(　　) やまださんから でんわが ありましたよ。 (05)
　　1　もうすぐ　　2　ちっとも　　3　さっき　　4　ほとんど

10　ぜんぜん しらない 人を「きみ」で よぶとか そう いう (　　) よびかたを するのは やめましょう。 (02)
　　1　しんせつな　　2　しつれいな　　3　しんぱいな　　4　ていねいな

답　1① 2② 3③ 4④ 5① 6② 7④ 8① 9③ 10②

콕콕 예상 문제 18 문맥규정 / 10

もんだい3 （　　）に なにを いれますか。
1・2・3・4から いちばん いい ものを ひとつ えらんで ください。

1. みせで もらった （　　）を みると、なにを 買ったか わかります。(N4)
   1 レジ　　　　2 レシート　　　　3 さいふ　　　　4 おつり

2. おおさかと ソウルの （　　）を 毎日、ひこうきが とんで います。
   1 すみ　　　　2 うら　　　　3 あいだ　　　　4 あと

3. にもつを ここに （　　）ください。
   1 かけて　　　　2 おいて　　　　3 つけて　　　　4 はらって

4. （　　）こえで うたって いるのは だれですか。
   1 ふかい　　　　2 あさい　　　　3 ひくい　　　　4 わかい

5. いりぐちには おおぜいの （　　）が いた。
   1 けいかん　　　　2 はんたい　　　　3 ふくしゅう　　　　4 よしゅう

6. かのじょは、あかるい いろの （　　）を 着て、めんせつに 出かけた。
   1 シーツ　　　　2 スーツ　　　　3 ズボン　　　　4 コード

7. おんどが （　　）さがりました。
   1 きゅうに　　　　2 ぜひ　　　　3 たぶん　　　　4 そんなに

8. おととい 見た えいがは （　　）おもしろく なかった。
   1 とっくに　　　　2 うっかり　　　　3 ちっとも　　　　4 めったに

9. わたしは しょうがっこうへ はいるまでは からだが （　　）。
   1 にがかった　　　　2 こわかった　　　　3 うまかった　　　　4 よわかった

10. しょくじの （　　）が できたら、おきゃくさまを あんないして ください。(01)
    1 しゅっせき　　　　2 しょうたい　　　　3 じゅんび　　　　4 しんぱい

답 1② 2③ 3② 4③ 5① 6② 7① 8③ 9④ 10③

콕콕 예상 문제 19 문맥규정   / 10

もんだい3 (　　) に なにを いれますか。
　　　　　1・2・3・4から いちばん いい ものを ひとつ えらんで ください。

1. A「スミスさんは ほんとうに にほんごが じょうずですね。」
   B「いえ、(　　) でも ありません。」(99)
   1 それほど　　2 ほとんど　　3 なるほど　　4 ほんとう

2. だいがくに にゅうがくできたので、とても (　　) です。(94)
   1 うれしかった　　2 おいしかった　　3 たのしかった　　4 ただしかった

3. だれが いちばん さきに できるか、みんなで (　　) しませんか。(09)
   1 きゅうこう　　2 しょうたい　　3 しゅうかん　　4 きょうそう

4. この きゅうこうは 15ふん (　　) そうです。(00)
   1 おくれる　　2 おわる　　3 いそぐ　　4 まにあう

5. わたしは きょう 5じに ともだちと あう (　　) が あります。(N4·00)
   1 よやく　　2 よしゅう　　3 よほう　　4 やくそく

6. ちちに しなれて ほんとうに (　　) です。(98)
   1 きびしかった　　2 うるさかった　　3 かなしかった　　4 つまらなかった

7. わたしたちの せんせいは しゅくだいを たくさん (　　)。(01)
   1 だします　　2 とります　　3 くれます　　4 あげます

8. (　　) して いる がくせいは、なまえを よばれたら へんじを しなさい。(96)
   1 しゅっせき　　2 しょうかい　　3 じゅんび　　4 しっぱい

9. 2,000円の かいものを して 5,000円 出すと (　　) は 3,000円です。(06)
   1 おさつ　　2 おかね　　3 おつり　　4 おさいふ

10. たいふうで 大きな 木の えだが (　　) しまいました。(05)
    1 やぶれて　　2 こわれて　　3 たおれて　　4 おれて

답 1① 2① 3④ 4① 5④ 6③ 7① 8① 9③ 10④

콕콕 예상 문제 20 문맥규정   / 10

もんだい3 (　　) に なにを いれますか。
1・2・3・4から いちばん いい ものを ひとつ えらんで ください。

1 ちちは やすみの ひには ゴルフを して (　　) いる。
　1　なれて　　　2　のりかえて　　3　たのしんで　　4　わすれて

2 かわが (　　) ので あるいて わたれます。
　1　あさい　　　2　わかい　　　　3　ほしい　　　　4　ひどい

3 この くにの おもな (　　) は こうぎょうです。
　1　かてい　　　2　きそく　　　　3　さんぎょう　　4　しゅうかん

4 この むらでは おもに こめを (　　) して います。(07)
　1　せいさん　　2　けんぶつ　　　3　たいいん　　　4　はつおん

5 かのじょは えいごは (　　) フランスごも はなします。
　1　ちょうど　　2　もちろん　　　3　はっきり　　　4　しっかり

6 かれは にほんに いく ことに (　　)。
　1　きめた　　　2　くらべた　　　3　よんだ　　　　4　しらべた

7 にほんは ブラジルから コーヒーを (　　) して います。
　1　ゆめ　　　　2　でんとう　　　3　よやく　　　　4　ゆにゅう

8 「わたしが わるかったです。(　　)。」と 言って あやまりました。
　1　ただいま　　　　　　　　　　2　ごめんなさい
　3　おげんきで　　　　　　　　　4　どういたしまして

9 きょう よていの しあいは (　　) に なりました。(09)
　1　こしょう　　2　けっせき　　　3　きょうみ　　　4　ちゅうし

10 おおぜいで やったので、しごとが (　　) かたづいた。
　1　どんどん　　2　ちっとも　　　3　うっかり　　　4　けっして

답　1③　2①　3③　4①　5②　6①　7④　8②　9④　10①

콕콕 예상 문제 21 문맥규정　　　　　　　　　　　　　　　　　　　　/ 10

もんだい3 (　　　) に なにを いれますか。
　　　　 1・2・3・4から いちばん いい ものを ひとつ えらんで ください。

1　しっぱいの げんいんを よく (　　) みましょう。(N4·00)
　　1　きめて　　　 2　くらべて　　　 3　よんで　　　 4　しらべて

2　おなかが いっぱいに なったら、(　　) なって しまった。(N4·03·99)
　　1　こわく　　　 2　すごく　　　 3　ねむく　　　 4　ひどく

3　あの みずうみは とても (　　) から きけんです。(N4·00)
　　1　ひくい　　　 2　ふかい　　　 3　あさい　　　 4　たかい

4　(　　) くすりは とても のめません。(N4·01)
　　1　うまい　　　 2　にがい　　　 3　よわい　　　 4　こわい

5　どの かばんが いちばん ねだんが (　　) ですか。(95)
　　1　ちいさい　　 2　ひくい　　　 3　やすい　　　 4　すくない

6　わたしは とけいやで こわれた とけいを (　　) もらいました。(N4·02·92)
　　1　ならって　　 2　なおって　　 3　ならんで　　 4　なおして

7　きみが にゅうがくしけんに しっぱいしたのは (　　) ことだ。(N4·03·98)
　　1　ふべんな　　 2　さかんな　　 3　ざんねんな　 4　しつれいな

8　あの ふるい (　　) は びじゅつかんです。(96)
　　1　プール　　　 2　アパート　　 3　ビル　　　　 4　ホテル

9　たんじょうびの パーティーに だれを (　　) しましょうか。(03)
　　1　しょうかい　 2　しょうたい　 3　しょうち　　 4　しょうらい

10　パーティーの ばしょは、はがき (　　) でんわで おしらせします。(02)
　　1　それで　　　 2　けれど　　　 3　すると　　　 4　または

답 1④ 2③ 3② 4② 5③ 6④ 7③ 8③ 9② 10④

콕콕 예상 문제 22 문맥규정   / 10

もんだい3 (　　) に なにを いれますか。
1・2・3・4から いちばん いい ものを ひとつ えらんで ください。

1　この へやは くらくて、ひるまでも (　　) を つけなければ ならない。
　　1　どうぐ　　　2　だんぼう　　　3　れいぼう　　　4　でんとう

2　その ほんを ともだちに (　　) もらいました。
　　1　かざって　　2　かけて　　　　3　かして　　　　4　はらって

3　ゆうびんきょくで (　　) と なんにち かかりますか。(N4)
　　1　かける　　　2　かざる　　　　3　おくる　　　　4　かたづける

4　あたまが いたくて べんきょうする (　　) に なれません。
　　1　きせつ　　　2　きぶん　　　　3　てんき　　　　4　きおん

5　じゅぎょうの はじまる (　　) が なって います。
　　1　ベル　　　　2　カーテン　　　3　ビル　　　　　4　ペット

6　くるまの おとが だんだん とおく なって、(　　)。
　　1　まわった　　2　にげた　　　　3　きえた　　　　4　ゆれた

7　あとで でんわを するよう (　　) おきます。(N4)
　　1　あって　　　2　つたえて　　　3　にて　　　　　4　うつして

8　こんな (　　) ものは いままで たべた ことが ない。
　　1　よわい　　　2　こわい　　　　3　うまい　　　　4　きびしい

9　わたしは いつも へやを (　　) から、でかけます。(N4)
　　1　おくって　　2　かけて　　　　3　すべって　　　4　かたづけて

10　この まちは はじめてで、よく わかりません。その 店まで (　　) して いただきたいんですが。(N4·02)
　　1　はんたい　　2　あんない　　　3　しょうたい　　4　しょうかい

답　1④　2③　3③　4②　5①　6③　7②　8③　9④　10②

콕콕 예상 문제 23 문맥규정 / 10

もんだい3 （　）に なにを いれますか。
1・2・3・4から いちばん いい ものを ひとつ えらんで ください。

1 おからだを（　　）。 (00)
　1　こちらこそ　　　　　　　2　おかげさまで
　3　どういたしまして　　　　4　おだいじに

2 あの ひとは（　　）が あるから、おもい ものを もつ ことが できる。 (98)
　1　せなか　　　2　ちから　　　3　あたま　　　4　げんき

3 1がつから マラソンの（　　）を はじめる つもりです。 (N4·91)
　1　しゅうかん　2　れんしゅう　3　しゅみ　　　4　うんどう

4 ときどき えいがを みるが、（　　）すきでは ない。 (N4·94)
　1　すっかり　　2　ほとんど　　3　はっきり　　4　とくに

5 かれは「ごめんなさい。」と いって（　　）。 (N4·98)
　1　おもった　　2　うかがった　3　はなした　　4　あやまった

6 バスが ゆっくり（　　）を あがって きました。 (09)
　1　かわ　　　　2　いし　　　　3　さか　　　　4　えだ

7 おかあさんの びょうきが なおるように（　　）います。 (95)
　1　こまって　　2　あやまって　3　いのって　　4　みつかって

8 でんしゃの なかに かさを（　　）きて しまいました。 (96·94)
　1　とって　　　2　かぶって　　3　おちて　　　4　わすれて

9 じぶんの めと はなを（　　）で 見ました。 (03)
　1　かがみ　　　2　ふとん　　　3　たたみ　　　4　すいどう

10 レストランの（　　）で 2,400円 はらいました。 (N4·05)
　1　スクリーン　2　ワープロ　　3　レジ　　　　4　レポート

답 1④　2②　3②　4④　5④　6③　7③　8④　9①　10③

콕콕 예상 문제 24 문맥규정   / 10

もんだい3 （　　　）に なにを いれますか。
　　　　　1・2・3・4から いちばん いい ものを ひとつ えらんで ください。

1　うちでは（　　）きものを きて います。
　　1　あまり　　　2　いつも　　　3　すっかり　　　4　そろそろ

2　いえの まえで くるまの とまる（　　）が しました。
　　1　おと　　　　2　くち　　　　3　こえ　　　　　4　みみ

3　わたしの（　　）は えを かく ことです。
　　1　しゅみ　　　2　うんどう　　3　しゅうかん　　4　れんしゅう

4　ひつような（　　）が ないと、じどうしゃを なおす ことが できない。
　　1　れいぼう　　2　でんとう　　3　だんぼう　　　4　どうぐ

5　この かわで およぐのは（　　）ですよ。
　　1　あぶない　　2　うるさい　　3　ぬるい　　　　4　わかい

6　あなたは（　　）ことだけ はなせば いい。(N4)
　　1　ねっしんな　2　ひつような　3　しんせつな　　4　ざんねんな

7　わたしたちは（　　）を まもらなければ なりません。
　　1　ほうりつ　　2　しゅうかん　3　りゆう　　　　4　しゅっせき

8　あめが ふって きたが、かぜが（　　）、かさが させない。
　　1　ひどくて　　2　ねむくて　　3　こわくて　　　4　ふかくて

9　この みちは（　　）から、じどうしゃは とおる ことが できません。
　　1　わるい　　　2　ほそい　　　3　ひくい　　　　4　わかい

10　シャツは まいにち（　　）ください。
　　1　とりかえて　2　ひっこして　3　のりかえて　　4　かりて

답　1② 2① 3① 4④ 5① 6② 7① 8① 9② 10①

콕콕 예상 문제 25 문맥규정 / 10

もんだい3 （　　）に なにを いれますか。
1・2・3・4から いちばん いい ものを ひとつ えらんで ください。

1 さいふは ひきだしの なかから （　　）。 (N4-08)
　1 いのった　　2 こまった　　3 あやまった　　4 みつかった

2 かじで いえが さんげん （　　）。
　1 やけました　　2 あきました　　3 わきました　　4 できました

3 あの ひとは、いつも （　　） きものを きて います。
　1 われた　　2 よごれた　　3 おれた　　4 ふんだ

4 きゅうに くにへ かえって、かぞくを （　　） させた。
　1 はっきり　　2 ぐっすり　　3 びっくり　　4 すっかり

5 いそいで いしゃを （　　） ください。
　1 きいて　　2 なって　　3 ないて　　4 よんで

6 クーラーの 下で ねて いたら、夏かぜを （　　） しまった。
　1 かかって　　2 うつって　　3 ひいて　　4 はいって

7 あたまが （　　） なったので、くすりを かって きて のみました。
　1 いやに　　2 いたく　　3 きらいに　　4 わるく

8 A「（　　）。」
　B「おかえりなさい。きょうは はやかったわね。」
　1 おはようございます　　2 いってまいります
　3 ごめんください　　　　4 ただいま

9 まいあさ ラジオの てんき （　　） を ききます。
　1 よほう　　2 よやく　　3 よしゅう　　4 やくそく

10 どうぞ （　　） おしごとは なさらないで ください。
　1 あんぜんな　　2 けっこうな　　3 むりな　　4 じゆうな

답 1④ 2① 3② 4③ 5④ 6③ 7② 8④ 9① 10③

콕콕 예상 문제 26 문맥규정   / 10

もんだい3 （　　）に なにを いれますか。
1・2・3・4から いちばん いい ものを ひとつ えらんで ください。

1 これは（　　）てがみですから、わすれずに わたして ください。
　　1 まじめな　　　2 てきとうな　　　3 ひつような　　　4 たいせつな

2 りょこうの とき、（　　）を もって いって ください。
　　1 アジア　　　　2 パート　　　　　3 レジ　　　　　　4 セーター

3 ともだちに えいがの きっぷを にまい（　　）もらいました。
　　1 かって　　　　2 なおして　　　　3 かけて　　　　　4 なれて

4 かりた ほんを としょかんに（　　）いきます。
　　1 かえしに　　　2 かいに　　　　　3 かしに　　　　　4 かざりに

5 この なつは ひどい（　　）が つづく そうだ。
　　1 さむさ　　　　2 おもさ　　　　　3 あつさ　　　　　4 ふかさ

6 とうきょうは くるまが おおいので、こわくて（　　）が できない。
　　1 しっぱい　　　2 うんどう　　　　3 こしょう　　　　4 うんてん

7 かのじょは だいがくで わたしの 3年（　　）でした。(N4)
　　1 せんぱい　　　2 しっぱい　　　　3 しつれい　　　　4 あんない

8 うちから（　　）ちかい えきは しんじゅくです。
　　1 いっけん　　　2 いちばん　　　　3 いっこ　　　　　4 いちど

9 へやを 出る とき、かぎを（　　）のを わすれないで ください。
　　1 かける　　　　2 かかる　　　　　3 かぶる　　　　　4 しまる

10 わたしたち 4にんかぞくに（　　）おおきさの いえが ほしいです。
　　1 てきとうな　　2 きらいな　　　　3 むりな　　　　　4 ていねいな

답 1④ 2④ 3① 4① 5③ 6④ 7① 8② 9① 10①

콕콕 예상 문제 27 문맥규정　　　　　　　　　　　　　　　/ 10

もんだい3　（　　）に なにを いれますか。
　　　　　1・2・3・4から いちばん いい ものを ひとつ えらんで ください。

1　この みちは ひとが たくさん（　　　）。
　　1　できます　　　2　かかります　　　3　とおります　　　4　ならいます

2　この にもつを うちへ（　　　）ください。
　　1　だして　　　　2　はらって　　　　3　くらべて　　　　4　とどけて

3　この てがみに（　　　）はやく おへんじを いただきたいと おもいます。(03-98)
　　1　なるべく　　　2　そんなに　　　　3　ずいぶん　　　　4　なかなか

4　ここで まって いなさい。（　　　）いけないよ。
　　1　たおれては　　2　おちては　　　　3　すべっては　　　4　うごいては

5　よる おそく 食べると（　　　）と 言われて います。(N4)
　　1　あびる　　　　2　ふとる　　　　　3　われる　　　　　4　あまる

6　1かげつまえから（　　　）を うけつけます。(04)
　　1　やくそく　　　2　よやく　　　　　3　よほう　　　　　4　よしゅう

7　やまださんは、学生の ころ トランペットを（　　　）いた そうだ。
　　1　はいて　　　　2　ひいて　　　　　3　ふいて　　　　　4　へて

8　けがにんは（　　　）びょういんへ おくられました。
　　1　まにあって　　2　われて　　　　　3　おわって　　　　4　いそいで

9　これは せんせいに（　　　）じしょです。
　　1　いただいた　　2　くださった　　　3　なさった　　　　4　ならった

10　しゃしんを てがみに（　　　）おくりました。
　　1　はいて　　　　2　いれて　　　　　3　つけて　　　　　4　おいて

답　1③　2④　3①　4④　5②　6②　7③　8④　9①　10②

もんだい ④
유의표현
출제 예상 단어 155

もんだい 4(유의표현)은 제시된 단문과 가장 가까운 뜻으로 쓰인 단문을 4개의 선택지에서 고르는 문제로, 5문항이 출제된다. 단문을 제대로 이해했는지를 측정하는 문제로 대개 같은 의미를 갖는 어휘를 암기해 두면 좋다. 예를 들면 「おっしゃる(말씀하시다)≒いう(말하다)」「うかがう(여쭙다) ≒ きく(묻다)」「だいたい(대개)≒ほとんど(거의)」「ひつようだ (필요하다)≒いる(필요하다)」 등이다. 2010년부터 출제된 유의표현에는 「N4 유의」로 표시하였다.

1 명사 35

뜻	예상 어휘	출제 연도
갓난아이	あかんぼう 갓난아이 生まれて 3か月 태어난지 3개월	99
거짓말	うそだ 거짓말이다 ほんとうでは ない 사실이 아니다	06
공장	こうじょう 공장 ものを つくる ところ 물건을 만드는 곳	90 N4 유의
공항	くうこう 공항 ひこうきに のったり おりたり する ところ 비행기를 타거나 내리거나 하는 곳	92
그림 전람회	えの てんらんかい 그림 전람회 えを 見る ところ 그림을 보는 곳	95
근처	きんじょ 근처 ちかく 근처	N4 유의
놀라다	びっくりする 깜짝 놀라다 おどろく 놀라다	N4 유의
대학 선배	だいがくの せんぱい 대학 선배 わたしが 入学する まえに 同じ 大学に 入学した 人 내가 입학하기 전에 같은 대학에 입학한 사람	93
따님	おじょうさん 따님 むすめさん 따님	91

뜻	예상어휘	출제 연도
무역	**ぼうえき** 무역 外国から 品物を かったり、外国に うったり する こと 외국에서 물건을 사거나 외국에 팔거나 하는 것	95
미술관	**びじゅつかん** 미술관 えを 見せる ところ 그림을 보여주는 곳	99
	びじゅつかん 미술관 えを 見る ところ 그림을 보는 곳	94
미용실	**びよういん** 미용실 かみのけを きる ところ 머리카락을 자르는 곳	05
부모님	**りょうしん** 부모님 父と 母 아버지와 어머니	90
부재중	**るすだ** 부재중이다 出かけて いる 외출하였다	09 N4 유의
	るす 부재중 いない 없다	97
생각, 작정, 예정	**つもり** 생각, 작정 よてい 예정	98
선물	**プレゼント** 선물 おくりもの 선물	94
수영	**すいえい** 수영 およぐの 헤엄치는 것	N4 유의
슈트케이스	**スーツケース** 슈트케이스 旅行を する ときに つかう もの 여행을 할 때에 사용하는 것	92

뜻	예상어휘	출제 연도
식료품 매장	食料品の 売り場 식료품 매장 肉や くだものを かう ところ 고기나 과일을 사는 곳	95
안경	めがね 안경 小さい じが 見える ように する もの 작은 글씨가 보이도록 하는 것	99
의견	いけん 의견 かんがえて いる こと 생각하고 있는 것	99
이발소	とこや 이발소 かみを きる ところ 머리를 자르는 곳	98
	とこや 이발소 かみを きって もらう ところ 머리를 잘라 주는 곳	91
이사	ひっこし 이사 いろいろな ところに すむ 여러 곳에 살다	99
~이상	~以上 ~이상 ~より 多い ~보다 많다	97
이유	(おみせを はじめた) りゆう (가게를 시작한) 이유 なぜ (おみせを はじめたか) 왜 (가게를 시작했는지)	N4 유의
장래	しょうらい 장래 これからの こと 앞으로의 일	07·95
전공	せんもん 전공 けんきゅうして いる もの 연구하고 있는 것	96
정류장	ていりゅうじょ 정류장 バスに のったり おりたり する ところ 버스를 타거나 내리거나 하는 곳	N4 유의

뜻	예상 어휘	출제 연도
주소	じゅうしょ **住所** 주소 すんで いる ところ 살고 있는 곳	98
	じゅうしょ 주소 すんで いる ばしょ 살고 있는 장소	N4 유의
주차장	ちゅうしゃじょう 주차장 じ どうしゃ **自動車を** とめる ところ 자동차를 세우는 곳	93
취미	しゅみ 취미 す **好きな** こと 좋아하는 것	95
탈것	のりもの 탈것, 교통수단 ひこうきや ふね など 비행기나 배 등	05
파출소	こうばん 파출소 けいかんが いる ところ 경찰관이 있는 곳	97
할아버지와 할머니	そふと そぼ 조부와 조모 おじいさんと おばあさん 할아버지와 할머니	92
항구	みなと 항구 ふねに のったり おりたり する ところ 배를 타거나 내리거나 하는 곳	98

② 동사 50

뜻	예상 어휘	출제 연도
가르치다	おしえる 가르치다, 일러주다 しらせる 알리다	N4 유의
걱정하다	AはBに 心配を かける A는 B에게 걱정을 끼치다 BはAを 心配する B는 A를 걱정하다	91
권하다	(かいものに) さそう (쇼핑을) 권하다 「いっしょに (かいものに) いきませんか」と 言う '같이 (쇼핑하러) 가지 않을래요?'라고 말하다	N4 유의
결혼하다	～と 結婚する ～와 결혼하다 ～の おくさんに なる ～의 부인이 되다	94
고장나다	こわれる 고장나다 こしょうする 고장나다	
고치다	なおす 고치다 しゅうりを する 수리를 하다	90
귀국하다	きこくする 귀국하다 くにへ かえる 고국으로 돌아가다	N4 유의
기뻐하다	よろこぶ 기뻐하다 うれしそうだ 기쁜 것 같다	N4 유의
날이 저물다	日が くれる 날이 저물다 空が くらく なる 하늘이 어두워지다	06
	日が くれる 날이 저물다 よるに なる 밤이 되다	95

뜻	예상어휘	출제 연도
남다	のこって いる 남아 있다 まだ ある 아직 있다	N4 유의
놀라다	びっくりする 깜짝 놀라다 おどろく 놀라다	03・98
늘다	ふえる 늘다 たくさん ～ように なる 많이 ～하게 되다	96
	ふえる 늘다 多(おお)く なる 많아지다	N4 유의
늦다	おくれる 늦다 まにあわない 시간에 대지 못하다	08・92 N4 유의
	おくれる 늦다 ちこくする 지각하다	N4 유의
늦잠 자다	ねぼうする 늦잠 자다 おきるのが おそく なる 일어나는 게 늦어지다	N4 유의
떠들다	さわがないで ください 떠들지 마세요 うるさく しないで ください 시끄럽게 하지 마세요	09
	さわぐ 떠들다 うるさく する 시끄럽게 하다	99
(목이) 마르다	のどが かわく 목이 마르다 なにか のみたい 무언가 마시고 싶다	92
만나다	あう 만나다 むかえに 行(い)く 마중하러 가다	00
말하다	いう 말하다 おっしゃる 말씀하시다	91

뜻	예상 어휘	출제 연도
머리를 감다	かみを あらう 머리를 감다 あたまを あらう 머리를 감다	94
먹다, 밥을 먹다	ごはんを たべる 밥을 먹다 しょくじを する 식사를 하다	08
	たべる 먹다 めしあがる 드시다	96 N4 유의
묻다	聞く 묻다 たずねる 묻다	00 N4 유의
	きく 묻다 うかがう 여쭙다	90
방문하다	まいる 가다 いえに いく 집에 가다	07
	うかがう 방문하다 たずねる 방문하다	01
불을 켜다	電気を つける 불을 켜다 明るく する 밝게 하다	91
붐비다	こむ 붐비다 人が たくさん いる 사람이 많이 있다	02 N4 유의
비다	すいて いる 비어 있다 きゃくが すくない 손님이 적다	09
	すく 비다 おきゃくが あまり いない 손님이 별로 없다	90
	すく 비다 ひとが すくない 사람이 적다	98

뜻	예상 어휘	출제 연도
사과하다	あやまる 사과하다 ごめんなさい 미안해요	07・94
사전으로 조사하다	じしょで ひく 사전으로 찾다 じしょで しらべる 사전으로 찾다	94
삼가 보다	はいけんする 삼가 보다 読む 읽다	97
수입하다	ゆにゅうする 수입하다 ほかの くにから かって いる 다른 나라에서 구입하고 있다	N4 유의
싫어하다	いやがる 싫어하다 きらいだ 싫어하다	N4 유의
쌀쌀해지다, 추워지다	ひえる 쌀쌀해지다 さむく なる 추워지다	97
야단맞다	しかられる 야단맞다 おこられる 꾸지람을 듣다	05 N4 유의
야위다	やせる 야위다 ほそく なる 날씬해지다	04
연락하다	れんらくする 연락하다 つたえる 전달하다	98
이사하다	ひっこしする 이사하다 いえが かわる 집이 바뀌다	92
인사하다	あいさつする 인사하다 「こんにちは」と いう '안녕하세요'라고 하다	N4 유의
일하다	はたらく 일하다 アルバイトする 아르바이트하다	N4 유의

뜻	예상 어휘	출제 연도
입원하다	にゅういんする 입원하다 びょうきに なって、びょういんに はいる 병이 나서 병원에 들어가다	N4 유의
전달하다	つたえる 전달하다 れんらくする 연락하다	93
죽다	しぬ 죽다 なくなる 돌아가시다	91
차게 하다	ひやす 차게 하다 つめたく する 차게 하다	90
청소하다	そうじする 청소하다 きれいに する 깨끗이 하다	97
체크하다	チェックする 체크하다 しらべる 검토하다	04
출발하다	しゅっぱつする 출발하다 でる 떠나다, 출발하다	N4 유의
출석하다	しゅっせきする 출석하다 先生の 話を 聞く 선생님의 이야기를 듣다	04
춤추다	おどる 춤추다 ダンスを して いる 댄스를 하고 있다	N4 유의
칭찬 받다	ほめられる 칭찬 받다 「よく できましたね。」と いわれる '참 잘했어요.'라는 말을 듣다	95
	ほめられる 칭찬 받다 「とても よかった」と 言う '무척 좋았어'라고 말하다	N4 유의

뜻	예상 어휘	출제 연도
콘서트에 가다	コンサートに 行く 콘서트에 가다 音楽を ききに 行く 음악을 들으러 가다	91
퇴원하다	たいいんする 퇴원하다 びょういんから かえって くる 병원에서 돌아오다	02
	たいいんする 퇴원하다 びょうきが なおる 병이 낫다	94
	たいいんする 퇴원하다 病気が なおって、病院から うちへ もどる 병이 나아 병원에서 집으로 돌아오다	92
훔치다	ぬすむ 훔치다 とる 빼앗다	98
	ぬすまれる 도둑 맞다 とられる 빼앗기다	90 N4 유의

3 い형용사 11

뜻	예상어휘	출제연도
더럽다	きたない 더럽다 よごれて いる 더러워져 있다	01 N4 유의
드물다, 신기하다	めずらしい 드물다, 신기하다 あまり 見ない 별로 보지 않다	97
멋있다	すばらしい 멋있다 とても うつくしい 매우 아름답다	99
쉽다	やさしい 쉽다 かんたんだ 간단하다	06
아름답다	うつくしい 아름답다 きれいだ 예쁘다	N4 유의
얌전하다	おとなしい 얌전하다 しずかだ 조용하다	N4 유의
어렵다	むずかしい 어렵다 ふくざつだ 복잡하다	96
위험하다	あぶない 위험하다 きけんだ 위험하다	05·99 N4 유의
작다	ちいさい 작다 こまかい 작다, 잘다	N4 유의
잘하다	うまい 잘하다 じょうずだ 잘하다, 능숙하다	N4 유의
춥다	さむい 춥다 からだが ひえる 몸이 차가워지다	00

4 な형용사 7

뜻	예상 어휘	출제 연도
무리이다	むりだ 무리이다 こられない 올 수 없다	07
불편하다	ふべんだ 불편하다 つかいにくい 사용하기 어렵다	93
싫어하다	きらいだ 싫어하다 いやがる 싫어하다	92
안전하다	安全(あんぜん)だ 안전하다 あぶなく ない 위험하지 않다	97
중요하다, 소중하다	だいじだ 소중하다 たいせつだ 소중하다	91
편리하다	こうつうが べんりだ 교통이 편리하다 バスや ちかてつが たくさん はしって いる 버스나 지하철이 많이 달리고 있다	09
필요하다	ひつようだ 필요하다 いる 필요하다	95

5　부사 7

뜻	예상어휘	출제연도
가급적	なるべく 가급적, 되도록 できるだけ 될 수 있는 대로	93
가끔	たまに ～する 가끔 ~하다 ほとんど ～ない 거의 ~하지 않다	99
	たまに ～する 가끔 ~하다 あまり ～ない 별로 ~하지 않다	96
대개	だいたい 대개 ほとんど 거의	92
먼저, 첫째로	まず 먼저 はじめに 처음에	08
	さいしょに 처음에, 첫째로 はじめに 처음에	N4 유의
반드시, 꼭	かならず 반드시 きっと 꼭	07
열심히	いっしょうけんめい 열심히 ねっしんに 열심히	01
	まじめに 성실하게 いっしょうけんめいに 열심히	93
하나도 (~지 않다)	ひとつも ～ない 하나도 ~지 않다 ぜんぶ ～する 전부 ~하다	99

6 인사말 6

뜻	예상 어휘	출제 연도
고마워요	ありがとうございます 고맙습니다 おれいを いう 감사의 말을 하다	05
	どうも ありがとう 정말로 고마워요 おれいを いう 감사의 말을 하다	90
	おれいを いう 감사의 말을 하다 「ありがとう」と いう '고마워요'라고 하다	N4 유의
몸조리 잘하세요	おだいじに 몸조리 잘하세요 病気の ひとに する あいさつ 아픈 사람에게 하는 인사	93
안녕하세요	おはようございます 안녕하세요 あいさつする 인사하다	08
오랜만이에요	ひさしぶりだね 오랜만이군 きょねん あった ひとに する あいさつ 작년에 만난 사람에게 하는 인사	97
잘 먹겠습니다	いただきます 잘 먹겠습니다 ごはんを 食べる 밥을 먹다	90
잘 오셨습니다	よく いらっしゃいました 잘 오셨습니다 たずねて きた ひとに する あいさつ 방문한 사람에게 하는 인사	93

7　기타 39

뜻	예상 어휘	출제 연도
~간격으로	１週間おきに 行く 일주일 간격으로 간다 今週 行って、次は さらいしゅう 行く 이번 주에 가고, 다음에는 다다음 주에 간다	96
갈 수 없다	いくのは むりだ 가는 것은 무리이다 いけない 갈 수 없다	94
거의 잊다	ほとんど わすれる 거의 잊다 すこししか おぼえて いない 조금밖에 기억하고 있지 않다	00
경치가 좋다	けしきが いい 경치가 좋다 山や もりが 見える 산이나 숲이 보이다	06
경험이 있다	～の けいけんが ある ~경험이 있다 ～た ことが ある ~한 적이 있다	03
	～の けいけんが ある ~경험이 있다 ～た ~했다	96
교육을 받다	きょういくを うける 교육을 받다 学校へ いく 학교에 가다	06
귀갓길에	かえりに 귀갓길에 うちへ かえる まえに 집에 가기 전에	94
남아 있다	のこって いる 남아 있다 まだ いる 아직 있다	91
냉엄한 시대	きびしい じだい 냉엄한 시대 たいへんな じだい 힘든 시대	04

뜻	예상 어휘	출제 연도
~는 좀…(곤란하다)	~は ちょっと… ~는 좀…(곤란해요) ~は だめだ ~는 안 된다	01
~대신	かちょうの かわりに かいぎに いった 과장님 대신에 회의에 갔다 かいぎに いったが、かちょうは いかなかった 회의에 갔지만 과장님은 가지 않았다.	09
	Aの かわりに Bが 出る A 대신에 B가 나오다 Aは 出ない A는 나오지 않다	02
	Aの かわりに Bが くる A 대신에 B가 오다 Bは くるが、Aは こない B는 오지만, A는 오지 않다	97
대학교 입학식이 있다	大学の にゅうがくしきが ある 대학교 입학식이 있다 大学生に なる 대학생이 되다	02
또는	1ばんの へや、または 2ばんの へや 1번 방 또는 2번 방 1ばんの へやか 2ばんの へや 1번 방이나 2번 방	08
뭔가 마시고 싶다	なにか のみたい 뭔가 마시고 싶다 のどが かわいて いる 목이 말라 있다	N4 유의
미끄러지기 쉽다	すべりやすい 미끄러지기 쉽다 あるきにくい 걷기 불편하다	03
병원에 가다	びょういんへ いく 병원에 가다 びょうきを なおして もらいに いく 병을 고치러 가다	N4 유의
사양 않고 먹다	えんりょなく たべる 사양 않고 먹다 たくさん たべる 많이 먹다	98
사인을 하다	サインを する 사인을 하다 名前を 書く 이름을 쓰다	N4 유의

뜻	예상 어휘	출제 연도
성행하게 되다	さかんに なる 성행하게 되다 する 人(ひと)が ふえる 하는 사람이 늘다	01
소중히 하다	たいせつに する 소중히 하다 いじめない 괴롭히지 않다	03
쇼핑에 불편하다	かいものに ふべんだ 쇼핑에 불편하다 みせが あまり ない 가게가 별로 없다	90
쇼핑이 편리하다	かいものが べんりだ 쇼핑이 편리하다 いろいろな ものを かう ことが できる 여러 가지 물건을 살 수 있다	N4 유의
~에 늦다	(じゅぎょう)に おくれる (수업)에 늦다 (じゅぎょう)が はじまってから くる (수업)이 시작되고 나서 오다	N4 유의
A 이외에는 ~하지 마세요	Aいがいは ~ないで ください A 이외에는 ~하지 마세요 Aは ~ても いい A는 ~해도 좋다	00
~에게 전화가 오다	~から 電話(でんわ)が ある ~에게 전화가 오다 ~は わたしに 電話を かける ~는 나에게 전화를 건다	95
오랜만에 만나다	ひさしぶりに あう 오랜만에 만나다 何年(なんねん)も あって いない 몇 년이나 만나지 않았다	03
운전하는 방법	運転(うんてん)の しかた 운전하는 방법 どうやって 運転するか 어떻게 운전하는지	96
이외	~と ~以外(いがい)は ~する ~와 ~이외는 ~하다 ~も ~も ~ない ~도 ~도 ~하지 않다	93
	~いがいは 来(き)た ~이외에는 왔다 ~は 来(こ)なかったが、ほかの 人(ひと)は 来た ~는 오지 않았지만, 다른 사람은 왔다	N4 유의

뜻	예상 어휘	출제 연도
일을 하면서	しごとを しながら 일을 하면서 しごとを やめないで 일을 그만두지 않고	91
정성 들여 쓰다	ていねいに 書(か)く 정성 들여 쓰다 きれいに 書(か)く 깨끗하게 쓰다	04 N4 유의
~제	ヨーロッパせいです 유럽제입니다 ヨーロッパで つくられて います 유럽에서 만들어지고 있습니다	N4 유의
틀리기 쉽다	まちがえやすい 틀리기 쉽다 まちがえる 人(ひと)が 多(おお)い 틀리는 사람이 많다	02
찬성이다	さんせいだ 찬성이다 ひとびとが いい 思(おも)いだと おもう 사람들이 좋은 생각이라고 생각하다	N4 유의
편리한 교통	べんりな こうつう 편리한 교통 バスや 電車(でんしゃ)が たくさん ある 버스랑 전철이 많이 있다	92
~하기 쉽다	~やすい ~하기 쉽다 よく ~する 자주 ~하다	96
~하는 것은 무리다	~するのは むりだ ~하는 것은 무리다 ~(ら)れない ~할 수 없다	98
~한 이유	~た わけ ~한 이유 なぜ ~たか 왜 ~했는지	93
~한 후에	~の あとで ~한 후에 ~が すんだら ~가 끝나면	95
혹독한 날씨	ひどい 天気(てんき) 혹독한 날씨 かぜも つよいし、雨(あめ)も たくさん ふる 바람도 강하고 비도 많이 내린다	96

콕콕 예상 문제 01 유의표현 /5

もんだい4 ＿＿＿ の ぶんと だいたい おなじ いみの ぶんが あります。
1・2・3・4から いちばん いい ものを ひとつ えらんで ください。

1 この いぬは おとなしいです。(N4)
　1 この いぬは しずかです。
　2 この いぬは しずかでは ありません。
　3 この いぬは かしこいです。
　4 この いぬは かしこく ありません。

2 さいしょに 水を いれて ください。(N4-08)
　1 もうすぐ 水を いれて ください。
　2 さいごに 水を いれて ください。
　3 はじめに 水を いれて ください。
　4 おわりに 水を いれて ください。

3 おんがくに あわせて おどって います。(N4)
　1 おんがくに あわせて たいそうを して います。
　2 おんがくに あわせて ヨガを して います。
　3 おんがくに あわせて べんきょうを して います。
　4 おんがくに あわせて ダンスを して います。

4 この 自動車は にほんせいです。(N4)
　1 この 車は にほんで しられて います。
　2 この 車は にほんで かわれて います。
　3 この 車は にほんで つくられて います。
　4 この 車は にほんで のられて います。

5 おみせを はじめた りゆうを おしえて ください。(N4)
　1 なぜ おみせを はじめたか おしえて ください。
　2 なぜ おみせを しめたか おしえて ください。
　3 いつ おみせを はじめたか おしえて ください。
　4 いつ おみせを しめたか おしえて ください。

답 1① 2③ 3④ 4③ 5①

콕콕 예상 문제 02 유의표현   /5

もんだい4 ＿＿＿＿の ぶんと だいたい おなじ いみの ぶんが あります。
1・2・3・4から いちばん いい ものを ひとつ えらんで ください。

1 ゆうべ 父に しかられました。(N4-05)
 1 ゆうべ 父に ほめられました。
 2 ゆうべ 父に たべられました。
 3 ゆうべ 父に おしえられました。
 4 ゆうべ 父に おこられました。

2 じが ちいさくて よめません。(N4)
 1 じが こまかくて よめません。
 2 じが ふとくて よめません。
 3 じが きたなくて よめません。
 4 じが おおきくて よめません。

3 ここに じゅうしょを 書いて ください。(N4-98)
 1 ここに かよって いる がっこうを 書いて ください。
 2 ここに すんで いる ばしょを 書いて ください。
 3 ここに のんで いる のみものを 書いて ください。
 4 ここに たべて いる くだものを 書いて ください。

4 先生に わからない ところを たずねました。(N4-00)
 1 先生に わからない ところを おしえました。
 2 先生に わからない ところを ききました。
 3 先生に わからない ところを しらせました。
 4 先生に わからない ところを ならいました。

5 やまださんは よろこんで います。(N4)
 1 やまださんは かなしそうな かおを して います。
 2 やまださんは さむそうな かおを して います。
 3 やまださんは うれしそうな かおを して います。
 4 やまださんは こわそうな かおを して います。

답 1④ 2① 3② 4② 5③

콕콕 예상 문제 03 유의표현   /5

もんだい4 ＿＿＿＿ の ぶんと だいたい おなじ いみの ぶんが あります。
1・2・3・4から いちばん いい ものを ひとつ えらんで ください。

1　あさって せんせいの おたくに うかがいます。(07·01)
　1　あさって せんせいの おたくに みえます。
　2　あさって せんせいの おたくに まいります。
　3　あさって せんせいの おたくに かえります。
　4　あさって せんせいの おたくに いらっしゃいます。

2　いもうとは もう たいいんしました。(94)
　1　いもうとは もう はたちに なりました。
　2　いもうとは もう びょうきが なおりました。
　3　いもうとは もう かいしゃを やめました。
　4　いもうとは もう だいがくに はいりました。

3　たろうは あかんぼうです。(99)
　1　たろうは らいねん しょうがっこうに はいります。
　2　たろうは ことし ちゅうがっこうに はいります。
　3　たろうは うまれて 2かげつです。
　4　たろうは おんなのこです。

4　トイレは いつも きれいに して おきましょう。(97)
　1　トイレは いつも そうじして おきましょう。
　2　トイレは いつも したくして おきましょう。
　3　トイレは いつも せんたくして おきましょう。
　4　トイレは いつも せわして おきましょう。

5　すいて いる バスが きました。(98)
　1　ひとが たくさん のって いる バスが きました。
　2　ひとが すこしも のって いない バスが きました。
　3　のって いる ひとが いない バスが きました。
　4　のって いる ひとが すくない バスが きました。

답 1② 2② 3③ 4① 5④

콕콕 예상 문제 04 유의표현 /5

もんだい 4 _____ の ぶんと だいたい おなじ いみの ぶんが あります。
1・2・3・4から いちばん いい ものを ひとつ えらんで ください。

1 いっしょうけんめい べんきょうを して います。(01)
 1 ゆっくりと べんきょうを して います。
 2 ねっしんに べんきょうを して います。
 3 はっきりと べんきょうを して います。
 4 てきとうに べんきょうを して います。

2 えいごは ほとんど わすれて しまいました。(00)
 1 えいごは すこししか おぼえて いません。
 2 えいごは なにも おぼえて いません。
 3 えいごは ぜんぶ わすれて しまいました。
 4 えいごは すっかり わすれて しまいました。

3 ははは いま るすです。(N4・09・97)
 1 ははは へやに いません。
 2 ははは いま ねて います。
 3 ははは いま うちに いません。
 4 ははは いま いそがしいです。

4 この カメラは よく こしょうします。(96)
 1 この カメラは たしかです。
 2 この カメラは こわれやすいです。
 3 この カメラは じょうぶです。
 4 この カメラは あんぜんでは ありません。

5 おとうとは かみを きって きました。(98・91)
 1 おとうとは こうばんへ いきました。
 2 おとうとは こうじょうへ いきました。
 3 おとうとは けいさつへ いきました。
 4 おとうとは とこやへ いきました。

답 1② 2① 3③ 4② 5④

콕콕 예상 문제 05 유의표현　　　　　/5

もんだい 4　＿＿＿の ぶんと だいたい おなじ いみの ぶんが あります。
　　　　　　1・2・3・4から いちばん いい ものを ひとつ えらんで ください。

1　たまに テニスを します。(99)
　1　テニスは ぜんぜん して いません。
　2　テニスは ほとんど して いません。
　3　テニスは いちども して いません。
　4　テニスは まいにち して います。

2　その しらせを きいて びっくりしました。(03-98)
　1　その しらせを きいて わかりました。
　2　その しらせを きいて よろこびました。
　3　その しらせを きいて おどろきました。
　4　その しらせを きいて おもいだしました。

3　あの こうえんは あんぜんです。(97)
　1　あの こうえんは きれいです。
　2　あの こうえんは あんしんできません。
　3　あの こうえんは きけんが おおいです。
　4　あの こうえんは あぶなく ありません。

4　A「あした えいがを みに いきませんか。」(01)
　B「あしたは ちょっと。」
　1　あしたは だめです。
　2　あしたは いけます。
　3　あしたは かまいません。
　4　あしたは だいじょうぶです。

5　けさ せんせいから でんわが ありました。(95)
　1　けさ わたしは せんせいに でんわを かしました。
　2　けさ わたしは せんせいに でんわを かけました。
　3　けさ せんせいは わたしに でんわを かけました。
　4　けさ せんせいは わたしに でんわを かしました。

답　1 ②　2 ③　3 ④　4 ①　5 ③

콕콕 예상 문제 06 유의표현   /5

もんだい4 ＿＿＿＿の ぶんと だいたい おなじ いみの ぶんが あります。
1・2・3・4から いちばん いい ものを ひとつ えらんで ください。

1 ペットを いじめては いけません。(03)
 1 ペットを りっぱに して ください。
 2 ペットを たいせつに して ください。
 3 ペットを すてて ください。
 4 ペットを よんで ください。

2 とうきょうは こうつうが べんりです。(09)
 1 とうきょうは スーパーや デパートが たくさん あります。
 2 とうきょうは たくさんの くにの ひとが せいかつして います。
 3 とうきょうは バスや ちかてつが たくさん はしって います。
 4 とうきょうは えきの そばに たくさんの アパートが あります。

3 ひさしぶりに うえのさんに あいました。(03)
 1 ときどき うえのさんに あって いました。
 2 ほんとうに うえのさんに あって いませんでした。
 3 まいばん うえのさんに あって いました。
 4 何年も うえのさんに あって いませんでした。

4 しょくどうは こんで います。(N4·02)
 1 しょくどうには 車が たくさん あります。
 2 しょくどうには 車が あまり ありません。
 3 しょくどうには 人が たくさん います。
 4 しょくどうには 人が あまり いません。

5 へやを ていねいに そうじして ください。(N4·04)
 1 へやを きれいに そうじして ください。
 2 へやを かんたんに そうじして ください。
 3 へやを はやく そうじして ください。
 4 へやを きたなく そうじして ください。

답 1② 2③ 3④ 4③ 5①

콕콕 예상 문제 07 유의표현   /5

もんだい4 ＿＿＿＿の ぶんと だいたい おなじ いみの ぶんが あります。
1・2・3・4から いちばん いい ものを ひとつ えらんで ください。

1 えいごを べんきょうする つもりです。(98)
　1　えいごを べんきょうする はずです。
　2　えいごを べんきょうする そうです。
　3　えいごを べんきょうする よていです。
　4　えいごを べんきょうする ことが できます。

2 りんごは ひとつも のこって いません。(N4·91)
　1　りんごは ぜんぶ たべて しまいました。
　2　りんごは ぜんぶ おいて あります。
　3　りんごは すこしだけ おいて あります。
　4　りんごは すこししか ありません。

3 もうすぐ ひが くれます。(95)
　1　もうすぐ らいねんに なります。
　2　もうすぐ あさに なります。
　3　もうすぐ ひるに なります。
　4　もうすぐ よるに なります。

4 おてがみを はいけんしました。(97)
　1　おてがみを かきました。
　2　おてがみを よみました。
　3　おてがみを みせました。
　4　おてがみを おくりました。

5 あしが よごれて います。(N4·01)
　1　あしが うすいです。
　2　あしが きれいです。
　3　あしが つめたいです。
　4　あしが きたないです。

답　1③　2①　3④　4②　5④

콕콕 예상 문제 08 유의표현   /5

もんだい4　_____の ぶんと だいたい おなじ いみの ぶんが あります。
　　　　　1・2・3・4から いちばん いい ものを ひとつ えらんで ください。

1　いもうとは あそこで アルバイトを して います。(N4)
　1　いもうとは あそこで はたらいて います。
　2　いもうとは あそこで あそんで います。
　3　いもうとは あそこで やすんで います。
　4　いもうとは あそこで まって います。

2　びょういんに 行きました。
　1　本を かりに 行きました。
　2　えを 見に 行きました。
　3　きってを かいに 行きました。
　4　くすりを とりに 行きました。

3　この テレビの ニュースは うそです。(06)
　1　この テレビの ニュースは ほんとうです。
　2　この テレビの ニュースは ほんとうでは ありません。
　3　この テレビの ニュースは たいせつです。
　4　この テレビの ニュースは たいせつでは ありません。

4　しょうらいの けいかくを みんなで はなしました。(07·95)
　1　さいしょの けいかくを みんなで はなしました。
　2　さいごの けいかくを みんなで はなしました。
　3　ここまでの けいかくを みんなで はなしました。
　4　これからの けいかくを みんなで はなしました。

5　もっと かんたんに せつめいして ください。(06)
　1　もっと わかりやすく せつめいして ください。
　2　もっと むずかしく せつめいして ください。
　3　もっと ふくざつに せつめいして ください。
　4　もっと しんせつに せつめいして ください。

답　1① 2④ 3② 4④ 5①

콕콕 예상 문제 09 유의표현　　　　　　　　　　　　　　　　　　　　/ 5

もんだい 4　_____の ぶんと だいたい おなじ いみの ぶんが あります。
　　　　　　1・2・3・4から いちばん いい ものを ひとつ えらんで ください。

1　あしたは ひえる そうです。(97)
　1　あしたは あめが ふるでしょう。
　2　あしたは はれるでしょう。
　3　あしたは さむく なるでしょう。
　4　あしたは あつく なるでしょう。

2　やきゅうが さかんに なりました。(01)
　1　やきゅうを する ひとが へりました。
　2　やきゅうを する ひとが ふえました。
　3　やきゅうが つまらなく なりました。
　4　やきゅうが まじめに なりました。

3　アルバイトの けいけんが あります。(03)
　1　アルバイトが したいです。
　2　アルバイトを した ことが あります。
　3　アルバイトを する つもりです。
　4　アルバイトを する ことに なって います。

4　その きかいに さわると きけんです。(05・99)
　1　その きかいは かわいいです。
　2　その きかいは きびしいです。
　3　その きかいは さびしいです。
　4　その きかいは あぶないです。

5　ひとりで ぜんぶ かたづけるのは むりです。(98)
　1　ひとりで ぜんぶ かたづけられません。
　2　ひとりで ぜんぶ かたづけさせません。
　3　ひとりで ぜんぶ かたづけられます。
　4　ひとりで ぜんぶ かたづけさせます。

답　1③　2②　3②　4④　5①

もんだい ⑤
용법
출제 예상 단어 107

もんだい 5(용법)는 제시된 어휘가 바르게 사용된 문장을 고르는 문제로, 5문항이 출제된다. 2000년에 새로 생긴 형식으로, N1~N4까지만 출제된다. 시험에 출제된 어휘를 살펴보면 명사와 동사가 가장 많고, い형용사와 な형용사, 부사, 인사말과 기타 순으로 출제되었다. 2010년부터 출제된 용법에는 「N4 용법」으로 표시하였다.

① 명사 38

예상 어휘	뜻	예문	출제 연도
あんない	안내	しないを あんないして くれた。 시내를 안내해 주었다.	N4 용법
いけん	의견	わたしの いけんを いう。 나의 의견을 말하다.	08
おおぜい	많은 사람	おおぜいの 前(まえ)で～ 많은 사람 앞에서～	N4 용법
おと	소리	でんわの おとで めを さました。 전화 소리에 잠에서 깼다.	N4 용법
おみまい	병문안	ともだちの おみまいに いって きた。 친구 병문안을 다녀 왔다.	N4 용법
おもいで	추억	いい おもいでに なった。 좋은 추억이 되었다.	N4 용법
おもいで	추억	たのしい おもいでが たくさん ある。 즐거운 추억이 많이 있다.	N4 용법
おれい	답례의 말	おれいを いう。 답례의 말을 하다.	09
きかい	기회	きかいが ある。 기회가 있다.	09
きず	상처	ほおに きずが ある。 뺨에 상처가 있다.	N4 용법
けが	상처, 부상	ころんで みぎあしを けがした。 넘어져서 오른쪽 다리에 부상을 입었다.	N4 용법

예상 어휘	뜻	예문	출제 연도
けしき	경치	けしきが とても いい。 경치가 무척 좋다.	
けっか	결과	しけんの けっかは あす はっぴょうされる。 시험 결과는 내일 발표된다.	N4 용법
げんいん	원인	じこの げんいんを しらべる。 사고 원인을 조사하다.	07
けんがく	견학	こうじょうを けんがくした。 공장을 견학했다.	N4 용법
けんぶつ	구경	きょうとの まちを けんぶつする。 교토의 거리를 구경하다.	
こうじ	공사	いま こうじを して いる。 지금 공사를 하고 있다.	N4 용법
こしょう	고장	くるまは こしょうして いる。 차는 고장 나 있다.	08
さいきん	최근(에)	ちちは さいきん ふとった。 아버지는 최근에 살쪘다.	N4 용법
したく	준비	しょくじの したく。 식사 준비.	01
じゅうしょ	주소	じゅうしょを かいて ください。 주소를 적어 주세요.	
じゅんび	준비	パーティーの じゅんび。 파티 준비.	06
しょうかい	소개	りょうしんを しょうかいする。 부모님을 소개하다.	N4 용법

예상 어휘	뜻	예문	출제 연도
じんこう	인구	じんこうが ふえつづけて いる。 인구가 계속 늘어나고 있다.	N4 용법
ずつう	두통	きのうは ずつうが した。 어제는 두통이 났다.	N4 용법
せいさん	생산	やさいを せいさんして います。 채소를 생산하고 있습니다.	N4 용법
せわ	돌봄	いぬの せわを して くれた。 개를 돌봐 주었다.	N4 용법
せんたく	세탁	シャツと ズボンを せんたくする。 셔츠와 바지를 세탁하다.	00
そうだん	의논, 상담	せんせいに そうだんする。 선생님께 의논하다.	02 N4 용법
ちこく	지각	じゅぎょうに ちこくして すみません。 수업에 지각해서 죄송합니다.	N4 용법
ちゅうし	중지, 취소	しあいは ちゅうしする。 시합은 취소한다.	06
つごう	형편, 사정	つごうが わるい。 형편이 좋지 않다.	N4 용법
とちゅう	도중	かいぎの とちゅうで 電話(でんわ)が なった。 회의 도중에 전화벨이 울렸다.	N4 용법
ねつ	열	ねつが ある。 열이 있다.	08
へんじ	대답, 답장	へんじが ない。 대답이 없다.	05

예상 어휘	뜻	예문	출제 연도
ゆしゅつ	수출	テレビを がいこくへ ゆしゅつする。 TV를 외국에 수출하다.	N4 용법
よやく	예약	レストランを よやくする。 레스토랑을 예약하다.	07
るす	부재중	いえに 行ったら るすでした。 집에 갔더니 부재중이었습니다.	N4 용법

2 동사 30

예상 어휘	뜻	예문	출제 연도
あやまる	빌다, 사과하다	あしを ふんだので あやまった。 발을 밟았기 때문에 사과했다.	04
いそぐ	서두르다	かのじょは いそいで あやまった。 그녀는 서둘러 사과했다.	N4 용법
いたす	하다	よやくは わたしが いたします。 예약은 제가 하겠습니다.	02
いただく	받다	せんせいに じしょを いただきました。 선생님께 사전을 받았습니다.	03
おくる	(물건을) 보내다, 부치다	いもうとに こづつみを おくりました。 여동생에게 소포를 보냈습니다.	
おどろく	놀라다	おおきな いぬが いたので、おどろいた。 커다란 개가 있었기 때문에 놀랐다.	05

예상 어휘	뜻	예문	출제 연도
かざる	장식하다	うつくしい はなで かざった。 아름다운 꽃으로 장식했다.	N4 용법
かたづける	치우다	へやを かたづける。 방을 치우다.	04
かわく	마르다	せんたくものが よく かわく。 빨래가 잘 마르다.	N4 용법
こむ	붐비다	みちが こんで いる。 길이 붐비고 있다.	N4 용법
こわれる	고장나다	また パソコンが こわれた。 또 컴퓨터가 고장났다.	N4 용법
さしあげる	드리다	せんせいに ケーキを さしあげました。 선생님께 케이크를 드렸습니다.	06
しかる	야단치다	せんせいに しかられた。 선생님한테 야단 맞았다.	09
しめる	닫다	ドアを しめて ください。 문을 닫아 주세요.	01 N4 용법
すてる	버리다	いらない ものを すてる。 필요 없는 것을 버리다.	08
そだてる	기르다	たいせつに そだてる。 소중히 기르다.	07 N4 용법
たおれる	쓰러지다, 넘어지다	たいふうで にわの きが たおれた。 태풍으로 정원의 나무가 쓰러졌다.	N4 용법
つたえる	전하다	しけんの じかんを つたえる。 시험 시간을 전하다.	N4 용법

예상어휘	뜻	예문	출제 연도
とおる	다니다, 지나다	がっこうの まえを とおる。 학교 앞을 지나다.	
なさる	하시다	ゴルフを なさいましたか。 골프를 하셨습니까?	N4 용법
なる	울리다	でんわが なる。 전화가 울리다.	
にあう	어울리다	あかい ふくが にあって いる。 빨간 옷이 어울린다.	N4 용법
にる	닮다	ははに にて います。 엄마를 닮았습니다.	N4 용법
ひらく	열리다	ぎんこうが ひらいた。 은행(문)이 열렸다.	
ひろう	줍다	こうえんで けいたいを ひろいました。 공원에서 휴대전화를 주웠습니다.	
むかえる	맞이하다	ともだちを むかえる。 친구를 맞이하다.	04
やる	(먹이를) 주다	きんぎょに えさを やった。 금붕어에게 먹이를 주었다.	N4 용법
よろこぶ	기뻐하다	いもうとは よろこんで いる。 여동생은 기뻐하고 있다	01
わかす	끓이다, 데우다	おゆを わかす。/ ふろを わかす。 물을 끓이다. / 목욕물을 데우다.	05
わる	깨다	おさらを わって しまいました。 접시를 깨고 말았습니다.	N4 용법

3 い형용사 12

예상 어휘	뜻	예문	출제 연도
うまい	솜씨가 좋다	ピアノが うまい。 피아노를 잘 친다.	03
おおい	많다	くるまが おおくて あぶない。 차가 많아서 위험하다.	00
おとなしい	얌전하다	おとなしい こ。 얌전한 아이.	N4 용법
かなしい	슬프다	いぬが しんで かなしい。 개가 죽어서 슬프다.	
きびしい	엄하다	きびしい かおを して いる。 엄한 표정을 짓고 있다.	07·01
さびしい	쓸쓸하다	ときどき さびしく なる。 가끔 쓸쓸해진다.	02
さむい	춥다	きょうは とくに さむい。 오늘은 특히 춥다.	00
つよい	강하다, 세다	あの ひとは ちからが つよい。 저 사람은 힘이 세다.	
にがい	쓰다	この くすりは とても にがい。 이 약은 무척 쓰다.	N4 용법
はずかしい	부끄럽다	とても はずかしい。 무척 부끄럽다.	09
やさしい	상냥하다	うちの せんせいは やさしくて きれいです。 우리 선생님은 상냥하고 예쁩니다.	
わかい	젊다, 어리다	ぼくより みっつ わかい。 나보다 세 살 어리다.	

④ な형용사 10

예상 어휘	뜻	예문	출제 연도
あんぜんだ	안전하다	この まちは よるも あんぜんだ。 이 도시는 밤에도 안전하다.	02
げんきだ	건강하다	くすりを のめば げんきに なる。 약을 먹으면 건강하게 된다.	00
じょうずだ	능숙하다	えいごを じょうずに はなす。 영어를 능숙하게 말하다.	
しんせつだ	친절하다	あの てんいんは しんせつでは ない。 저 점원은 친절하지 않다.	N4 용법
たくさんだ	많다, 충분하다	もう たくさんです。 이제 충분합니다.	
だめだ	안 된다	あしたは だめです。 내일은 안 됩니다.	04
てきとうだ	적당하다	てきとうな ほん。 적당한 책.	02
ねっしんだ	열심이다	ねっしんに かいわの れんしゅうを する。 열심히 회화 연습을 하다.	06
		かれは ぶかつに ねっしんだ。 그는 동아리 활동에 열심이다.	N4 용법
ふくざつだ	복잡하다	ふくざつな きもちです。 복잡한 마음입니다.	
まじめだ	진지하다, 성실하다	せんせいの はなしを まじめに きく。 선생님 말씀을 진지하게 듣다. かれは まじめな ひとです。 그는 성실한 사람입니다.	08 N4 용법

5 부사 10

예상어휘	뜻	예문	출제 연도
あまり	그다지, 별로	からい ものは あまり すきじゃ ない。 매운 것은 그다지 좋아하지 않는다.	
しっかり	야무짐	あの こは しっかりして いる。 저 아이는 야무지다.	03
すっかり	완전히, 죄다	すっかり はるに なりました。 완전히 봄이 되었습니다.	
たいてい	대개	たいてい スポーツを する。 대개 운동을 한다.	09
とうとう	드디어	とうとう しけんの ひが きた。 드디어 시험날이 왔다.	05
どんどん	점점	どんどん おおきく なる。 점점 커진다.	03
なかなか	꽤(+긍정), 좀처럼(+부정)	きょうは なかなか さむいです。 오늘은 꽤 춥습니다. なかなか うまく いかない。 좀처럼 잘 되지 않는다.	
なんだか	왠지	あきは なんだか さびしい。 가을은 왠지 쓸쓸하다.	N4 용법
ほとんど	거의	ほとんど わすれて しまった。 거의 잊어버렸다.	N4 용법
ゆっくりと	천천히	もっと ゆっくりと はなす。 더 천천히 이야기하다.	00

6 인사말 3

예상 어휘	뜻	예문	출제 연도
おかげさまで	덕분에요	ええ、おかげさまで。 네, 덕분에요.	04
かしこまりました	알겠습니다	はい、かしこまりました。 예, 알겠습니다.	01
かまいません	상관없어요	かまいませんよ。 상관없어요.	06

7 기타 4

예상 어휘	뜻	예문	출제 연도
いくら ～ても	아무리 ~해도	いくら ちゅういしても。 아무리 주의를 줘도.	03
エンジン	엔진	ひこうきの エンジン。 비행기 엔진.	N4 용법
すると	그러자	ボタンを おした。すると～ 버튼을 눌렀다. 그러자~	07
プレゼント	선물	とけいを プレゼントする。 시계를 선물하다.	05

콕콕 예상 문제 01 용법   /5

もんだい5 つぎの ことばの つかいかたで いちばん いい ものを 1・2・3・4から
ひとつ えらんで ください。

1 けが (N4)
1 商品の 数かしょに ちいさな けがが あります。
2 かに さされたような あかい けがが あります。
3 むすこが 学校で けがを して しまいました。
4 ねて いる ときに いきなり けがが しました。

2 さむい (00)
1 さむい のみものが ほしいです。
2 こころは そんなに さむく ありません。
3 すっかり さむく なりました。
4 さむい みずで かおを あらいました。

3 おおい (00)
1 わたしは いえに いる ことが おおい。
2 あめが おおくに ふって いる。
3 わたしには ともだちが おおく いる。
4 にほんは じしんが おおいの くにだ。

4 おもいで (N4)
1 この 問題を かいけつするために、おもいでは ありませんか。
2 わたしは あさ 早く おきなくて 困った おもいでが あります。
3 おもいでが つのるばかりで、なにも できません。
4 ここで すごした 日々は わすれられない おもいでに なりました。

5 けしき
1 この カメラは ちょっと けしきが わるいようです。
2 この へやからの けしきは すばらしいです。
3 かのじょは おどろいた けしきで わたしを みました。
4 えきまえに できた みせは 中の けしきが あかるいです。

답 1③ 2③ 3① 4④ 5②

콕콕 예상 문제 02 **용법**　　　　　　　　　　　　　　　　　　　　　　/ 5

もんだい5 つぎの ことばの つかいかたで いちばん いい ものを 1・2・3・4から
　　　　　ひとつ えらんで ください。

1 あんない (N4)
　1 ともだちが あそびに きたので、ならを あんない しました。
　2 会社の あんないを 聞いたんですが、わすれて しまいました。
　3 3時間 しごとを したら 20分の あんないが ほしいです。
　4 じゅぎょうの あとで 生徒たちから あんないを うけました。

2 かわく (N4)
　1 少し まちを ぶらぶら かわいて みましょうか。
　2 あぶない とき ブザーを かわいて ください。
　3 シャツも タオルも 気持ちよく かわきました。
　4 ふるく なった 商品は たなから かわいて ください。

3 おくる
　1 しなものを ゆうびんで おおくりします。
　2 ちちは いま さんぽに おくって います。
　3 あの つくえを へやの そとに おくって ください。
　4 おかねを ひろったから、けいさつへ おくって きます。

4 へんじ (05)
　1 でんわの へんじが きこえません。
　2 へんじを だれに かしますか。
　3 へんじを すぐに たべて しまいました。
　4 おおきな こえで へんじを しましょう。

5 ひらく
　1 ボタンを ひらくと ベルが なります。
　2 その パン屋は 9時に ひらきます。
　3 さむいから まどを ひらいて ください。
　4 えきの まえで とけいを ひらきました。

답　1① 2③ 3① 4④ 5②

콕콕 예상 문제 03 용법　　　　　　　　　　　　　　/ 5

もんだい5 つぎの ことばの つかいかたで いちばん いい ものを 1・2・3・4から ひとつ えらんで ください。

1 そうだん (N4-02)
1　りょこうに ついては ごりょうしんと そうだんして ください。
2　いい 人が いたら そうだんして ください。
3　ともだちが よるごはんに そうだんして くれました。
4　そうだんして 家を とびだしたら 帰れなく なりました。

2 かなしい
1　しけんに おちて かなしいです。
2　かなしい。しずかに しろ。
3　みなさんの しんせつが かなしいです。
4　にほんごの しけんは かなしいです。

3 おとなしい (N4)
1　おとなしそうな においですね。何を 作って いるのですか。
2　この 洗剤は おとなしいように よごれを おとして くれます。
3　山田さんは いつも おとなしい ことばかり 気に して いますね。
4　すずきさんの いぬは とても おとなしいですね。

4 ひろう
1　この たなは いらないから ひろって ください。
2　かばんを ひろって いえを でました。
3　みちで さいふを ひろいました。
4　つくえの うえを ひろえば、もっと きれいに なります。

5 じょうず
1　この リンゴは じょうずです。
2　じょうずな からだを つくります。
3　あの おかしは じょうずそうです。
4　いもうとは ピアノが じょうずです。

답　1① 2① 3④ 4③ 5④

콕콕 예상 문제 04 용법

もんだい5 つぎの ことばの つかいかたで いちばん いい ものを 1・2・3・4から ひとつ えらんで ください。

1 とおる
1 この みちは くるまが たくさん とおります。
2 ふゆが とおると あたたかい はるが やってくる。
3 ちちは いま びょういんに とおって います。
4 きょうは さむいから、そとに とおっては いけない。

2 あまり
1 あまり さむいですか。
2 あまり よい ほうほうが あると おもいます。
3 あまり そんな ことは できないよ。
4 わたしは あまり ほんを よみません。

3 そだてる (N4-07)
1 やまださんは お金を そだてるのが うまいです。
2 ごはんを 食べるのを そだてるほど いそがしかったです。
3 パンに あまい ジャムを そだてて 食べるのが すきです。
4 りょうしんが たいせつに そだてて くれました。

4 やさしい
1 この じしょは やさしいです。
2 かれは いつも やさしく して くれました。
3 やさしい ときには しかって ください。
4 にほんの おちゃは コーヒーより やさしいです。

5 たおれる (N4)
1 人々は 市長の 辞職を もとめて たおれました。
2 その 1件で かれの 信用は たおれて しまいました。
3 ははおやが びょうきで たおれて しまいました。
4 1週間 以内に 残金を 銀行に たおれて ください。

답 1① 2④ 3④ 4② 5③

콕콕 예상 문제 05 용법　　　　　　　　　　　　　　　　　　　　　　　/5

もんだい5 つぎの ことばの つかいかたで いちばん いい ものを 1・2・3・4から ひとつ えらんで ください。

1　じゅんび (06)
　1　ねる まえに 学校へ いく じゅんびを しました。
　2　きかいの こしょうの じゅんびが まだ できません。
　3　こうえんの 中で 火事の じゅんびを します。
　4　かれは まいにち かんじの じゅんびを します。

2　せいさん (N4)
　1　わたしたちは せいさんりょこうに ヨーロッパへ 行きました。
　2　この 工場では、たまごを ふくむ 製品を せいさんして います。
　3　駅と 大学との あいだに バスを せいさんして います。
　4　田中君の つくえの 上は いつも きちんと せいさんされて います。

3　わかす (05)
　1　あつい シャワーを わかして 体を あらいました。
　2　この さかなは よく わかしてから たべて ください。
　3　いま、おふろを わかして いる ところです。
　4　さむいので ストーブを わかして ください。

4　かたづける (04)
　1　まいにち カーテンを かたづけなさい。
　2　べんきょうを まじめに かたづけなさい。
　3　まいにち あしを かたづけなさい。
　4　へやを きれいに かたづけなさい。

5　いただく (03)
　1　わたしは コーヒーを いただきます。
　2　おかしを もっと いただいて ください。
　3　むすめから ネクタイを いただきました。
　4　せんせいは 家に いただきますか。

답　1 ①　2 ②　3 ③　4 ④　5 ①

콕콕 예상 문제 06 용법   /5

もんだい5 つぎの ことばの つかいかたで いちばん いい ものを 1・2・3・4から
　　　　　ひとつ えらんで ください。

1 さしあげる (06)
1　つまに コーヒーカップを さしあげました。
2　とりに おかしを さしあげました。
3　花に 水を さしあげました。
4　おれいに 花を さしあげました。

2 プレゼント (05)
1　あにが 会社に 入ったので あんぜんを プレゼントした。
2　先生が けっこんしたので あいさつを プレゼントした。
3　つまの たんじょうびに ゆびわを プレゼントした。
4　仕事を して いる おっとに しんせつを プレゼントした。

3 むかえる (04)
1　ベッドが ふとんを むかえた。
2　わたしは 友だちを えきで むかえた。
3　くうこうから タクシーを むかえた。
4　コンピューターを むかえて ゲームを した。

4 おかげさまで (04)
1　A「おげんきですか。」　　　B「はい、おかげさまで。」
2　A「おまたせしました。」　　B「はい、おかげさまで。」
3　A「ごめんください。」　　　B「はい、おかげさまで。」
4　A「ごちそうさまでした。」　B「はい、おかげさまで。」

5 いくら (03)
1　かのじょは いくら たべても ふとりません。
2　かのじょは いくら たべたら ふとりました。
3　かのじょは たべても いくら ふとりません。
4　かのじょは たべたら いくら ふとりました。

답　1④　2③　3②　4①　5①

콕콕 예상 문제 07 용법　　　　　　　　　　　　　　　　　　　　　　　　/5

もんだい5 つぎの ことばの つかいかたで いちばん いい ものを 1・2・3・4から ひとつ えらんで ください。

1 まじめ (N4-08)
1　あの 人の えは まじめです。
2　あの 人は とても まじめな 人です。
3　にわに はなが まじめに さいて います。
4　あの 人は しごとに まじめの 人です。

2 すっかり
1　きょうは すっかり あるきました。
2　すっかり きぶんが よく なりました。
3　すっかり べんきょうして ください。
4　わたしの しつもんに すっかり こたえて ください。

3 ふくざつ
1　いま みちが ふくざつです。
2　あの 人は ふくざつの 人です。
3　それを きいて ふくざつな きもちに なりました。
4　りょうりを つくるのが ふくざつです。

4 なかなか
1　なかなか まにあいました。
2　おかしを なかなか ください。
3　きょうは なかなか あついです。
4　この もんだいは むずかしくて なかなか とけます。

5 げんき (00)
1　げんきに きを つけて ください。
2　げんきな かみで つつんで ください。
3　もうすこし げんきな つくえを ください。
4　ははは げんきに くらして おります。

답　1② 2② 3③ 4③ 5④

콕콕 예상 문제 08 용법 /5

もんだい5 つぎの ことばの つかいかたで いちばん いい ものを 1・2・3・4から ひとつ えらんで ください。

1 つよい
1　かぜが つよく ふいて います。
2　この にくは つよくて かめない。
3　わたしは はらが つよいです。
4　いちばん つよいの せんしゅは だれですか。

2 おれい (09)
1　せんせいが にゅういん なさったので、おれいを もって いきました。
2　プレゼントを もらったので、おれいを いいました。
3　せんぱいが きたので ばんごはんに おれいを つくりました。
4　やまださんに そつぎょうの おれいを あげました。

3 たくさん
1　にほんは やまが たくさんに あります。
2　もう たくさん いかがですか。
3　できるだけ たくさんの ほんを よみたい。
4　きのう たくさんで えんそくに いきました。

4 きびしい (07・01)
1　だいぶ みずが きびしく なりました。
2　せんせいは きびしい かおを して います。
3　よるの みちは きびしくて、ひとりで あるけない。
4　きびしい かぜに かかり とおかも ねて しまいました。

5 わかい
1　ぼくは すうがくに わかいんだ。
2　わたしは わかい にくが すきです。
3　えんぴつは まんねんひつより すこし わかいです。
4　かのじょは としの わりに わかく みえます。

답 1① 2② 3③ 4② 5④

콕콕 예상 문제 09 용법   /5

もんだい5 つぎの ことばの つかいかたで いちばん いい ものを 1・2・3・4から
　　　　　ひとつ えらんで ください。

1 しっかり (03)
　1 この コンピューターは しっかり ふるい。
　2 かれの しごとは とても しっかりして いる。
　3 りょこうの ために しっかりに じゅんびした。
　4 れいぞうこに しょくりょうひんが しっかりと して いる。

2 あんぜん (02)
　1 しゅくだいが おわって あんぜんです。
　2 かれは やくそくを まもるから、あんぜんして ください。
　3 この おもちゃは かるくて あんぜんです。
　4 この パソコンは あんぜんてきに つかって ください。

3 なんだか (N4)
　1 なんだか すきな ものを たのんでも いいですよ。
　2 なんだか よさそうな ところでは ありません。
　3 わたしに とっては これが なんだかの ごちそうです。
　4 出席(しゅっせき)できるか どうか、なんだか 言えません。

4 よろこぶ (01)
　1 ぬれた 路面(ろめん)で すべって よろこんで けがを しました。
　2 日本の りょこうは ほんとうに よろこんで います。
　3 プレゼントを もらって、かれは とても よろこんで います。
　4 先生の おたくで よろこぶ 時間を すごしました。

5 しめる (N4·01)
　1 さむいので まどを しめて ください。
　2 うるさいので ラジオを しめて ください。
　3 ねる まえに かならず テレビを しめて ください。
　4 ふくしゅうが おわったので きょうかしょを しめて ください。

답 1② 2③ 3② 4③ 5①

콕콕 예상 문제 10 용법 /5

もんだい5 つぎの ことばの つかいかたで いちばん いい ものを 1・2・3・4から
　　　　ひとつ えらんで ください。

1 うまい (03)
1 けしきの うまい ばしょで しゃしんを とりました。
2 わたしの コンピューターは いつも うまいです。
3 あねは テニスが とても うまいです。
4 くるまの ゆしゅつは うまく ありません。

2 さびしい (02)
1 きょうは さびしいから ズボンを はきます。
2 わたしは ひとりだったが、さびしく なかった。
3 でんしゃが とまって しまって さびしかったです。
4 この セーターは さびしいから あらって ください。

3 いたす (02)
1 この 本の ほんやくは わたしが いたします。
2 あした 先生の おたくへ いたします。
3 かいがいりょこうを いたした ことが ありますか。
4 もう すこし れんしゅうを いたして ください。

4 したく (01)
1 この レストランには よやくの したくが あります。
2 パーティーの したくは もう できました。
3 りょこうの けいかくは もう したくしました。
4 かれと れんらくを とる したくが ありますか。

5 ゆっくり (00)
1 きのうは ゆっくりに やすみました。
2 時間が あるので ゆっくりで たべました。
3 かのじょは ゆっくりと あるきました。
4 3人なら ゆっくりを すわれます。

답 1③ 2② 3① 4② 5③

부록

파이널 테스트 1~4회
파이널 테스트 정답

JLPT N5 파이널 테스트 1회

もんだい1 ＿＿＿の ことばは ひらがなで どう かきますか。1・2・3・4から いちばん いい ものを ひとつ えらんで ください。

1　絶対に だれにも 言わないで ください。
　　1　せったい　　2　せっだい　　3　ぜったい　　4　ぜっだい

2　わたしは 犬が すきです。
　　1　ねこ　　2　いぬ　　3　さけ　　4　はな

3　今週から あたらしい つきが はじまります。
　　1　らいしゅ　　2　らいしゅう　　3　こんしゅ　　4　こんしゅう

4　凄い スピードですね。
　　1　すごい　　2　すこい　　3　ずごい　　4　ずこい

5　あの かどを 右に まがって ください。
　　1　みなみ　　2　みぎ　　3　ひがし　　4　ひだり

6　この いえは 古くて 小さいです。
　　1　おおくて　　2　やすくて　　3　たかくて　　4　ふるくて

7　わたしの 趣味は テニスです。
　　1　しゅみ　　2　きみ　　3　きょうみ　　4　みなみ

8　かいぎの じかんを お知らせします。
　　1　ちらせ　　2　みらせ　　3　しらせ　　4　いらせ

9 りょうりが お上手ですね。
　1　へた　　　　2　じょうず　　　3　うえて　　　　4　すき

10 もう いちど 言って ください。
　1　きって　　　2　かって　　　　3　いって　　　　4　たって

11 卒業式に さんかします。
　1　そつきょう　2　そつぎょう　　3　ぞつきょう　　4　ぞつぎょう

12 ジュースを 三本 ください。
　1　さんぼん　　2　さんほん　　　3　さんぶん　　　4　さんふん

もんだい2 ＿＿＿＿の ことばは どう かきますか。1・2・3・4から いちばん いい ものを ひとつ えらんで ください。

13 けさ みみが いたかったです。
　1　耳　　　　　2　犬　　　　　　3　手　　　　　　4　右

14 この ほてるは ゆうめいです。
　1　ハテル　　　2　タテル　　　　3　ホテル　　　　4　ヤテル

15 デパートで ネクタイを かった。
　1　切った　　　2　売った　　　　3　言った　　　　4　買った

16 うちには でんわが にだい あります。
　1　天気　　　　2　元気　　　　　3　電話　　　　　4　電語

17 ぱそこんを かいたいです。
　　1　パスコン　　　2　パソコン　　　3　ぽスタン　　　4　ポヲタン

18 ちょっと きいて ください。
　　1　開いて　　　2　咲いて　　　3　書いて　　　4　聞いて

19 こんど いっしょに いきましょう。
　　1　一生　　　2　一台　　　3　一緒　　　4　一本

20 さいふが なくなりました。
　　1　父親　　　2　財布　　　3　丈夫　　　4　傘

もんだい3 （　　）に なにを いれますか。1・2・3・4から いちばん いい ものを ひとつ えらんで ください。

21 まいあさ （　　）を よんで います。
　　1　しんぶん　　2　てんき　　4　なまえ　　4　ともだち

22 ゆうべ おとうとが （　　）。
　　1　はたらきました　2　つかれました　3　わすれました　4　うまれました

23 （　　）、かぶきを みに いきませんか。
　　1　あさって　　2　ゆうべ　　3　せんしゅう　　4　きのう

24 こうちゃに さとうを （　　）のみます。
　　1　はいって　　2　いって　　3　はなして　　4　いれて

25 たなかさんは（　　）を かぶって います。
1 ぼうし
2 かばん
3 めがね
4 うわぎ

26 A「わたしが そうじを しましょうか。」
　B「ええ。（　　）。」
1 ごちそうさまでした
2 おかえりなさい
3 しつれいします
4 おねがいします

27 この たてものは（　　）ですから、やすいです。
1 あつい
2 じょうぶ
3 ふるい
4 ちいさい

28 いもうとの へやは そうじを したから（　　）です。
1 きたない　　2 あかるい　　3 くらい　　4 きれい

29 この スープは ちょっと（　　）ですね。
1 からい　　2 あおい　　3 さむい　　4 わかい

30 やまださんは ピアノを じょうずに（　　）。
1 ききます　　2 ひきます　　3 あそびます　　4 うたいます

もんだい4 ＿＿＿＿ の ぶんと だいたい おなじ いみの ぶんが あります。
1・2・3・4から いちばん いい ものを ひとつ えらんで ください。

31 やまださんは がっこうを やすみましたね。なぜですか。
1 やまださんは どこで べんきょうを しましたか。
2 やまださんは なんの べんきょうを しましたか。
3 やまださんは どうして がっこうを やすみましたか。
4 やまださんは どっちの がっこうを やすみましたか。

32 まいばん にほんごの べんきょうを します。
1 よるは いつも にほんごの べんきょうを します。
2 よるは ときどき にほんごの べんきょうを します。
3 あさは いつも にほんごの べんきょうを します。
4 あさは ときどき にほんごの べんきょうを します。

33 きのうは いそがしかったです。
1 きのうは ひまでした。
2 きのうは ひまじゃ なかったです。
3 きのうは でかけました。
4 きのうは でかけませんでした。

34 いもうとは 「いって きます。」と いいました。
1 いもうとは いまから はを みがきます。
2 いもうとは いまから おきます。
3 いもうとは いまから ごはんを たべます。
4 いもうとは いまから うちを でます。

35 わたしは にほんごが へたです。
1 わたしは にほんごが すきです。
2 わたしは にほんごが じょうずです。
3 わたしは にほんごが じょうずでは ありません。
4 わたしは にほんごが べんきょうしたいです。

JLPT N5 파이널 테스트 2회

もんだい1 _____の ことばは ひらがなで どう かきますか。1・2・3・4から いちばん いい ものを ひとつ えらんで ください。

1 <u>新しい</u> くつですね。
　1　あだらしい　　2　あたらしい　　3　あらだしい　　4　あらたしい

2 <u>週末</u> いつも なにを しますか。
　1　じゅうすえ　　2　じゅうまつ　　3　しゅうすえ　　4　しゅうまつ

3 あの <u>店</u>は たかいです。
　1　くに　　2　はな　　3　みせ　　4　みぎ

4 どうぞ、<u>話</u>を つづけて ください。
　1　はなし　　2　なまえ　　3　くすり　　4　くるま

5 こんどの <u>土よう日</u>、えいがに いきましょう。
　1　かようび　　2　がようび　　3　とようび　　4　どようび

6 いえの <u>東</u>がわに こうえんが あります。
　1　ひがし　　2　みなみ　　3　きた　　4　にし

7 ふねに <u>乗ります</u>。
　1　かえり　　2　きり　　3　のり　　4　いり

8 <u>携帯</u>に メールを おくります。
　1　けいだい　　2　けいたい　　3　げいだい　　4　げいたい

⑨ はこの 中に なにが はいって いますか。
　1　うえ　　　　2　なか　　　　3　した　　　　4　ちゅう

⑩ ほんとうに 嬉しいです。
　1　かなしい　　2　うれしい　　3　さびしい　　4　うつくしい

⑪ この 川の みずは のめますか。
　1　かわ　　　　2　がわ　　　　3　みき　　　　4　みぎ

⑫ ご都合は いかがですか。
　1　ばあい　　　2　ばしょ　　　3　つごう　　　4　ようじ

もんだい2 ＿＿＿の ことばは どう かきますか。1・2・3・4から いちばん いい ものを ひとつ えらんで ください。

⑬ そとで まって ください。
　1　庭　　　　　2　家　　　　　3　内　　　　　4　外

⑭ はなを そだてるのが しゅみです。
　1　店　　　　　2　国　　　　　3　川　　　　　4　花

⑮ わたしの へやは とても せまいです。
　1　低い　　　　2　安い　　　　3　狭い　　　　4　汚い

⑯ テレビどらまを みて います。
　1　ダリム　　　2　ドレミ　　　3　ドラマ　　　4　ダスム

17 あしたの ごご 6じに えきで あいましょう。
　　1　牛前　　　　2　牛後　　　　3　午前　　　　4　午後

18 がっこうの なまえを おしえて ください。
　　1　名前　　　　2　駅前　　　　3　名外　　　　4　駅外

19 ぎゅうにくを 200ぐらむ ください。
　　1　ゲウム　　　2　ゲラム　　　3　グウム　　　4　グラム

20 きょうは ほんとうに あついですね。あせが いっぱいです。
　　1　熱い　　　　2　太い　　　　3　暑い　　　　4　辛い

もんだい3（　　　）に なにを いれますか。1・2・3・4から いちばん いい ものを ひとつ えらんで ください。

21 わたしの すきな スポーツは（　　　）です。
　　1　ギター　　　2　スケート　　3　フォーク　　4　レストラン

22 あついですから、まどや（　　　）を あけて ください。
　　1　ナイフ　　　2　ドア　　　　3　しょくどう　4　ぼうし

23 くろい ぼうしを（　　　）いる ひとは だれですか。
　　1　かぶって　　2　きて　　　　3　はいて　　　4　のんで

24 えきから（　　　）ですから、いつも バスで いきます。
　　1　おもい　　　2　とおい　　　3　ふるい　　　4　おおい

25 きのうは かぜが (　　) です。
1 よわかった
2 かわいかった
3 つよかった
4 あつかった

26 ここで おさけを (　　) ください。
1 のらないで　　2 のまないで　　3 いかないで　　4 こないで

27 この みちを (　　) いって ください。
1 まっすぐ　　2 ときどき　　3 ちょうど　　4 ぜんぜん

28 いもうとは いま へやの (　　) を して います。
1 ざっし
2 しゅくだい
3 しんぶん
4 そうじ

29 テーブルに おさらを (　　) ください。
1 たべて　　2 ならべて　　3 あらって　　4 とって

30 まいにち、プールで (　　)。
1 いきます　　　　　　2 きます
3 およぎます　　　　　4 さんぽします

もんだい4 ＿＿＿＿の ぶんと だいたい おなじ いみの ぶんが あります。
1・2・3・4から いちばん いい ものを ひとつ えらんで ください。

31 えきの まえに ゆうめいな たてものが あります。
　1　えきの まえに ゆうめいな ビルが あります。
　2　えきの まえに ゆうめいな おちゃが あります。
　3　えきの まえに ゆうめいな こうえんが あります。
　4　えきの まえに ゆうめいな ケーキが あります。

32 わたしは ぎんこうに つとめて います。
　1　わたしは ぎんこうに かえります。
　2　わたしは ぎんこうで はたらいて います。
　3　わたしは ぎんこうで おかねを はらいます。
　4　わたしは ぎんこうで ねて います。

33 あそこは うんどうじょうです。
　1　あそこで じしょや ほんを かります。
　2　あそこで コーヒーや こうちゃを のみます。
　3　あそこで バスケットや サッカーを します。
　4　あそこで やさいや くだものを かいます。

34 ゆうべ きょうだいに あいました。
1 ゆうべ おにいさんや おねえさんに あいました。
2 ゆうべ おとうさんや おかあさんに あいました。
3 ゆうべ おじや おばに あいました。
4 ゆうべ おいや めいに あいました。

35 これは ふつかまえに とった しゃしんです。
1 これは きのう とった しゃしんです。
2 これは あさって とった しゃしんです。
3 これは おととし とった しゃしんです。
4 これは おととい とった しゃしんです。

JLPT N5 파이널 테스트 3회

もんだい1 ＿＿＿の ことばは ひらがなで どう かきますか。1・2・3・4から いちばん いい ものを ひとつ えらんで ください。

1 ちかてつで 会社に かよって います。
　　1　しゃかい　　2　かいしゃ　　3　しゃがい　　4　がいしゃ

2 通勤は どのぐらい かかりますか。
　　1　づうぎん　　2　づうきん　　3　つうぎん　　4　つうきん

3 となりの ひとに 「こんばんは」と 挨拶を しました。
　　1　あいさつ　　2　しつれい　　3　じゃま　　　4　きせつ

4 えきまえで 車から おりました。
　　1　くるま　　　2　ぐるま　　　3　くらむ　　　4　ぐらむ

5 毎週 げつようびに かいぎが あります。
　　1　こんしゅう　2　らいしゅう　3　せんしゅう　4　まいしゅう

6 へんな 味が しますね。
　　1　におい　　　2　あじ　　　　3　へや　　　　4　いみ

7 なにを 探して いますか。
　　1　かえして　　2　だして　　　3　さがして　　4　はなして

8 パンを 半分に きって ください。
　　1　ばんぶん　　2　ばんふん　　3　はんぶん　　4　はんふん

9 じしょの かみは 薄いです。
　1　さむい　　　2　あつい　　　3　あかい　　　4　うすい

10 きょうは がっこうを 休んで びょういんに いきます。
　1　やそんで　　2　やすんで　　3　あそんで　　4　あすんで

11 荷物は おもいですね。
　1　たてもの　　2　くだもの　　3　かいもつ　　4　にもつ

12 九月 ふつかは わたしの たんじょうびです。
　1　にがつ　　　2　ごがつ　　　3　くがつ　　　4　しがつ

もんだい2 ＿＿＿＿の ことばは どう かきますか。1・2・3・4から いちばん いい ものを ひとつ えらんで ください。

13 この テレビは やすいです。
　1　安い　　　　2　高い　　　　3　古い　　　　4　重い

14 かみを いちまい ください。
　1　一羽　　　　2　一枚　　　　3　一杯　　　　4　一個

15 こいびとが ほしいです。
　1　愛　　　　　2　恋　　　　　3　情　　　　　4　心

16 うちの マンションには えれべーたーが ありません。
　1　エレベーター　2　エルベーター　3　エレベークー　4　エルベークー

17 せんぱいに あいました。
　1　紅茶　　　2　緑茶　　　3　後輩　　　4　先輩

18 とうきょうは ひとが おおいです。
　1　大い　　　2　少い　　　3　小い　　　4　多い

19 この とけいは ななせんえんです。
　1　七千用　　2　七万用　　3　七千円　　4　七万円

20 ねくたいを しめます。
　1　ニキタイ　2　ノクサイ　3　ネクタイ　4　ヌケサイ

もんだい３　（　　）に なにを いれますか。1・2・3・4から いちばん いい ものを ひとつ えらんで ください

21 わたしの うちに いぬが （　　） います。
　1　にひき　　2　にほん　　3　にまい　　4　ふたり

22 ここは（　　）です。しごと できません。
　1　うるさい
　2　あかるい
　3　あぶない
　4　きたない

23 じてんしゃで にほんを（　　）したいです。
　1　きっぷ　　　　2　りょこう　　　　3　てがみ　　　　4　しごと

24 ごはんを たべて、はを（　　）。
　1　やすみます　　2　ならいます　　　3　みがきます　　4　はじめます

25 きょうは ほんを（　　）よみました。
　1　5メートル　　2　5ページ　　　　3　5だい　　　　4　5キロ

26 わたしの へやは この（　　）の 3がいです。
　1　エアコン　　　2　パソコン　　　　3　プール　　　　4　アパート

27 あついですね。まどを（　　）ください。
　1　あけて　　　　2　たべて　　　　　3　あそんで　　　4　はなして

28 はこに ボールが（　　）あります。
　1　ひとつ
　2　いつつ
　3　ふたつ
　4　よっつ

29 きのうは 100（　　）およぎました。
　1　グラム　　　　2　ばん　　　　　　3　メートル　　　4　ど

30 もう あきですね。これから（　　）すずしく なりますね。
　1　おととい　　　2　だんだん　　　　4　いろいろ　　　4　もしもし

もんだい4　＿＿＿＿の ぶんと だいたい おなじ いみの ぶんが あります。
　　　　　1・2・3・4から いちばん いい ものを ひとつ えらんで ください。

31　ここは しょくどうです。
　1　ここは くだものを うる ところです。
　2　ここは てがみを だす ところです。
　3　ここは りょうりを する ところです。
　4　ここは ごはんを たべる ところです。

32　きょうしつの でんきを つけました。
　1　きょうしつを あかるく しました。
　2　きょうしつを くらく しました。
　3　きょうしつを さむく しました。
　4　きょうしつを あたたかく しました。

33　ゆうべ ともだちの いえへ いきました。
　1　きのうの ひる ともだちの いえへ いきました。
　2　きのうの よる ともだちの いえへ いきました。
　3　きのうの あさ ともだちの いえへ いきました。
　4　きょうの あさ ともだちの いえへ いきました。

34 あの えいがは おもしろくなかったです。
1 あの えいがは つまらなかったです。
2 あの えいがは たのしかったです。
3 あの えいがは ながかったです。
4 あの えいがは みじかかったです。

35 にねんまえに おおさかへ いきました。
1 おととい おおさかへ いきました。
2 きょねん おおさかへ いきました。
3 きのう おおさかへ いきました。
4 おととし おおさかへ いきました。

JLPT N5
파이널 테스트 4회

もんだい1 ＿＿＿の ことばは ひらがなで どう かきますか。1・2・3・4から いちばん いい ものを ひとつ えらんで ください。

1 ロシアは せかいで いちばん ひろい 国です。
　1 みず　　　2 みぎ　　　3 くに　　　4 はな

2 電気を つけて ください。
　1 でんき　　2 でんぎ　　3 てんき　　4 てんぎ

3 いえの まえに しらない おんなの ひとが 立って いた。
　1 きって　　2 かって　　3 うって　　4 たって

4 送別会は いつですか。
　1 そうべつかい　2 ぼうねんかい　3 かんげいかい　4 おくりかい

5 必ず いきます。
　1 ちず　　　2 かまわず　　3 みず　　　4 かならず

6 ちちは おおさかしてんへ 転勤に なりました。
　1 でんきん　2 でんぎん　3 てんきん　4 てんぎん

7 この へやは まどが 多いです。
　1 ちいさい　2 やすい　　3 すくない　4 おおい

8 こうえんに 女の子が 3にん います。
　1 おとこのこ　2 あにのこ　3 おんなのこ　4 あねのこ

9 あたらしい こうえんは まちの 北がわに あります。
　1 みなみ　　　2 きた　　　　3 ひがし　　　　4 にし

10 遅く なって すみません。
　1 おそく　　　2 はやく　　　3 つらく　　　　4 みじかく

11 やまださんの 右の ひとは だれですか。
　1 みき　　　　2 みぎ　　　　3 ひたり　　　　4 ひだり

12 よく 考えて ください。
　1 かえて　　　2 かんがえて　3 ふえて　　　　4 いえて

もんだい2　＿＿＿の ことばは どう かきますか。1・2・3・4から いちばん いい
　　　　　ものを ひとつ えらんで ください。

13 ぜひ あそびに いきたいです。
　1 選び　　　　2 呼び　　　　3 遊び　　　　　4 叫び

14 ともだちと らーめんを たべました。
　1 ラーメン　　2 ラーメソ　　3 ウーメン　　　4 ウーメソ

15 えいごの しんぶんを よんで います。
　1 英話　　　　2 英語　　　　3 英画　　　　　4 英会

16 へやに てれびが あります。
　1 サキボ　　　2 テキボ　　　3 サレビ　　　　4 テレビ

17 あには がいこくで せいかつして います。
　1 教室　　　2 会場　　　3 外国　　　4 会社

18 でんわで れんらくします。
　1 連絡　　　2 邪魔　　　3 交流　　　4 失礼

19 おげんきですか。
　1 天気　　　2 簡単　　　3 不便　　　4 元気

20 きょうは かようびです。
　1 火よう日　2 土よう日　3 月よう日　4 水よう日

もんだい3 (　　) に なにを いれますか。1・2・3・4から いちばん いい ものを ひとつ えらんで ください。

21 ゆうびんきょくの まえで タクシーに (　　)。
　1 つきました　2 のりました　3 あがりました　4 はいりました

22 やまださんに にほんごを (　　) います。
　1 やすんで　2 うまれて　3 あらって　4 ならって

23 たなかさんは せが (　　) です。
　1 あたたかい　2 ながい　3 おもい　4 ひくい

24 がっこうから いえまでの (　　) を かいて ください。
　1 きっぷ　　2 しゃしん　3 ちず　　4 てがみ

25 めがねは つくえの（　　）に あります。
  1 そば
  2 よこ
  3 うえ
  4 した

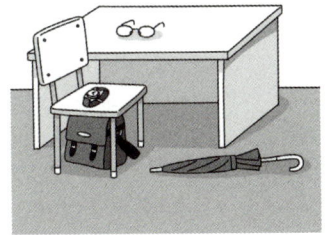

26 うるさいから ラジオを（　　）ください。
  1 つけて　　　2 けして　　　3 あけて　　　4 しめて

27 たくさん あるきました。とても（　　）。
  1 つかれました　2 でかけました　3 うまれました　4 かかりました

28 A「どうぶつえんは どこですか。」
   B「この みちを（　　）いって ください。すぐ そこですよ。」
  1 まっすぐ　　　2 ちょうど　　　3 ずいぶん　　　4 しかし

29 すずきさんが（　　）います。
  1 はしって
  2 あるいて
  3 かりて
  4 およいで

30 この いすは ふるいですが、とても（　　）です。
  1 ひま　　　2 にぎやか　　　3 じょうぶ　　　4 げんき

もんだい4 ＿＿＿＿の ぶんと だいたい おなじ いみの ぶんが あります。
1・2・3・4から いちばん いい ものを ひとつ えらんで ください。

31 しゅうまつは としょしつが やすみです。
　1　しゅうまつは としょしつが すいて います。
　2　しゅうまつは としょしつが こんで います。
　3　しゅうまつは としょしつが やって います。
　4　しゅうまつは としょしつが しまって います。

32 たんじょうびは 8がつ 15にちです。
　1　8がつ 15にちに くにへ かえりました。
　2　8がつ 15にちに うまれました。
　3　8がつ 15にちに けっこんしました。
　4　8がつ 15にちに テストが はじまりました。

33 あの みせで しごとが したいです。
　1　あの みせで のみたいです。
　2　あの みせで やすみたいです。
　3　あの みせで はたらきたいです。
　4　あの みせで かいたいです。

34 わたしは やさいが すきです。
1 わたしは すしや さしみなどが すきです。
2 わたしは トマトや きゅうりなどが すきです。
3 わたしは りんごや みかんなどが すきです。
4 わたしは いぬや ねこなどが すきです。

35 ハンカチを せんたくして ください。
1 ハンカチを あらって ください。
2 ハンカチを かって ください。
3 ハンカチを すてて ください。
4 ハンカチを もって きて ください。

JLPT N4 파이널 테스트 1회

もんだい1 ＿＿＿の ことばは ひらがなで どう かきますか。1・2・3・4から
いちばん いい ものを ひとつ えらんで ください。

1 あには ちかてつで 学校に 通って います。
 1 かよって　　2 わたって　　3 むかって　　4 もどって

2 店員に 道を 聞いても だいじょうぶですか。
 1 ていん　　　2 てにん　　　3 てんいん　　4 てんにん

3 なんでも たべます。特に きらいな ものは ありません。
 1 すぐに　　　2 とくに　　　3 べつに　　　4 さきに

4 空港へ ともだちを むかえに 行きます。
 1 こうぐう　　2 こうくう　　3 くうごう　　4 くうこう

5 みなさんは、何かを『企画』した ことは ありますか。
 1 きがく　　　2 きかく　　　3 きが　　　　4 きか

6 あさから 夕方まで はたらいたので つかれました。
 1 ゆほう　　　2 ゆうほう　　3 ゆがた　　　4 ゆうがた

7 あさより かぜが すこし 弱く なりました。
 1 はやく　　　2 おそく　　　3 つよく　　　4 よわく

8 この 標識は 『たちいりきんし』という 意味です。
 1 ひょうしき　2 ほうしき　　3 びょうし　　4 ひょうし

9 もっと 豊かな くらしが したいです。
　　1 ゆだか　　　2 しずか　　　3 ゆたか　　　4 しすか

もんだい2　_____の ことばは どう かきますか。1・2・3・4から いちばん いい ものを ひとつ えらんで ください。

10 自分の せきに もどって ください。
　　1 位置　　　2 座席　　　3 席　　　4 椅子

11 すずきさんは おんがくの 先生です。
　　1 音楽　　　2 音薬　　　3 競楽　　　4 競薬

12 目を とじて ください。
　　1 開じて　　　2 閉じて　　　3 関じて　　　4 問じて

13 この 店は 10時から 5時まで えいぎょうして います。
　　1 宮業　　　2 宮事　　　3 営業　　　4 営事

14 おなじ 日に 3回も しっぱいしました。
　　1 共じ　　　2 同じ　　　3 共　　　4 同

15 じゅうぶん かんがえた ほうが いいです。
　　1 十分　　　2 十文　　　3 重視　　　4 重要

もんだい3 (　　) に なにを いれますか。1・2・3・4から いちばん いい ものを
ひとつ えらんで ください。

16 (　　) を 見ると、なにを 買ったか わかります。
　1　パンダ　　　　2　パン　　　　3　レジャー　　　　4　レシート

17 (　　) しないで、どうぞ ごゆっくり。
　1　げんき　　　　2　しつれい　　　3　えんりょ　　　　4　じゃま

18 けさ、あらった くつしたが まだ (　　) いません。
　1　ぬれて　　　　2　ひえて　　　　3　なおって　　　　4　かわいて

19 日本の せいかつに だんだん (　　) きました。
　1　なれて　　　　2　すんで　　　　3　はじまって　　　4　こわれて

20 この ビルの (　　) は どのぐらいですか。
　1　おもさ　　　　2　たかさ　　　　3　あつさ　　　　　4　ふかさ

21 この ねこは (　　) いるので、とても おもいです。
　1　ふえて　　　　2　たりて　　　　3　ふとって　　　　4　のこって

22 しゅっちょうの にもつは (　　) できました。
　1　せわ　　　　　2　りよう　　　　3　やくそく　　　　4　ようい

23 お父さんの びょうきが (　　) よかったですね。
　1　きれて　　　　2　おちて　　　　3　なおって　　　　4　しまって

24 わたしの くるまは ふるいので、(　　) こしょうします。
　1　よく　　　　2　あまり　　　　3　なかなか　　　　4　ぜんぜん

25 おもしろい しょうせつだと 聞いたので、(　　) よんで みたいです。
　1　きっと　　　2　ぜひ　　　　　3　だいたい　　　　4　めったに

もんだい4　＿＿＿＿の ぶんと だいたい おなじ いみの ぶんが あります。
　　　　　1・2・3・4から いちばん いい ものを ひとつ えらんで ください。

26 かれは どんな ことを いやがりますか。
　1　かれは どんな ことを しますか。
　2　かれは どんな ことを したがりますか。
　3　かれは どんな ことが すきですか。
　4　かれは どんな ことが きらいですか。

27 だいどころに サラダが のこって います。
　1　だいどころで サラダを よういして います。
　2　だいどころに サラダが ありません。
　3　だいどころに サラダが まだ あります。
　4　だいどころで サラダを つくって います。

28 デパートで さいふを ぬすまれました。
　1　デパートで さいふを みせられました。
　2　デパートで さいふを とられました。
　3　デパートで さいふを かえされました。
　4　デパートで さいふを わたされました。

[29] バスが とうちゃくしました。
1 バスが でました。
2 バスが つきました。
3 バスが とまりました。
4 バスが まがりました。

[30] やまだ先生の お父さんは にゅういんしたそうです。
1 やまだ先生の お父さんは びょうきに なって、びょういんに はいったそうです。
2 やまだ先生の お父さんは びょうきが なおって、うちへ もどったそうです。
3 やまだ先生の お父さんは びょういんに つとめたそうです。
4 やまだ先生の お父さんは びょういんを やめたそうです。

もんだい5 つぎの ことばの つかいかたで いちばん いい ものを 1・2・3・4から ひとつ えらんで ください。

[31] けんぶつ
1 ラジオで にほんの ニュースを けんぶつしました。
2 テレビで サッカーの なまほうそうを けんぶつしました。
3 そろそろ でかける けんぶつを した ほうが いいですよ。
4 せんしゅう きょうとを けんぶつして きました。

[32] しめる
1 えいごの じしょを しめて ください。
2 テレビを しめて ください。
3 さむいので ドアを しめました。
4 どうぞ めを しめて ください。

33 とちゅう
　1 ビルと ビルの とちゅうから うみが みえます。
　2 かいぎの とちゅうで でんわが なりました。
　3 まるい テーブルの とちゅうに ケーキを おきました。
　4 こんやの とちゅう、 ゆきが ふるでしょう。

34 おとなしい
　1 ここは とても おとなしい レストランです。
　2 きのうは おとなしい てんきでした。
　3 やまださんの いぬは おとなしいですね。
　4 こんしゅうは しごとの よていが おとなしいです。

35 るす
　1 やまださんに 会いに 行ったが、 るすでした。
　2 この バスには るすの せきが ありません。
　3 あの レストランは きょうは るすです。
　4 とても いそがしくて しごとが るすに なりません。

JLPT N4 파이널 테스트 2회

もんだい1 ＿＿＿の ことばは ひらがなで どう かきますか。1・2・3・4から いちばん いい ものを ひとつ えらんで ください。

1 じこを 防ぐのは けっこう むずかしいです。
  1 およぐ　　　2 いそぐ　　　3 さわぐ　　　4 ふせぐ

2 やましたさんの 専門は いがくです。
  1 せんもん　　2 せんそう　　3 せんこう　　4 せんめい

3 秋は すずしくて 食べ物も おいしいです。
  1 ふゆ　　　　2 なつ　　　　3 はる　　　　4 あき

4 ふゆやすみの よていが 決まりました。
  1 とまりました　2 きまりました　3 あつまりました　4 はじまりました

5 発音に ちゅういして ください。
  1 はつこん　　2 はつあん　　3 はつおん　　4 はっおん

6 そちらの エレベーターを ご利用ください。
  1 りよう　　　2 れよう　　　3 りゆう　　　4 れゆう

7 えきの 近くの 食堂で たべましょう。
  1 しゅくどう　2 しゅくど　　3 しょくどう　4 しょくど

8 あたらしい 住所を おしえて ください。
  1 じゅうしょう　2 じゅうしょ　3 じゅじょう　4 じゅじょ

9 じゃ、遠慮なく いただきます。
　　1 えんりょ　　2 えんりょう　　3 とおりょ　　4 とおりょう

もんだい2 ＿＿＿＿の ことばは どう かきますか。1・2・3・4から いちばん いい
　　　　 ものを ひとつ えらんで ください。

10 かのじょと 会社の まえで わかれました。
　　1 離れ　　2 折れ　　3 別れ　　4 割れ

11 学校で 先生に あいました。
　　1 見い　　2 合い　　3 着い　　4 会い

12 ごはんを たべたら、ねむく なりました。
　　1 眠く　　2 疲く　　3 累く　　4 困く

13 なかむらさんは あおい ふくを きて います。
　　1 白い　　2 青い　　3 赤い　　4 黒い

14 会社へ あるいて 行けます。
　　1 歩いて　　2 走いて　　3 走いて　　4 歩いて

15 午後 3時に ひろばに あつまって ください。
　　1 現場　　2 広場　　3 場合　　4 場所

もんだい3 （　　）に なにを いれますか。1・2・3・4から いちばん いい ものを
　　　　　ひとつ えらんで ください。

16 しごとが おわってから、テニスの（　　）を します。
　　1　れんしゅう　　　2　しゅうかん　　　3　うんどう　　　4　しゅみ

17 大学の（　　）が この 会社に つとめて います。
　　1　せんぱい　　　2　てんいん　　　3　しゃちょう　　　4　しゃいん

18 みなさん、（　　）コンサートが 始まりますから 会場に はいって ください。
　　1　いつか　　　2　ずっと　　　3　もうすぐ　　　4　なかなか

19 家を でる まえに でんきを けしたか（　　）しましたか。
　　1　スイッチ　　　2　オープン　　　3　スタート　　　4　チェック

20 さいふを（　　）ので、こうばんに とどけました。
　　1　つくった　　　2　すてた　　　3　とった　　　4　ひろった

21 プールは（　　）だから、あそこで およいでも いいです。
　　1　あんぜん　　　2　ほうりつ　　　3　きけん　　　4　かならず

22 かさを（　　）あるいて いる 人が いるから、外は 雨でしょう。
　　1　おして　　　2　さして　　　3　うけて　　　4　あけて

23 わたしの いもうとは いつも（　　）べんきょうして います。
　　1　まっすぐに　　　2　だいじに　　　3　ねっしんに　　　4　たいせつに

24 つぎの えきで おりて、ちかてつに (　　) ください。
　1 のりかえて　　2 もどして　　3 おしえて　　4 おして

25 (　　) と さしみと すしの 中で、どれが いちばん 食べたいですか。
　1 ボール　　2 てんぷら　　3 ワイン　　4 ロケット

もんだい4 ＿＿＿＿の ぶんと だいたい おなじ いみの ぶんが あります。
　　　　1・2・3・4から いちばん いい ものを ひとつ えらんで ください。

26 おでんわばんごうを おしえて ください。
　1 おでんわばんごうを コピーして ください。
　2 おでんわばんごうを なおして ください。
　3 おでんわばんごうを しらせて ください。
　4 おでんわばんごうを きめて ください。

27 ここは かいものが とても べんりです。
　1 ここでは ちかてつや でんしゃが たくさん はしって います。
　2 ここでは いろいろな ものを かう ことが できます。
　3 ここでは おおぜいの ひとが くらして います。
　4 ここでは いろいろな ゲームが つくられて います。

28 この カメラは にほんせいです。
　1 この カメラは にほんで つくられて います。
　2 この カメラは にほんで つかわれて います。
　3 この カメラは にほんで しられて います。
　4 この カメラは にほんで かわれて います。

29 もっと ていねいに みがいて ください。
1 もっと おおきく みがいて ください。
2 もっと ふとく みがいて ください。
3 もっと きれいに みがいて ください。
4 もっと かんたんに みがいて ください。

30 ここは ていりゅうじょです。
1 ここは ロケットに のったり おりたり する ところです。
2 ここは ひこうきに のったり おりたり する ところです。
3 ここは ちかてつに のったり おりたり する ところです。
4 ここは バスに のったり おりたり する ところです。

もんだい5 つぎの ことばの つかいかたで いちばん いい ものを 1・2・3・4から ひとつ えらんで ください。

31 なんだか
1 なんだか コーヒーを のむ ところです。
2 なんだか あそびに きて くださいね。
3 なんだか あさごはんを たべない ことが あります。
4 あきは なんだか さびしいですね。

32 やる
1 せんせいに コーヒーを やりました。
2 きんぎょに えさを やりました。
3 おじいさんに せきを やりました。
4 ぶちょうに プレゼントを やりました。

[33] しんせつ
1 あの みせの てんいんさんは とても しんせつです。
2 その チーズは からだに とても しんせつです。
3 わたしの いもうとは にわの 花に とても しんせつです。
4 この みせは なんでも かえるので とても しんせつです。

[34] にがい
1 でんしゃの まどから かおを だしたら にがいですよ。
2 こどもに にがい くすりを のませるのは たいへんです。
3 かばんが おもかったので、うでが とても にがいです。
4 かぜを ひいたので、こえが とても にがいです。

[35] つたえる
1 ゆうびんきょくで にもつを つたえました。
2 がいこくごの しょうせつを にほんごに つたえました。
3 せんせいは がくせいに しけんの じかんを つたえました。
4 ともだちの たんじょうびに はなを つたえました。

JLPT N4 파이널 테스트 3회

もんだい1 ＿＿＿の ことばは ひらがなで どう かきますか。1・2・3・4から いちばん いい ものを ひとつ えらんで ください。

1 <u>自分</u>を たいせつに して ください。
　　1 じぶん　　　2 じぷん　　　3 じいぶん　　　4 じいぷん

2 まいにち <u>日記</u>を つけて います。
　　1 にちき　　　2 にっき　　　3 ひっき　　　4 ひき

3 あの <u>女優</u>は とても にんきが あります。
　　1 はいゆう　　2 だんゆう　　3 ゆうしゅう　　4 じょゆう

4 かわで <u>石</u>を ひろいました。
　　1 えだ　　　2 くさ　　　3 いし　　　4 すな

5 キャンペーンの 準備が <u>進んで</u> います。
　　1 つづんで　　2 すずんで　　3 つつんで　　4 すすんで

6 <u>大使館</u>から 正月の パーティーに しょうたいされました。
　　1 だいじかん　2 たいじかん　3 だいしかん　4 たいしかん

7 この しごとは <u>給料</u>が たかいです。
　　1 しりょう　　2 じきゅう　　3 きゅうりょう　4 げっきゅう

8 おもしろい <u>小説</u>が よみたいです。
　　1 しょうぜつ　2 しょうせつ　3 しょぜつ　　4 しょせつ

9 山の 上から 港が みえます。
　1 みなと　　2 いけ　　3 うみ　　4 みずうみ

もんだい2 ＿＿＿の ことばは どう かきますか。1・2・3・4から いちばん いい ものを ひとつ えらんで ください。

10 住民に じゅうぶん せつめいして ください。
　1 訳明　　2 設明　　3 説明　　4 記明

11 ふねが だんだん とおく なって いきます。
　1 偉く　　2 遠く　　3 通く　　4 近く

12 すみません、ようじが あるので 行けません。
　1 火事　　2 用事　　3 家事　　4 仕事

13 かいだんや ろうかは 物を おく ばしょでは ありません。
　1 揚所　　2 揚斤　　3 場所　　4 場斤

14 もう いちど しらべて ください。
　1 探べて　　2 求べて　　3 捜べて　　4 調べて

15 よわい 人を いじめるのは ただしく ありません。
　1 正しく　　2 悲しく　　3 新しく　　4 悔しく

もんだい3 （　　）に なにを いれますか。1・2・3・4から いちばん いい ものを ひとつ えらんで ください。

16 日本で かった 本を 国へ （　　）。
　1　おくりました　　2　なげました　　3　かけました　　4　おとしました

17 でんきやで れいぞうこを （　　） もらいました。
　1　なおして　　2　とどいて　　3　なおって　　4　ならんで

18 あつかったら、どうぞ セーターを （　　） ください。
　1　すてて　　2　あんで　　3　ぬいで　　4　むいて

19 わたしは 日本の たてものに （　　） が あります。
　1　しゅみ　　2　きょうみ　　3　きぶん　　4　こころ

20 みんなで かんがえれば、いい （　　） が でるかも しれません。
　1　ニュース　　2　アイディア　　3　せつめい　　4　あんない

21 この テーブルを あそこに （　　） ください。
　1　ひろって　　2　つたえて　　3　むかえて　　4　はこんで

22 父は いつも （　　） を 買って きて くれる。
　1　おみやげ　　2　おみまい　　3　てんき　　4　かぜ

23 あの きかいは つかいかたを まちがえると （　　） です。
　1　けっこう　　2　じゆう　　3　きけん　　4　さかん

24 みせの まえには じてんしゃを（　　　）ください。
　1　しめないで　　2　やめないで　　3　きめないで　　4　とめないで

25 わたしは くだものが 好きです。（　　　）いちごが 大好きです。
　1　ほとんど　　2　とくに　　3　とても　　4　ずいぶん

もんだい4　＿＿＿＿の ぶんと だいたい おなじ いみの ぶんが あります。
　　　　　1・2・3・4から いちばん いい ものを ひとつ えらんで ください。

26 わたしは びょういんに いきます。
　1　わたしは びょうきを なおして もらいに いきます。
　2　わたしは かみを きって もらいに いきます。
　3　わたしは えいごを おしえて もらいに いきます。
　4　わたしは シャツを あらって もらいに いきます。

27 あねは えが うまいです。
　1　あねは えが すきです。
　2　あねは えが きらいです。
　3　あねは えが へたです。
　4　あねは えが じょうずです。

28 わたしは いま なにか のみたいです。
　1　わたしは いま ねむく なります。
　2　わたしは いま つかれて います。
　3　わたしは いま のどが かわいて います。
　4　わたしは いま おなかが すいて います。

29 たかはしさんの じは こまかいです。
　1 たかはしさんの じは ちいさいです。
　2 たかはしさんの じは おおきいです。
　3 たかはしさんの じは きれいです。
　4 たかはしさんの じは きたないです。

30 わたしは やまもとさんを えいがに さそいました。
　1 わたしは やまもとさんに「今日は えいがに いけません」と 言いました。
　2 わたしは やまもとさんに「今日から えいがに いって きます」と
　　言いました。
　3 わたしは やまもとさんに「いっしょに えいがに いきませんか」と
　　言いました。
　4 わたしは やまもとさんに「えいがに いって きて ください」と 言いました。

もんだい5 つぎの ことばの つかいかたで いちばん いい ものを 1・2・3・4から
　　　　　ひとつ えらんで ください。

31 なさる
　1 わたしは ふゆやすみに スキーを なさいました。
　2 おにもつを おもち なさいましょう。
　3 わたしは らいねん にほんへ なさいます。
　4 せんしゅうの にちようび ゴルフを なさいましたか。

32 わる
 1 コップを おとして、わって しまいました。
 2 さいふを わって、りょうしんに おこられました。
 3 この ジュースを さんぼんの びんに わって ください。
 4 ハンカチを わって、ポケットに いれました。

33 じゅうしょ
 1 トイレの じゅうしょを おしえて ください。
 2 ここに じゅうしょを かいて ください。
 3 かいしゃの となりの じゅうしょは ゆうびんきょくです。
 4 しあいの じゅうしょは うんどうじょうです。

34 かたづける
 1 プレゼントを きれいな はこに かたづけて ともだちに あげます。
 2 いろいろな いけんが でたので、すこし かたづけました。
 3 へやを かたづけて パーティーの じゅんびを しました。
 4 せんせいは がくせいを みっつの グループに かたづけました。

35 ほとんど
 1 ほとんど やすんで ください。
 2 ほとんど うつくしいですね。
 3 ほとんど しんねんに なります。
 4 ほとんど わすれて しまいました。

JLPT N4
파이널 테스트 4회

もんだい1 ＿＿＿の ことばは ひらがなで どう かきますか。1・2・3・4から
いちばん いい ものを ひとつ えらんで ください。

1 アルバイトを した 経験が あります。
　1　けいけん　　　2　けいげん　　　3　けけん　　　　4　けげん

2 あの 旅館は とても 有名です。
　1　りょうかん　　2　りょうがん　　3　りょかん　　　4　りょがん

3 スポーツの 中で 卓球が いちばん 好きです。
　1　たくきゅう　　2　たきゅう　　　3　たききゅう　　4　たっきゅう

4 さっきまで 渋滞して いました。
　1　じゅうだい　　2　じゅうたい　　3　しゅうだい　　4　しゅうたい

5 ダイエットの ために 運動を して います。
　1　うんどう　　　2　うんとう　　　3　うんでん　　　4　うんてん

6 いすを 運んで います。
　1　たのんで　　　2　はこんで　　　3　ふんで　　　　4　かんで

7 タクシーを 拾いましょう。
　1　あつかい　　　2　うかがい　　　3　はらい　　　　4　ひろい

8 あの ホテルに 泊まりたいですね。
　1　きまり　　　　2　しまり　　　　3　とまり　　　　4　しずまり

9 デパートで 銀色の シャツを かいました。
　　1　きんいろ　　　2　きんしょく　　　3　ぎんいろ　　　4　ぎんしょく

もんだい2 ＿＿＿＿の ことばは どう かきますか。1・2・3・4から いちばん いい
　　　　　ものを ひとつ えらんで ください。

10 お客さまを げんかんまで おくりました。
　　1　届り　　　　2　寄り　　　　3　遅り　　　　4　送り

11 おきたら すぐ 顔を あらいます。
　　1　描きたら　　　2　押きたら　　　3　起きたら　　　4　置きたら

12 ゆきが やんだら スキーを しましょう。
　　1　電　　　　2　雪　　　　3　雷　　　　4　雲

13 いま しゅっぱつすれば、まにあうでしょう。
　　1　出場　　　2　出発　　　3　出席　　　4　出勤

14 地下鉄が できて とても べんりに なりました。
　　1　便利　　　2　便理　　　3　便理　　　4　便利

15 にわで やさいを つくって います。
　　1　理祭　　　2　也祭　　　3　家菜　　　4　野菜

もんだい3 （　　）に なにを いれますか。1・2・3・4から いちばん いい ものを
ひとつ えらんで ください。

16 いそがないで、（　　）やって ください。
　1 ゆっくり　　　2 すっかり　　　3 どんどん　　　4 はっきり

17 りょうしんが 来たので、とうきょうを（　　）しました。
　1 あんない　　　2 しょうたい　　　3 うけつけ　　　4 れんらく

18 わたしは ゴルフの（　　）を よく 知りません。
　1 アイディア　　　2 ルール　　　3 あんない　　　4 せつめい

19 かべに きれいな えが（　　）あります。
　1 まわって　　　2 まわして　　　3 かぶって　　　4 かけて

20 ともだちと（　　）して 先生に あげる プレゼントを えらびました。
　1 へんじ　　　2 さんせい　　　3 そうだん　　　4 あいさつ

21 わたしの 国は ピンポンが（　　）です。
　1 だんだん　　　2 ますます　　　3 ねっしん　　　4 さかん

22 この コーヒーは ちょっと へんな あじが（　　）ね。
　1 きます　　　2 みます　　　3 います　　　4 します

23 よねくら先生は（　　）そうです。
　1 ながい　　　2 あおい　　　3 きびしい　　　4 みじかい

24 おおゆきが やっと (　　)。
　1　あきました　　2　やみました　　3　とまりました　　4　しまりました

25 ともだちは やくそくの 時間に おくれましたが、みんなに (　　)。
　1　あやまりませんでした　　　　2　すみませんでした
　3　いけませんでした　　　　　　4　まにあいませんでした

もんだい 4　_____ の ぶんと だいたい おなじ いみの ぶんが あります。
　　　　　　1・2・3・4から いちばん いい ものを ひとつ えらんで ください。

26 <u>どうぞ、めしあがって ください。</u>
　1　どうぞ、みて ください。
　2　どうぞ、みせて ください。
　3　どうぞ、たべて ください。
　4　どうぞ、つかって ください。

27 <u>きのうは ねぼうしました。</u>
　1　きのうは ねるのが おそく なって しまいました。
　2　きのうは おきるのが おそく なって しまいました。
　3　きのうは はやく ねて しまいました。
　4　きのうは はやく おきて しまいました。

28 <u>やまださんは すずき先生に ほめられました。</u>
　1　すずき先生は やまださんに 「ちょっと やすみましょう。」と 言いました。
　2　すずき先生は やまださんに 「とても よかったですよ。」と 言いました。
　3　すずき先生は やまださんに 「きを つけてね。」と 言いました。
　4　すずき先生は やまださんに 「たいへんですね。」と 言いました。

29 けさ ひこうきに まにあいませんでした。
1 けさ ひこうきから おちました。
2 けさ ひこうきが おくれました。
3 けさ ひこうきが ありませんでした。
4 けさ ひこうきに おくれました。

30 きのうの かいぎには やまださんいがいは 来ました。
1 きのうの かいぎには やまださんは 来ませんでしたが、ほかの 人は 来ました。
2 きのうの かいぎには やまださんは 来ましたが、ほかの 人は 来ませんでした。
3 きのうの かいぎには やまださんが 来る まえに ほかの 人が 来ました。
4 きのうの かいぎには やまださんが 来た あとで ほかの 人が 来ました。

もんだい5 つぎの ことばの つかいかたで いちばん いい ものを 1・2・3・4から ひとつ えらんで ください。

31 にあう
1 あの 子は めが おかあさんに にあって いますね。
2 なんども かぞえましたが、かずが にあいません。
3 すずきさんは あかい ふくが にあいますね。
4 いみの にあって いる ことばが たくさん あります。

32 ちこく
1 れんらくが ちこくして すみません。
2 やくそくの じかんに ちこくして しまいました。
3 この とけいは ちょっと ちこくして います。
4 10時の バスに ちこくして しまいました。

33 エンジン
1 ひこうきの エンジンが おかしいようです。
2 もうすぐ エンジンが ふりそうな てんきです。
3 こどもが エンジンな ほど いいです。
4 エンジンに たくさんの きが うえられて います。

34 きず
1 きずを すてましょう。
2 きずの つかいかたを おしえて ください。
3 かおに きずが できて しまいました。
4 うんどうじょうの まんなかに きずが できました。

35 ずつう
1 ずつうが いたくて ねむれません。
2 では、ずつうなく いただきます。
3 けさ ずつうが おいしかったです。
4 けさは ずつうが しました。

파이널 테스트 정답

N5 파이널 테스트

1회 ▶p.310

もんだい1	1. ③	2. ②	3. ④	4. ①	5. ②	6. ④
	7. ①	8. ③	9. ②	10. ③	11. ②	12. ①
もんだい2	13. ①	14. ③	15. ④	16. ③	17. ②	18. ④
	19. ③	20. ②				
もんだい3	21. ①	22. ④	23. ①	24. ④	25. ①	26. ④
	27. ③	28. ④	29. ①	30. ②		
もんだい4	31. ③	32. ①	33. ②	34. ④	35. ③	

2회 ▶p.316

もんだい1	1. ②	2. ④	3. ③	4. ①	5. ④	6. ①
	7. ③	8. ②	9. ②	10. ②	11. ①	12. ③
もんだい2	13. ④	14. ④	15. ③	16. ③	17. ④	18. ①
	19. ④	20. ③				
もんだい3	21. ②	22. ②	23. ①	24. ②	25. ③	26. ②
	27. ①	28. ④	29. ②	30. ③		
もんだい4	31. ①	32. ②	33. ③	34. ①	35. ④	

3회 ▶p.322

もんだい1	1. ②	2. ④	3. ①	4. ①	5. ④	6. ②
	7. ③	8. ③	9. ④	10. ②	11. ④	12. ③
もんだい2	13. ①	14. ②	15. ②	16. ①	17. ④	18. ④
	19. ③	20. ③				
もんだい3	21. ①	22. ①	23. ②	24. ③	25. ②	26. ④
	27. ①	28. ④	29. ③	30. ②		
もんだい4	31. ④	32. ①	33. ②	34. ①	35. ④	

4회 ▶p.328

もんだい1	1. ③	2. ①	3. ④	4. ①	5. ④	6. ③
	7. ④	8. ③	9. ②	10. ①	11. ②	12. ②
もんだい2	13. ③	14. ①	15. ②	16. ④	17. ③	18. ①
	19. ④	20. ①				
もんだい3	21. ②	22. ④	23. ④	24. ③	25. ③	26. ②
	27. ①	28. ①	29. ④	30. ③		
もんだい4	31. ④	32. ②	33. ③	34. ②	35. ①	

N4 파이널 테스트

1회 ▶ p.334

もんだい1	1. ①	2. ③	3. ②	4. ④	5. ②	6. ④
	7. ④	8. ①	9. ③			
もんだい2	10. ③	11. ①	12. ②	13. ③	14. ②	15. ①
もんだい3	16. ④	17. ②	18. ④	19. ①	20. ②	21. ③
	22. ④	23. ②	24. ①	25. ②		
もんだい4	26. ④	27. ③	28. ②	29. ②	30. ①	
もんだい5	31. ④	32. ③	33. ②	34. ③	35. ①	

2회 ▶ p.340

もんだい1	1. ④	2. ①	3. ④	4. ②	5. ③	6. ①
	7. ③	8. ②	9. ①			
もんだい2	10. ③	11. ④	12. ①	13. ②	14. ④	15. ②
もんだい3	16. ①	17. ①	18. ③	19. ④	20. ④	21. ①
	22. ②	23. ②	24. ①	25. ②		
もんだい4	26. ③	27. ②	28. ①	29. ③	30. ④	
もんだい5	31. ④	32. ②	33. ①	34. ②	35. ②	

3회 ▶ p.346

もんだい1	1. ①	2. ②	3. ④	4. ③	5. ④	6. ④
	7. ③	8. ②	9. ①			
もんだい2	10. ③	11. ②	12. ②	13. ③	14. ④	15. ①
もんだい3	16. ①	17. ①	18. ③	19. ②	20. ②	21. ④
	22. ①	23. ③	24. ④	25. ②		
もんだい4	26. ①	27. ④	28. ②	29. ①	30. ③	
もんだい5	31. ④	32. ①	33. ②	34. ③	35. ④	

4회 ▶ p.352

もんだい1	1. ①	2. ③	3. ④	4. ②	5. ①	6. ②
	7. ④	8. ③	9. ③			
もんだい2	10. ④	11. ③	12. ②	13. ②	14. ①	15. ④
もんだい3	16. ①	17. ①	18. ②	19. ①	20. ③	21. ④
	22. ④	23. ③	24. ②	25. ①		
もんだい4	26. ③	27. ②	28. ②	29. ④	30. ①	
もんだい5	31. ③	32. ②	33. ①	34. ③	35. ④	

저자 약력

이치우(lcw66631@gmail.com)

인하대학교 문과대학 일어일문학과 졸업
일본 横浜国立大学 教育学部 研究生 수료
駐日 한국대사관 한국문화원 근무
(전)일본 와세다대학 객원 연구원
(전)한국디지털대학교 외래교수
(현)일본어 교재 저술가

저서

『최신 개정판 JLPT 일본어능력시험 한권으로 끝내기 N1/N2/N3/N4/N5』(다락원, 공저)
『新일본어능력시험 한권으로 끝내기 N1/N2/N3/N4』(다락원, 공저)
『4th EDITION JLPT 일본어 능력시험 [문자·어휘 / 한자 / 문법] 콕콕 찍어주마 N1/N2/N3/N4·5』(다락원)
『新일본어 능력시험 [문자·어휘 / 한자 / 문법] 콕콕 찍어주마 N1/N2/N3/N4·5 대비』(다락원)

JLPT 콕콕 찍어주마 N4·5 문자·어휘 4th EDITION

지은이 이치우
펴낸이 정규도
펴낸곳 (주)다락원

초판 1쇄 발행 2003년 9월 5일
개정2판 1쇄 발행 2010년 1월 5일
개정3판 1쇄 발행 2017년 12월 15일
개정3판 5쇄 발행 2024년 11월 15일

책임편집 김은경, 송화록
디자인 정현석, 이승현, 하태호(표지)

다락원 경기도 파주시 문발로 211
내용문의: (02)736-2031 내선 460~465
구입문의: (02)736-2031 내선 250~252
Fax: (02)732-2037
출판등록 1977년 9월 16일 제406-2008-000007호

Copyright ⓒ 2017, 이치우

저자 및 출판사의 허락 없이 이 책의 일부 또는 전부를 무단 복제·전재·발췌할 수 없습니다. 구입 후 철회는 회사 내규에 부합하는 경우에 가능하므로 구입문의처에 문의하시기 바랍니다. 분실·파손 등에 따른 소비자 피해에 대해서는 공정거래위원회에서 고시한 소비자 분쟁 해결 기준에 따라 보상 가능합니다. 잘못된 책은 바꿔 드립니다.

ISBN 978-89-277-1184-1 18730
     978-89-277-1168-1 (set)

http://www.darakwon.co.kr

- 다락원 홈페이지를 방문하시면 상세한 출판정보와 함께 동영상강좌, MP3자료 등 다양한 어학 정보를 얻으실 수 있습니다.
- 콕콕 예상 문제, 파이널 테스트의 해석은 교재 날개의 QR코드 또는 다락원 홈페이지 학습자료실에서 확인하실 수 있습니다.